O OUTSIDER

Obras do autor publicadas pela Editora Record

O afegão
A alternativa do Diabo
Cães de guerra
O Cobra
O dia do Chacal
O dossiê Odessa
O fantasma de Manhattan
A história de Biafra
Ícone
A lista
O manipulador
Murmúrio do vento
O negociador
O pastor
O punho de Deus
O quarto protocolo
Sem perdão
O veterano
O vendedor
O vingador

FREDERICK FORSYTH

O OUTSIDER

MINHA VIDA NA INTRIGA

Tradução de
Alessandra Bonrruquer

1ª edição

EDITORA RECORD
RIO DE JANEIRO • SÃO PAULO
2018

CIP-BRASIL. CATALOGAÇÃO NA PUBLICAÇÃO
SINDICATO NACIONAL DOS EDITORES DE LIVROS, RJ

F839o   Forsyth, Frederick, 1938-
　　　　O outsider: minha vida na intriga / Frederick Forsyth; tradução de Alessandra Bonrruquer. – 1ª ed. – Rio de Janeiro: Record, 2018.
　　　　336 p.

　　　　Tradução de: The Outsider: My Life in Intrigue
　　　　ISBN 978-85-01-11112-8

　　　　1. Forsyth, Frederick, 1938 – Narrativas pessoais. 2. Escritores ingleses – Século XXI – Biografia I. Bonrruquer, Alessandra. II. Título.

18-47885
　　　　　　　　　　　　　　　　　　　CDD: 928.21
　　　　　　　　　　　　　　　　　　　CDU: 929:821.111

Título original:
The Outsider: My Life in Intrigue

Copyright © Frederick Forsyth 2015

Texto revisado segundo o novo Acordo Ortográfico da Língua Portuguesa.

Todos os direitos reservados. Proibida a reprodução, no todo ou em parte, através de quaisquer meios. Os direitos morais do autor foram assegurados.

Direitos exclusivos de publicação em língua portuguesa somente para o Brasil adquiridos pela
EDITORA RECORD LTDA.
Rua Argentina, 171 – Rio de Janeiro, RJ – 20921-380 – Tel.: (21) 2585-2000, que se reserva a propriedade literária desta tradução.

Impresso no Brasil

ISBN 978-85-01-11112-8

Seja um leitor preferencial Record.
Cadastre-se no site www.record.com.br e receba informações sobre nossos lançamentos e nossas promoções.

Atendimento e venda direta ao leitor:
mdireto@record.com.br ou (21) 2585-2002.

Para meus filhos,
Stuart e Shane,
na esperança de que eu tenha sido um pai razoável.

Sumário

Prefácio	11
Palavras sussurradas	17
Um grande pote de talco	22
O sonho de um garotinho	25
Aprendendo francês	29
Aprendendo alemão	35
De volta à Alemanha	39
Línguas	43
Mais perto das estrelas	46
Uma longa jornada	51
Uma tola vingança	58
Um cavalheiro de Clare	61
Aprendendo espanhol	65
Tânger e os comandos	75
A solução: pele de leopardo	78
Eu sou Jesus Cristo	82
Vampire	87
King's Lynn	97
Fleet Street	105
Paris em chamas	110
Grande Irmão	121
A morte de Kennedy	125

Ajudando os primos	130
Guerra deflagrada	138
Faróis	142
Cerveja com um guarda de campo	145
Uma escolha muito imprudente	149
Um erro com a BBC	152
Um dia com os Arrows	155
Um gosto da África	159
Fim de carreira	167
Adeus, BBC	178
História viva	185
Eilat	190
Jerusalém	194
Confissão	199
Ratos e espiões	202
Uma explosão na mídia	210
Um certificado útil	216
Sr. Sissons, eu presumo	218
Dose dupla	220
Pedaços de metal	221
Mais ratos... e mercenários	225
Memórias	229
Voo de partida	232
Um manuscrito indesejado	238
A ODESSA	245
Cães de guerra	252
Um jantar incomum	258
Pura alegria	262
Aliados e oponentes	272
Cinco anos na Irlanda	278
Truque desonesto	285
O maravilhoso Sr. Moon	291

De volta à estaca zero — recomeçando	297
A morte de Humpy	300
Uma pergunta muito importante	304
Das maikos aos monges	310
Um golpe muito atrapalhado	316
O Hotel Peace e os traçantes	322
Sonho realizado	328
Créditos das fotografias	333

Prefácio

TODOS NÓS COMETEMOS ERROS, mas iniciar a Terceira Guerra Mundial teria sido um erro e tanto. Insisto até hoje que não foi inteiramente minha culpa. Mas estou me adiantando.

Ao longo da minha vida, escapei por pouco da fúria de um negociante de armas em Hamburgo, fui bombardeado por um MIG durante a guerra civil na Nigéria e cheguei a Guiné-Bissau no dia de um golpe de Estado sangrento. A Stasi me prendeu, os israelenses me celebraram, o IRA mobilizou uma mudança rápida da Irlanda para a Inglaterra e uma atraente agente da polícia secreta tcheca... bem, as ações dela foram um pouco mais íntimas. E isso é só o começo.

Vi tudo isso de dentro. Mas, mesmo assim, sempre fui um outsider.

Para ser honesto, jamais pretendi ser escritor. Longos períodos de solidão foram primeiro uma circunstância, depois uma preferência e, por fim, uma necessidade.

Afinal, escritores são criaturas estranhas, ainda mais se pretendem viver disso. E há razões para tanto.

A primeira é que um escritor passa metade da vida dentro da própria cabeça. Nesse espaço apertado, mundos inteiros são criados, destruídos ou, mais provavelmente, ambas as coisas. Pessoas nascem, trabalham, amam, lutam, morrem e são substituídas. Conspirações são planejadas, elaboradas e executadas ou frustradas. É um mundo completamente diferente daquele do lado de fora da janela. Nas crianças, os devaneios são censurados; para um escritor, são indispensáveis.

11

O resultado é a necessidade de longos períodos de paz e quietude, frequentemente em absoluto silêncio, sem nem mesmo a música mais suave, e isso transforma a solidão em um pré-requisito — a primeira razão por trás da nossa estranheza.

Pensando bem, com a abolição dos faroleiros, escrever é o único trabalho que tem de ser feito por um indivíduo completamente sozinho. Outras profissões permitem a existência de colegas. O capitão de uma aeronave tem a tripulação, o ator tem o restante do elenco, o soldado tem seus camaradas, o funcionário de escritório tem os colegas reunidos em torno do bebedouro. Apenas o escritor fecha a porta, tira o telefone do gancho, cerra as cortinas e se retira sozinho para um mundo particular. O homem é um animal gregário e o tem sido desde que era um caçador-coletor. O eremita é incomum, peculiar e, às vezes, esquisito.

De vez em quando, é possível ver um escritor nas ruas, comendo, bebendo e se divertindo; sendo afável, sociável e até mesmo animado. Mas isso é só metade dele. A outra metade está distante, observando e fazendo anotações. Essa é a segunda razão para a estranheza: o distanciamento compulsivo.

Por trás da máscara, o escritor está sempre observando; ele não consegue evitar. Observa, faz anotações mentais e recolhe pérolas de diálogos e comportamentos para uso posterior. Atores fazem o mesmo, pela mesma razão: para uso posterior. Mas o escritor pode apenas utilizar as palavras, mais rigorosas que o set ou o palco, com seus movimentos, suas cores, seus gestos, suas expressões faciais, seus acessórios e sua música.

A necessidade absoluta de solidão prolongada e o eterno distanciamento do que Malraux chamou de "a condição humana" explicam por que um escritor jamais faz, de fato, parte de algo. Fazê-lo envolve autorrevelação, conformidade e obediência. O escritor, no entanto, deve ser um solitário e, assim, sempre um outsider.

Quando criança, eu era obcecado por aviões e queria ser piloto. Mas, mesmo então, não queria fazer parte de uma tripulação. Desejava voar sozinho, o que provavelmente seria um sinal de alerta, se alguém tivesse notado. Mas ninguém notou.

Três fatores contribuíram para meu posterior apreço pelo silêncio em um mundo cada vez mais barulhento e pela solidão em um mundo moderno que exige multidões se acotovelando. Em primeiro lugar, sou filho único, e filhos únicos são sempre ligeiramente diferentes. Meus pais poderiam ter tido outros filhos, mas a guerra interferiu em 1939 e, quando acabou, já era tarde demais para minha mãe.

Assim, passei a maior parte da infância sozinho. Um garoto solitário no quarto pode inventar seus próprios jogos e se assegurar de que são jogados de acordo com suas regras e de que chegam às conclusões que ele deseja. Ele se acostuma a vencer em seus próprios termos. A preferência pela solidão está começando.

O segundo fator que contribuiu para meu isolamento foi a própria Segunda Guerra Mundial. Minha cidade, Ashford, ficava muito perto da costa e do canal da Mancha. A apenas trinta e cinco quilômetros de distância pela água ficava a França ocupada pelos nazistas. Durante algum tempo, a poderosa Wehrmacht esperou do outro lado daquela faixa de água cinzenta pela oportunidade de cruzar o canal, conquistar e ocupar. Os bombardeiros da Luftwaffe zumbiam nos céus para atacar Londres ou, temendo os caças da Força Aérea Real, dar a volta e despejar suas cargas no condado de Kent. Outros tentavam destruir o grande entroncamento ferroviário de Ashford, que ficava a apenas meio quilômetro da casa da minha família.

O resultado foi que, durante a maior parte da guerra, muitas das crianças evacuaram Ashford e foram levadas para lares adotivos muito longe. Com exceção de uma breve ausência durante o verão de 1940, passei a guerra inteira na cidade, e não havia ninguém com quem brincar, mesmo que quisesse. Não que eu me importasse. Esta não é uma narrativa do tipo "pobrezinho de mim". O silêncio e a solidão se tornaram não minha desgraça, mas amigos queridos e constantes.

O terceiro fator foi a escola particular para a qual fui enviado aos 13 anos. Atualmente, a Tonbridge School é uma instituição de ensino excelente e muito humana, mas, na época, tinha a reputação de ser rígida. A casa para a qual fui alocado, Parkside, era a mais brutal de todas, com uma filosofia interna dedicada ao bullying e ao uso da bengala.

Confrontado por isso, um garoto tem apenas três escolhas: se render e se tornar um bajulador, revidar ou se refugiar em alguma carapaça mental, como uma tartaruga. É possível sobreviver, mas não é agradável. Eu sobrevivi.

Lembro-me do Concerto dos Formandos, em dezembro de 1955, quando os alunos que estavam de partida tiveram de se levantar e cantar "Carmen Tonbridgiensis", o hino da escola. Um dos versos dizia: "Eu estou preso fora dos jardins, e a estrada empoeirada me aguarda." Formei as palavras com a boca, sem cantar, consciente de que os "jardins" foram uma prisão monástica e fria e que a "estrada empoeirada" era um caminho amplo e ensolarado que conduziria a muita diversão e várias aventuras.

Então por que, afinal, me tornar escritor? Foi por acaso. Eu não queria escrever, queria viajar pelo mundo. Queria ver tudo, da neve do Ártico às areias do Saara, das florestas da Ásia às planícies da África. Sem fundos próprios, optei pelo emprego que achava que poderia me permitir isso.

Durante minha infância, meu pai lia o *Daily Express*, na época um jornal de propriedade de lorde Beaverbrook e editado por Arthur Christiansen. Ambos tinham bastante orgulho de sua cobertura internacional. No café da manhã, eu ficava ao lado do meu pai e observava as manchetes e os locais. Cingapura, Beirute, Moscou. Onde ficavam esses lugares? Como eram?

Sempre paciente e me incentivando, meu pai me levava até o atlas da família e indicava onde ficavam. Então me mostrava a *Collins Encyclopaedia*, com seus vinte e quatro volumes, que descrevia as cidades, os países e as pessoas que viviam neles. E jurei que um dia conheceria todos. Eu me tornaria correspondente internacional. E me tornei, e vi todos esses lugares.

Não pela escrita, mas pelas viagens. Foi somente aos 31 anos que, voltando de uma guerra na África e falido como sempre, sem emprego nem perspectiva de conseguir um, tive a ideia de escrever um romance para pagar minhas dívidas. Foi uma ideia maluca.

Há várias maneiras de se ganhar dinheiro rápido, mas, na lista geral, escrever um romance fica muito abaixo de assaltar um banco. Eu não sabia disso, no entanto, e acho que fiz alguma coisa certa. Meu editor afirmou, para minha completa surpresa, que aparentemente eu era capaz de contar uma história. E foi isso que fiz durante os últimos quarenta e cinco anos, ainda viajando, não mais para relatar notícias do exterior, mas para pesquisar o material necessário para o próximo romance. Foi quando minha preferência pela solidão e pelo distanciamento se tornou uma necessidade absoluta.

Aos 76 anos, acho que também permaneço em parte jornalista, retendo as duas outras qualidades que alguém nessa profissão precisa ter: curiosidade insaciável e completo cinismo. Mostre-me um jornalista que acredita no que lhe contam e não tenta descobrir as razões por trás dos fatos e eu lhe mostrarei um jornalista ruim.

Um jornalista jamais deve se unir ao *establishment*, por mais tentadoras que sejam as ofertas. É nosso trabalho manter o poder em xeque, não nos unir a ele. Em um mundo cada vez mais obcecado pelos deuses do poder, do dinheiro e da fama, um jornalista e escritor precisa se manter distante, como um pássaro em uma cerca, observando, anotando, sondando, comentando, mas jamais tomando parte. Em resumo, um outsider.

Durante anos, eu me esquivei das sugestões de escrever uma autobiografia. E ainda o faço. Esta não é uma história de vida e certamente não é uma autojustificativa. Estou ciente, porém, de que estive em muitos lugares e vi muitas coisas: algumas divertidas, outras abomináveis; algumas emocionantes, outras assustadoras.

Minha vida foi abençoada por uma sorte extraordinária para a qual não tenho explicação. Em mais vezes do que consigo contar, o acaso me tirou de situações difíceis ou me forneceu vantagens. Ao contrário dos reclamões de qualquer tabloide dominical, tive pais maravilhosos e uma infância feliz nos campos de Kent. Consegui realizar minhas ambições iniciais de voar e viajar e, muito mais tarde, de escrever histórias. Essa última acarretou sucesso material suficiente para viver com conforto, o que é tudo que sempre quis.

Fui casado com duas belas mulheres e criei dois ótimos filhos, gozando até agora de boa saúde. Por tudo isso, sou profundamente grato, embora não saiba bem a que destino, fortuna ou deidade. Talvez eu deva me decidir. Afinal, posso ter de encontrá-Lo em breve.

Palavras sussurradas

MEU PAI NASCEU EM 1906 em Chatham, Kent, filho mais velho de um primeiro-sargento da Marinha Real que passava muito tempo ausente. Aos 20 anos, formou-se na Dockyard School e se deparou com uma economia que criava um emprego para cada dez jovens no mercado de trabalho. Os outros nove estavam destinados às fileiras de desempregados.

Ele havia estudado para ser arquiteto naval, mas, no início da Grande Depressão, ninguém queria construir navios. A ameaça hitlerista ainda não se materializara e havia mais navios mercantes que o necessário para carregar a produção industrial em declínio. Após cinco anos ganhando a vida com pouco mais que bicos ocasionais, ele seguiu o conselho mais popular da época: "Vá para o leste, meu jovem." Ele se candidatou e conseguiu um emprego como supervisor de uma plantação de seringueiras na Malásia britânica.

Hoje, parece estranho que um jovem que não falava uma palavra de malaio nem sabia nada sobre o Oriente fosse contratado para ir até o outro lado do mundo gerenciar milhares de hectares de plantação e uma grande força de trabalho de malaios e chineses. Mas aqueles eram os dias do império, e desafios como esse eram perfeitamente comuns.

Assim, ele empacotou seus pertences, despediu-se dos pais e embarcou em um navio para Cingapura. Aprendeu malaio e os intricados detalhes da produção de borracha, supervisionando a propriedade durante cinco anos. Todos os dias, escrevia uma carta de amor para a garota com quem estava "passeando", como chamavam o namoro naquela época, e ela respondia. Os navios que faziam o percurso entre Inglaterra e Cingapura traziam o suprimento semanal de cartas, que era levado até a propriedade em Johore por barcos fluviais.

A vida era solitária e isolada, alegrada apenas pelo trajeto semanal de moto pela floresta, seguindo para o sul, até a rodovia principal, atravessando a passagem elevada e chegando a Changi para uma noite no clube dos colonos. A propriedade consistia em uma grande extensão de seringueiras plantadas em fileiras paralelas e cercadas pela selva que abrigava tigres, panteras-negras e a muito temida cobra-real. Não havia carros, pois a trilha até a estrada, que percorria dezesseis quilômetros de floresta, não passava de uma faixa estreita e sinuosa de pedregulhos de laterita vermelha. Por isso ele usava a moto.

E tinha o vilarejo onde os seringueiros chineses viviam com suas famílias. Como em qualquer vilarejo, havia alguns trabalhadores que supriam necessidades básicas: açougueiro, padeiro, ferreiro etc.

Ele aguentou essa vida por quatro anos, até que ficou claro que não tinha futuro. O mercado de borracha estava em declínio. O rearmamento europeu ainda não havia começado, mas os novos sintéticos já invadiam o mercado. Os colonos teriam de aceitar uma redução de vinte por cento do salário para continuar empregados. Para os solteiros, a escolha era entre mandar buscar as noivas para que se juntassem a eles ou voltar para a Inglaterra. Em 1935, meu pai hesitava entre essas duas opções quando algo aconteceu.

Certa noite, seu criado o acordou com um pedido.

— *Tuan*, o carpinteiro do vilarejo está aqui implorando para vê-lo.

Sua rotina normal era acordar às cinco, percorrer a propriedade por duas horas e então começar a recepção matinal, durante a qual ele ficava sentado na varanda e ouvia quaisquer petições, queixas ou decisões sobre disputas. Como acordava cedo, ele se recolhia às nove da noite, e o pedido tinha sido feito depois das dez. Estava prestes a dizer "De manhã" quando lhe ocorreu que, se o carpinteiro não podia esperar, devia ser algo sério.

— Traga-o para dentro — pediu ele.

O criado se recusou.

— Ele não vai entrar, *tuan*. Ele não é digno.

Meu pai se levantou, abriu a porta de tela e foi até a varanda. Do lado de fora, a noite tropical estava quente e repleta de mosquitos vorazes. De pé em um círculo de luz em frente à varanda estava o carpinteiro, o único japonês do vilarejo. Meu pai sabia que ele tinha esposa e filho e que eles jamais se misturavam com o restante do pessoal. O homem fez uma reverência profunda.

— É meu filho, *tuan*. Ele está muito doente. Temo por ele.

Meu pai pediu lampiões e eles foram até o vilarejo. A criança tinha uns 10 anos e se retorcia com dores na barriga. A mãe, com uma expressão de angústia, estava agachada em um canto.

Meu pai não era médico, nem mesmo paramédico, mas um curso obrigatório de primeiros-socorros e uma pilha de livros de medicina haviam lhe concedido conhecimento suficiente para reconhecer uma apendicite aguda. Era quase meia-noite e estava escuro como breu. O hospital de Changi ficava a cento e trinta quilômetros, mas ele sabia que, se a apendicite se transformasse em uma peritonite, seria fatal.

Ele pediu que a moto fosse trazida e abastecida. O pai da criança doente usou a faixa larga da mãe, o *obi*, para prender o filho na garupa, amarrado às costas do meu pai, e eles partiram. Ele me contou que foi uma jornada infernal, pois todos os predadores caçam à noite. Levou quase uma hora na trilha esburacada até chegar à rodovia principal para pegar a passagem elevada ao sul.

O dia estava quase amanhecendo quando chegou ao pátio do Hospital Geral de Changi, gritando para que alguém o ajudasse. Enfermeiras apareceram e levaram a criança. Por sorte, havia um médico inglês no local, encerrando o turno da noite, mas bastou um olhar para que encaminhasse o garoto para cirurgia.

Mais tarde, o médico se encontrou com meu pai no refeitório para um lanche rápido e lhe disse que ele havia chegado bem na hora. O apêndice estava prestes a se romper, o que provavelmente teria um resultado fatal. Apesar disso, o menino sobreviveria, inclusive já estava dormindo. Ele devolveu o *obi*.

Depois de reabastecer a moto, meu pai retornou à propriedade para confortar os pais impassíveis, mas angustiados, e recuperar o tempo de trabalho perdido. Passados quinze dias, o barco trouxe o malote do correio, os mantimentos de sempre e um garotinho japonês com um sorriso tímido e uma cicatriz.

Quatro dias depois, o carpinteiro voltou, dessa vez durante o dia. Ele estava esperando perto do bangalô quando papai retornou do depósito de látex para tomar chá. Manteve os olhos baixos enquanto falava.

— *Tuan*, meu filho vai viver. Na minha cultura, quando um homem deve o que eu devo ao senhor, ele tem de oferecer em troca o que possui de mais valioso. Mas sou pobre e nada tenho a oferecer, com exceção de uma coisa: um conselho.

Então ele ergueu os olhos e encarou meu pai.

— Vá embora da Malásia, *tuan*. Se o senhor dá valor a sua vida, vá embora.

Até o fim dos seus dias, em 1991, meu pai jamais soube se essas palavras causaram sua decisão ou se simplesmente a reforçaram. Mas, no ano seguinte, 1936, em vez de mandar buscar a noiva, ele pediu demissão e voltou para a Inglaterra. Em 1941, as forças imperiais japonesas invadiram a Malásia. Em 1945, nenhum dos seus contemporâneos nos campos voltou para casa.

Não houve nada de espontâneo na invasão japonesa ao país. Ela foi meticulosamente planejada, e as forças imperiais varreram a península como uma onda implacável. Tropas britânicas e australianas foram enviadas às pressas à espinha dorsal da colônia para estabelecerem pontos de defesa ao longo das principais rodovias que seguiam para o sul, mas os japoneses não foram por esse caminho.

Das plantações de seringueiras saíram dezenas de espiões, infiltrados anos antes. Em centenas de bicicletas, os japoneses rumaram para o sul por trilhas minúsculas e desconhecidas que atravessavam a selva, guiados pelos agentes secretos. Outros chegaram pelo mar, desembarcando ao longo da costa, conduzidos para o interior pelos lampiões de compatriotas que conheciam o litoral e todas as enseadas.

Britânicos e australianos foram flanqueados inúmeras vezes por japoneses que surgiam atrás de suas fileiras, em grandes quantidades e sempre com os espiões como guias. Tudo acabou em poucos dias, e a supostamente impregnável fortaleza de Cingapura foi tomada por terra enquanto suas imensas armas estavam apontadas para o mar.

Quando eu era criança, mas já tinha idade suficiente para compreender, meu pai me contou essa história, jurando que era verdadeira e que tinha ocorrido quase sete anos antes da invasão de dezembro de 1941. Mas ele nunca teve certeza se o carpinteiro do vilarejo era um desses espiões; sabia apenas que, se tivesse sido capturado, também teria morrido.

Dessa maneira, talvez algumas palavras sussurradas por um carpinteiro agradecido tenham permitido que eu surgisse no mundo. Desde 1945, a responsabilidade de muitas coisas foi jogada sobre os japoneses, mas certamente nunca essa.

Um grande pote de talco

A PRIMAVERA DE 1940 não foi uma época tranquila na zona leste de Kent. Hitler varrera a Europa. A França fora subjugada em três semanas. Dinamarca e Noruega caíram e Luxemburgo, Bélgica e Holanda foram engolidos.

O Exército britânico na França, completamente cercado, fora empurrado até o mar em Dunquerque e Calais e só foi resgatado, sem o equipamento que havia levado, por um milagre operado por barquinhos costeiros conduzidos por civis que chapinhavam pelo canal, vindos da costa inglesa, que, por mais improvável que possa parecer, resgataram trezentos e trinta mil soldados das dunas de areia.

A Europa inteira estava ou ocupada pelo Exército de Hitler, que colocava governos colaboracionistas no poder, ou se abrigando em sua neutralidade. O primeiro-ministro britânico havia sido retirado do cargo e substituído por Winston Churchill, que prometera lutar. Mas com o quê? O Reino Unido estava isolado e sozinho.

Todo o condado de Kent aguardava a invasão, a célebre Operação Leão-Marinho, que, no Dia da Águia, faria o Exército alemão atacar as praias britânicas para invadir, conquistar e ocupar.

Meu pai já havia se alistado, mas ainda estava baseado em Kent e vivendo em casa. Ele e minha mãe tinham decidido que, se houvesse invasão, eles não sobreviveriam. Usariam o último galão de gasolina do velho Wolseley e, com uma mangueira, poriam fim às próprias vidas. No entanto, eles não queriam me levar junto. Com minha coroa de cachos dourados, eu seria aceito pelos nazistas como portador de bons genes arianos e subsequentemente criado em um orfanato. Mas como me tirar do condado com segurança?

A solução veio na forma de uma das clientes da loja de roupas da minha mãe. Ela era diretora do Norland Institute, a escola de treinamento das famosas babás Norland, que havia décadas criavam os filhos de ricos e nobres de todo o mundo. O instituto ficava em Hothfield, um vilarejo perto de Ashford. As pessoas vinculadas a ele seriam levadas para Devon, um ponto distante no sudoeste da Inglaterra. Minha mãe perguntou à cliente se ela poderia me levar junto.

A diretora ficou na dúvida, mas a vice-diretora disse que babás em treinamento sempre precisam de bebês para praticar, então por que não aquele? O acordo foi feito. Quando o trem com destino ao Norland Institute partiu de Ashford, eu parti com ele. Era maio de 1940, e eu tinha 20 meses de idade.

É difícil descrever para o mundo moderno ou explicar às novas gerações a angústia que aqueles pais sentiram conforme seus filhos eram levados de Ashford, despachados por mães em lágrimas e alguns poucos pais que acreditavam que jamais os veriam novamente. Mas era isso que acontecia na estação de trem.

Não me lembro daqueles cinco meses em Devon, durante os quais turma após turma de jovens babás me colocava na cama, me pegava no colo e trocava minhas fraldas. Isso foi antes das abas adesivas e do algodão absorvente. Naquela época, trocar fraldas envolvia tecido felpudo e alfinetes de segurança.

Parece que eu mal podia expelir um pouco de gás ou liberar algumas gotas de urina antes que me trocassem. Com auxílio de talco, muito talco. Devo ter tido o bumbum mais empoado de todo o reino.

Mas "The Few", os pilotos da Força Aérea Real, em seus Spitfires e Hurricanes, fizeram o que precisava ser feito. Em 15 de setembro, Adolf simplesmente desistiu. Seu vasto exército na costa francesa deu meia-volta, olhou pela última vez para as falésias brancas que jamais conquistaria, do outro lado do canal, e marchou para leste. Hitler preparava a invasão da Rússia, que aconteceria em junho de 1941. As barcaças de desembarque flutuavam, inúteis, em seus ancoradouros em Boulogne e Calais.

A Operação Leão-Marinho havia sido cancelada.

Nossos aviões de reconhecimento perceberam isso e fizeram um relatório. A Inglaterra estava salva, ou ao menos salva o suficiente para continuar lutando. Os bombardeios da Luftwaffe em Londres e no sudeste, porém, não cessariam. A maioria das crianças que foram evacuadas das cidades permaneceria longe dos pais, mas ao menos havia uma boa chance de as famílias se reunirem algum dia.

Meus próprios pais decidiram que bastava. Eles mandaram me buscar e eu voltei para passar o restante da guerra na casa da família na Elwick Road, Ashford.

Não me lembro de nada disso: de ir embora, da incessante atenção a minhas partes baixas em Devon ou do retorno. Mas algo deve ter se alojado no meu subconsciente, pois levei anos para deixar de estremecer assim que via uma jovem sorridente se aproximar com um grande pote de talco.

O sonho de um garotinho

O VERÃO DE 1944 trouxe dois grandes motivos de empolgação para um garotinho de 5 anos da zona leste de Kent. O voo noturno dos bombardeiros alemães que partiam da costa francesa para atacar Londres havia cessado depois que a Força Aérea Real retomou o controle dos céus. A pulsação rítmica dos foguetes v-1 — também conhecidos como "bombas voadoras" —, os bombardeiros não tripulados de Hitler, ainda não começara a ser ouvida. Mas, em maio, todos os adultos estavam tensos. Aguardavam com bastante expectativa pela invasão das forças aliadas à França ocupada. Foi quando o texano chegou e estacionou o tanque no gramado dos meus pais.

Na hora do café da manhã ele não estava lá, mas, quando voltei do jardim de infância, no meio da tarde, lá estava ele. O tanque, que mais tarde descobri se tratar de um Sherman, era enorme e incrivelmente empolgante. Metade das suas esteiras estava em cima do nosso gramado, o que fez a cerca em pedaços, e a outra metade estava na Elwick Road. Ele simplesmente tinha de ser explorado.

Foram necessárias uma cadeira da cozinha e muita escalada para chegar ao topo da esteira, e depois dela ainda havia a torre de tiro, com seu canhão formidável. No alto da torre, descobri que a portinhola estava aberta e olhei para baixo. Um rosto me encarou; houve uma conversa murmurada, e uma cabeça começou a subir em direção à luz. Quando uma figura alta e magra se destacou contra o metal e se ergueu acima de mim, tive certeza de que era um caubói. Eu os vira nos filmes das manhãs de sábado e todos usavam chapéu. Era a primeira vez que eu via um texano usando um Stetson.

Ele se sentou na torre, com os olhos na altura dos meus, e disse:

— E aí, garoto.

— Boa tarde — respondi.

Ele parecia falar pelo nariz, como os caubóis dos filmes. Indicou nossa casa com a cabeça.

— Sua casa?

Assenti.

— Bem, pode falar pros seus pais que eu sinto muito pela cerca.

Ele enfiou a mão no bolso da farda e retirou algo que parecia um biscoitinho, que desembrulhou e me ofereceu. Eu não sabia o que era, mas aceitei, pois seria rude recusar. Ele pegou outro, colocou na boca e começou a mastigar. Fiz o mesmo. Tinha gosto de menta, mas, ao contrário da bala de caramelo britânica, recusava-se a se dissolver para que eu pudesse engolir. Eu tinha acabado de ser apresentado ao meu primeiro chiclete.

A equipe que operava o tanque estava convencida de que, em alguns dias, seria parte da força de invasão que tentaria atacar a Muralha do Atlântico de Hitler no extremamente fortificado Pas--de-Calais. Muitos devem ter pensado que jamais retornariam. Na verdade, estavam todos enganados.

Meu texano era parte de um grande exército que serviria como isca, instalado por comandantes aliados na zona leste de Kent para enganar o alto comando alemão. Em segredo, planejavam invadir a Normandia, muito ao sul, com outro exército, naquele momento escondido sob telas de camuflagem a quilômetros de Kent.

Os soldados do exército-isca poderiam avançar mais tarde, mas não no Dia D. Achando que seriam a primeira onda de choque, com um número terrível de perdas, milhares deles lotavam os bares de Kent, como caubóis bebendo no último *saloon* antes da fronteira.

Uma semana depois, uma voz solene no rádio anunciou que tropas inglesas, americanas e canadenses haviam desembarcado em cinco praias da Normandia e lutavam para abrir caminho para o interior.

Dois dias depois, houve um ruído ensurdecedor no jardim, e o Sherman foi embora. Meu texano havia partido. Acabaram-se os chicletes. Orientado pela minha mãe, eu me ajoelhei ao lado da cama e pedi a Jesus que cuidasse dele. Um mês depois, fui levado para Hawkinge.

Meu pai era major do Exército, porém, nos dez anos anteriores, fora membro do corpo de bombeiros voluntário de Ashford. A despeito dos seus protestos, isso o colocava em "ocupação restrita", o que significava que não podia ser enviado para combate no exterior. O país precisava de cada um dos seus bombeiros. Ele insistiu em ter um posto, por isso fizerem dele oficial de bem-estar, subordinado ao Departamento de Guerra e encarregado de supervisionar as condições de vida de todos os soldados baseados na zona leste de Kent.

Não sei em que momento ele dormia naqueles cinco anos. Minha mãe cuidava da loja de peles da família enquanto papai passava os dias de farda cáqui e as noites em um carro dos bombeiros, correndo pela cidade para apagar incêndios. A questão é que, por causa disso, ele tinha um carro e uma valorizada cota de gasolina, sem os quais não poderia realizar suas tarefas diárias. E daí veio a viagem pelo Weald de Kent para visitar a base aérea de Hawkinge. Era a base de dois esquadrões de Spitfires.

Naquela época, o Spitfire não era apenas um avião de caça, mas um ícone nacional. Ainda é. E, para todos os garotinhos, os homens que os pilotavam eram heróis que superavam qualquer jogador de futebol ou celebridade do *show business*. Enquanto meu pai conversava com o comandante da base, fiquei aos cuidados dos pilotos.

Eles me deram muita atenção, talvez pensando nos próprios filhos ou irmãos mais novos que estavam longe. Um me levantou com as mãos nas minhas axilas e me colocou na cabine de um Mark 9 Spitfire.

Sentei-me em cima do paraquedas, impressionado, embasbacado. Senti o cheiro de gasolina, óleo, tecido, couro, suor e medo — pois o medo também tem um cheiro. Examinei os controles, o botão de disparo e os instrumentos, então agarrei o manche. Olhei para a frente, percorrendo com os olhos a fuselagem infinita que escondia o grande motor Rolls-Royce Merlin até chegar à hélice de quatro pás, nítida contra o céu azul de Kent. E, como fazem os garotinhos, fiz um juramento de garotinho.

A maioria dos meninos jura fazer algo quando crescer, mas geralmente as promessas se desvanecem e os sonhos morrem. Naquele dia, jurei que seria um deles. Eu vestiria a farda azul pálida com asas no peito e voaria pela RAF. Quando fui retirado da cabine, já havia decidido o que faria. Seria piloto de caça e voaria em um Spitfire.

Eu não tinha como prever os anos de desencorajamento das escolas e dos colegas, a zombaria e o ceticismo. Enquanto meu pai dirigia seu pequeno sedã Wolseley de volta a Ashford, eu estava perdido em pensamentos. Um mês depois, completei 6 anos e o sonho não morreu.

Aprendendo francês

ANTES DA GUERRA, meu pai tinha sido um pilar do Rotary Club de Ashford. Com a partida de tantos homens para as Forças Armadas ou para o esforço de guerra, as atividades do clube foram suspensas pela duração do conflito. Mas, em 1946, elas foram retomadas e, no ano seguinte, houve um programa de pareamento com nossos recém-libertados vizinhos na França. Ashford, começando com a letra A, tornou-se cidade gêmea de Amiens, em Picardia.

Meus pais se uniram a um médico francês, o herói da Resistência Dr. Colin, e sua esposa. Durante a ocupação, ele havia atuado como médico designado para centenas de ferroviários vivendo e trabalhando no grande entroncamento de Amiens. Como tinha o próprio carro e liberdade para se deslocar, vira muitas coisas úteis para os Aliados do outro lado do canal e, sob o risco de ser descoberto e executado, repassara as informações para a Resistência.

Os Colins vieram nos visitar em 1947 e, no ano seguinte, convidaram meus pais para visitá-los. No entanto, a loja vinha em primeiro lugar e eles não podiam tirar férias. Por isso, fui no lugar dos meus pais, um padrão que se repetiria pelos quatro anos seguintes. Não por apenas um fim de semana, mas visitas que duravam a maior parte das oito semanas de férias de verão da escola.

Como muitas famílias da burguesia francesa, os Colins tinham uma casa de campo bem longe da poluição da cidade, enterrada no interior de Corrèze, no Maciço Central. Assim, em julho de 1948, aos 9 anos, usando calça curta e boina escolar, acompanhei meu pai na aventura de cruzar o canal em uma balsa. Só ao chegar do outro lado, olhando para trás, pude ver pela primeira vez as falésias brancas de Dover que os exércitos alemães haviam contemplado com tanto anseio oito anos antes. O Dr. Colin nos encontrou em Calais, e meu pai, vermelho de constrangimento, foi devidamente abraçado e beijado em ambas as faces. Então me deu uma pancadinha na cabeça e pegou a balsa para voltar. Homens de verdade não davam beijos naquela época.

Eu e o Dr. Colin embarcamos no trem para Amiens, e, pela primeira vez, vi assentos de madeira em um vagão. O médico tinha uma passagem de cortesia na primeira classe, mas preferia viajar na terceira, com os trabalhadores que atendia.

Em Amiens, reencontrei madame Colin e os quatro filhos do casal, todos no fim da adolescência. François, então com 17 anos, era o indomável, preso várias vezes pela Gestapo durante a ocupação e a razão dos cabelos brancos feito neve da mãe. Nenhum deles falava uma palavra de inglês e, depois de alguns poucos meses de francês no colégio, tudo o que eu conseguia dizer era *bonjour* e *merci*. A linguagem de sinais foi uma saída natural, mas eu tinha ganhado uma cartilha de gramática e comecei a decifrar o que diziam. Dois dias depois, partimos para Paris e Corrèze.

O "exterior" parecia um lugar muito estranho, mas fascinante. Tudo era diferente: a língua, a comida, os maneirismos, os costumes e aquelas locomotivas francesas enormes. Mas as crianças, quando se trata de aprender coisas, são como um mata-borrão. Elas absorvem informação. Hoje, sessenta e cinco anos depois, desafiado pelo mundo digitalizado e conectado à internet, eu me maravilho com crianças que acabaram de deixar de ser bebês fazendo vinte coisas ao mesmo tempo com um iPhone que eu tenho dificuldade para ligar.

O Dr. Colin não estava conosco. Tivera de ficar em Amiens, cuidando dos pacientes. Assim, madame Colin e os filhos adolescentes viajaram para o sul para dar início às sagradas férias de verão no interior com um garotinho inglês ligeiramente sobrecarregado. Mudamos de trem em Ussel, pegando uma ferrovia secundária para Egletons e, de lá, continuamos a viagem em um ônibus do interior que rodava aos trancos e barrancos até chegar ao antigo vilarejo de Lamazière-Basse. Era como voltar à Idade Média.

A casa da família era grande, velha e decrépita, com reboco caindo, telhado cheio de goteiras e muitos quartos, um dos quais se tornou meu e por onde os ratos corriam livremente em cima de mim enquanto eu dormia. A senhora que vivia por lá era a antiga babá da família, aposentada, mas com moradia garantida pelo resto dos seus dias. Surpreendentemente, era inglesa, mas vivia na França desde que era criança.

Solteira, Mimi Tunc havia trabalhado para a família Colin por muitos anos e, durante a guerra, passara-se por francesa bem debaixo do nariz das autoridades da Gestapo, escapando do confinamento em um campo de concentração.

Lamazière-Basse, como eu disse, era muito velha, quase medieval. Algumas casas tinham eletricidade, mas não eram muitas. Para a maioria, lampiões de querosene bastavam. Havia um ou dois tratores arcaicos, mas nenhuma colheitadeira. A safra era ceifada à mão e trazida para casa em carroças puxadas por uma parelha de bois. Ao meio-dia, os camponeses ficavam de pé nos campos e murmuravam o Ângelus, como figuras de uma pintura de Millais. Homens e mulheres usavam tamancos de madeira, ou *sabots*.

Havia uma igreja, frequentada por mulheres e crianças enquanto os homens discutiam as coisas importantes da vida no bar-café do outro lado da praça. O padre do vilarejo, que todos chamavam de monsieur l'Abbé, era amigável, mas ligeiramente distante, convencido de que um protestante como eu estava tragicamente destinado ao inferno. No castelo da colina morava madame de Lamazière, a velha matriarca das terras ao redor. Ela não ia à igreja; a igreja ia até ela na pessoa do pobre monsieur l'Abbé, que suava ao subir a colina, sob o sol do verão, a fim de celebrar a missa na capela particular da madame de Lamazière. A hierarquia era muito rígida, e mesmo Deus tinha de reconhecer os privilégios.

Conforme meu francês melhorava, passei a fazer amizade com alguns garotos do vilarejo para quem eu era um objeto de extrema curiosidade. O verão de 1948 foi escaldante, e o lago que ficava a menos de dois quilômetros do vilarejo era o nosso ímã diário. Lá, com varas feitas de caniços, podíamos pescar grandes rãs verdes, cujas pernas traseiras, passadas na farinha e fritas na manteiga, davam um excelente lanche para a noite.

Os almoços eram sempre fartos e ao ar livre: presuntos defumados na fumaça da chaminé, patês, pães, manteiga recém-batida e frutas do pomar. Aprendi a experimentar vinho tinto como os outros garotos faziam, mas não as garotas. Foi no lago, em um dia sufocante daquele primeiro verão, que vi Benoit morrer.

Havia uns seis garotos brincando na margem do lago quando ele apareceu, claramente embriagado. Os jovens me contaram, sussurrando, que aquele era Benoit, o bêbado do vilarejo. Para nosso fascínio e surpresa, ele ficou nu e caminhou até o lago. Cantarolava desafinado. Achamos que Benoit queria apenas se refrescar e entraria na água até a altura da cintura. Mas ele continuou caminhando até a água chegar ao pescoço. Então começou a nadar, mas, algumas braçadas desajeitadas depois, sua cabeça sumiu.

Eu era o melhor nadador entre os garotos e, após uns trinta segundos, eles sugeriram que eu fosse até lá e procurasse por Benoit. Foi o que fiz. Quando cheguei no lugar em que sua cabeça tinha desaparecido, olhei para baixo. Sem um snorkel (desconhecido na época), não conseguia ver muita coisa. A água tinha um tom de âmbar e havia emaranhados de algas e alguns lírios. Ainda sem ver muita coisa, respirei fundo e mergulhei.

Uns três metros abaixo, no fundo, havia uma mancha pálida de costas. Ao me aproximar, vi as bolhas saindo de sua boca. Aquilo claramente não era uma brincadeira; ele estava se afogando. Quando tentei retornar à superfície, uma mão agarrou meu tornozelo esquerdo. Acima da minha cabeça, eu conseguia ver o sol brilhando através da água turva, mas a superfície estava a mais de meio metro de distância, e a mão não me soltava. Sentindo o pânico começar a me dominar, eu me virei e voltei para o fundo.

Dedo por dedo, soltei a mão agonizante do meu tornozelo. Os olhos de Benoit estavam abertos e ele me encarava enquanto meus pulmões começavam a doer. Por fim, tinha soltado a mão da minha perna e dei impulso para a superfície. Senti os dedos tentando me agarrar outra vez, mas chutei, sentindo o impacto em um rosto, e disparei em direção ao sol.

Senti aquele maravilhoso fluxo de ar fresco que todos os praticantes de mergulho livre reconhecerão e comecei a nadar para o cascalho debaixo das árvores, onde os garotos me esperavam, boquiabertos. Relatei o que tinha visto e um deles correu até o vilarejo. Mas meia hora se passou antes que surgissem homens com cordas. Um deles se despiu até ficar apenas de ceroulas e entrou na água. Outros o seguiram, mas só até a água chegar à altura da cintura. O homem de ceroulas era o único que sabia nadar. Por fim, conseguiu prender a corda no corpo debaixo d'água, que foi puxado pelo punho.

Qualquer tentativa de ressuscitação estava fora de cogitação, mesmo que alguém conhecesse a técnica. Os garotos se amontoaram ao redor do corpo antes de serem mandados embora. Estava inchado e pálido, com um filete vermelho, de sangue ou vinho tinto, escorrendo do canto da boca. Enfim, uma carroça de boi apareceu e o que havia restado do velho e bêbado Benoit foi levado de volta ao vilarejo.

Não houve formalidades como necropsia ou inquérito. Suponho que o prefeito tenha assinado a certidão de óbito e monsieur l'Abbé tenha ministrado o velório em algum lugar do cemitério.

Passei quatro verões felizes em Lamazière-Basse e, ao retornar para o quarto, aos 12 anos, era capaz de passar por francês entre franceses. Mais tarde, essa habilidade se provaria extremamente útil em diversas ocasiões.

Aquele verão de 1948 foi a primeira vez que vi um cadáver. Não seria a última. Eu ainda veria uns cinquenta mil.

Aprendendo alemão

M EU PAI ERA UM HOMEM NOTÁVEL. Sua educação formal fora na Chatham Dockyard School, orientada para matemática, e grande parte do que sabia ele aprendera sozinho. Não era rico, famoso nem detentor de nenhum título. Era apenas o dono de uma loja de Ashford. Mas tinha uma gentileza e uma humanidade que todos que o conheciam percebiam.

No fim da guerra, como um major subordinado diretamente ao Departamento de Guerra, ele foi convocado a comparecer a Londres sem explicação. Na verdade, era para a exibição de um filme, mas não um estrelado por Betty Grable. Com uns outros cem sujeitos, ele se sentou em um salão escuro dentro do prédio do ministério para assistir aos primeiros filmes, feitos pela unidade fotográfica do Exército, de soldados ingleses libertando os prisioneiros do campo de concentração conhecido como Bergen-Belsen. Isso o marcou para sempre. Muito mais tarde, meu pai me disse que, mesmo depois de cinco anos de guerra, ele só entendera realmente o que ele e milhões de outros lutavam para derrotar e destruir até ver os horrores de Bergen-Belsen. Ele não sabia que podia existir tamanha crueldade no mundo.

Minha mãe me contou que naquele dia ele voltou para casa, ainda fardado, mas, em vez de trocar de roupa, passou duas horas parado em frente à janela, olhando para fora, indiferente aos apelos dela para que explicasse o que havia de errado. Ele simplesmente ficou parado lá, em silêncio. Por fim, afastou-se dos próprios pensamentos e foi até o andar de cima para se trocar, dizendo para minha mãe, ao passar por ela:

— Eu jamais quero conhecer outro deles. Não quero nenhum deles na minha casa.

Ele se referia aos alemães.

Isso não durou muito tempo. Mais tarde ele mudou de ideia, foi à Alemanha e conheceu e conversou civilizadamente com muitos alemães. Como era característico do meu pai, quando eu estava com 13 anos, em 1952, ele decidiu me enviar para passar as férias com uma família alemã. Queria que seu filho único aprendesse alemão e conhecesse o país e o povo de lá. Quando minha mãe, perplexa, lhe perguntou o motivo, meu pai disse apenas:

— Porque aquilo nunca deve se repetir.

Mas ele não quis, no verão de 1952, receber um garoto alemão em troca, embora houvesse muitas ofertas do tipo. Eu viajaria pagando pela minha hospedagem. Havia na época uma débil Sociedade pela Amizade Anglo-Alemã, e acho que a viagem foi arranjada por ela. A família escolhida tinha uma fazenda nos arredores de Göttingen. Dessa vez, fui de avião.

Papai tinha um amigo que havia permanecido no serviço militar e estava baseado com o Exército inglês no Reno, no acampamento de Osnabrück. Ele se despediu de mim no aeroporto Northolt, em Londres; o avião era um velho DC Dakota que atravessou a França e a Alemanha com destino à base inglesa. O padre Gilligan, um jovial pároco irlandês que se hospedara conosco em Ashford, estava lá para me receber. Ele me levou de carro até Göttingen e me entregou à família.

Naquela época, era muito estranho ser um garoto inglês na Alemanha. Eu era uma esquisitice. Havia feito três anos de alemão na escola e, por isso, tinha ao menos conhecimento limitado da língua, ao contrário da minha primeira visita à França, quatro anos antes, quando mal sabia uma palavra de francês. A família era muito amável e fez tudo o que podia para que eu me sentisse em casa. Foram quatro semanas tranquilas, das quais me lembro apenas de um encontro estranho.

Havia um campeonato mundial de planadores naquele ano, realizado em um lugar chamado Oerlinghausen. Fomos todos até lá para passar o dia. O interesse do meu anfitrião pela aviação se devia ao fato de ele ter feito parte da Luftwaffe na guerra. Como oficial, não como piloto.

A grande extensão de relva estava repleta de planadores de uma grande variedade de clubes espalhados por todos os lados, aguardando sua vez de ser rebocado para o ar. E havia pilotos notáveis por toda parte, cercados pela multidão de admiradores. Havia um, em particular, que claramente era muito famoso e o centro das atenções. Era uma mulher, embora eu não fizesse ideia de quem fosse.

Tratava-se de Hanna Reitsch, piloto de testes da Luftwaffe e aviadora pessoal de Hitler. Se Hitler gostava dela, sua admiração empalidecia quando comparada à adoração que Hanna Reitsch sentia por ele.

Em abril de 1945, enquanto o exército soviético se aproximava do sitiado coração de Berlim e Hitler, tenso e trêmulo, escondia-se em seu bunker sob a Chancelaria do Reich, Hanna Reitsch tinha voado até o enclave condenado no controle de um Fieseler Storch, um monoplano de asa alta com decolagem e aterrissagem extremamente curtas. Com espantosa habilidade, havia aterrissado em uma avenida do zoológico de Charlottenburg, desligara os motores e correra sob as balas até o bunker.

Sendo quem era, fora admitida no reduto final, onde Hitler estouraria os miolos alguns dias depois, e levada até o führer. Hanna Reitsch implorara ao homem que tanto admirava que voasse com ela para longe da armadilha mortal de Berlim e fosse com ela até Berghof, sua casa fortificada em Berchtesgaden, no sul da Baviera. Lá, urgira ela, rodeada pelos últimos fanáticos da ss, a resistência poderia continuar.

Hitler agradecera, mas recusara a oferta. Estava determinado a morrer e levar toda a Alemanha para a ruína consigo. Não eram dignos dele, explicara, e Hanna Reitsch era uma exceção notável.

Um amigo do meu anfitrião, outro veterano da Luftwaffe, garantiu nossa admissão no círculo de admiradores daquele ás da aviação. Ela sorriu e cumprimentou com um aperto de mão meu anfitrião, sua esposa e seus filhos adolescentes. Então se virou para mim e estendeu a mão.

Foi quando meu anfitrião cometeu um erro.

— Nosso jovem convidado — disse ele. — *Er ist ein Engländer.*

O sorriso congelou nos lábios dela e sua mão se afastou. Eu me lembro de um par de olhos azuis ardentes e de uma voz se erguendo em fúria.

— *Ein Engländer?* — guinchou ela, e se afastou a passos largos.

Parece que, como meu pai, Hanna Reitsch também não havia se esquecido.

De volta à Alemanha

N O ANO SEGUINTE, 1953, retornei à Alemanha. A família de fazendeiros de Göttingen não pôde me receber outra vez, por isso fiquei hospedado com Herr Dewald e sua família. Ele era professor em Halle, em Vestfália.

De certo modo, a Alemanha ainda parecia um país sob ocupação, mesmo que a República Federal da Alemanha tivesse sido formada sob a chancelaria de Konrad Adenauer, em 1949. Mas a velha Alemanha estava dividida em Leste e Oeste, e a capital da Alemanha Ocidental não era Berlim, mas Bonn, uma pequena cidade nas margens do Reno, escolhida por ser próxima da cidade natal do chanceler.

O país parecia ainda sob ocupação por causa da onipresença das forças da OTAN, que estavam lá não para ocupar, mas para defender: eram elas que resistiam ao expansionismo do bloco soviético, que, até sua morte, em março, estivera nas garras do tirano Josef Stalin. Vestfália ficava na zona inglesa, repleta de campos e bases do nosso Exército. Essa força era conhecida simplesmente como Exército Britânico no Reno e seus veículos podiam ser vistos pelas ruas. A invasão das forças a leste da Cortina de Ferro era vista como uma ameaça muito real.

O terço oriental da Alemanha estava atrás dessa cortina e fazia parte do império soviético. Era conhecida como Alemanha Oriental ou, estranhamente, República Democrática Alemã. Ela estava muito longe de ser democrática; era, na verdade, uma ditadura cruel, com um governo comunista alemão apenas no nome ávido por cumprir as ordens de seus verdadeiros mestres, as vinte e duas divisões do Exército soviético e a embaixada soviética. Os poderes ocidentais mantinham, por tratado, apenas um enclave, a cercada Berlim Ocidental, situada cento e trinta quilômetros no interior da Alemanha Oriental.

O infame Muro de Berlim, completando o cerco de Berlim Ocidental, só seria construído em 1961 para evitar o fluxo constante de alemães orientais das escolas e das universidades, que tentavam, via Berlim, buscar uma vida melhor na Alemanha Ocidental. Mas o ar geral de ameaça após o Bloqueio de Berlim de 1948-1949, que quase deu início à Terceira Guerra Mundial, significava que os exércitos britânicos, longe de causarem ressentimentos, eram muito apreciados pelos alemães.

Quanto a mim, eu tinha um uso mais prático como convidado de uma família alemã. Usando meu rígido passaporte azul, eu podia entrar em uma base inglesa, ir até a loja *duty-free* local e comprar café de verdade, o que, após anos de substitutos amargos, valia tanto quanto ouro em pó.

Cheguei a Halle após o início das férias escolares de Páscoa na Inglaterra, mas antes do início das férias alemãs. Como Herr Dewald era professor e seus filhos ainda teriam dias de aula, o mais prático seria que eu frequentasse uma escola alemã até o início das férias, dali a quinze dias. Lá, atraí muita curiosidade, pois era o primeiro britânico que viam e que presumiam que tivesse dentes em forma de presas ou, no mínimo, um rabo bifurcado. Houve considerável alívio mútuo quando percebemos que éramos todos bastante parecidos. Tanto na casa dos Dewalds quanto no colégio, meu alemão melhorou rapidamente.

Uma característica da sociedade alemã à qual fui apresentado e que de certo modo me surpreendeu foi a adoração pela natureza, pelos campos abertos. Como havia crescido nos campos e bosques de

Kent, eu aceitava a Mãe Natureza como algo que simplesmente estava lá, sem necessidade de ser adulada. Mas os alemães faziam questão de realizar longos passeios, que chamavam de "dias de caminhada". Toda a escola, agrupada por idade, fazia fila para essas caminhadas. Durante a primeira a que compareci, notei algo estranho.

Enquanto um grupo similar de garotos ingleses simplesmente andaria a passos lentos em uma massa desordenada, as crianças alemãs, depois de quase um quilômetro, de algum modo formaram uma unidade, fileira após fileira, em três colunas. Então a caminhada mudou lentamente, todos os pés subindo e descendo em uníssono, até que estávamos marchando.

Isso logo foi acompanhado por canções, especificamente uma de que ainda me lembro, sessenta anos depois. Ela começava dizendo: "Aquele que Deus realmente deseja favorecer, Ele envia ao amplo mundo para que veja Seus milagres em montanhas, florestas e campos." Tudo muito bom e saudável.

Após algum tempo, percebi que alguém havia erguido um galho no início da unidade para que todos pudéssemos marchar atrás dele. Não havia bandeira, mas logo um chapéu apareceu no galho, como uma espécie de estandarte.

Havíamos adentrado as profundezas da floresta, marchando em uma trilha de areia e cantando atrás do nosso líder, quando, bem à frente, surgiu um jipe que vinha rapidamente na nossa direção. Era um veículo do Exército inglês; eu conseguia ver a insígnia regimental no para-lama dianteiro, e, claramente, ele não pretendia parar.

As crianças saíram da formação e pularam para o lado, fazendo com que ele passasse. Era um veículo aberto, com um soldado ruivo dirigindo e um sargento ao seu lado. Enquanto passava por nós, o soldado se inclinou e gritou algo em inglês, com um claro sotaque do leste de Londres. Quando o jipe desapareceu pela trilha e a areia e o pó se assentaram, as crianças alemãs se reuniram ansiosamente ao meu redor para perguntar:

— Fritz, o que foi que aquele soldado gritou?

Achei que era melhor ser diplomático.

— Ele disse: "Tenham um bom dia da caminhada" — respondi. Elas ficaram felizes.

— *Ach*, Fritz, como os soldados britânicos são gentis!

Não tive coragem de contar o que ele realmente gritara: "Treinando para a próxima, hein, meninos?"

O humor *cockney* simplesmente não tem igual e, obviamente, os lados ainda precisavam se reconciliar de alguma maneira.

Passei as férias com uma família alemã no ano seguinte pela terceira vez — os Dewalds novamente — e, em 1954, já conseguia fingir que era alemão na Alemanha. Isso também se provaria extremamente útil quando, uma década depois, eu fosse viver em Berlim Oriental por um ano e, depois de me livrar da minha "sombra" da polícia secreta, criasse o hábito de desaparecer no coração da Alemanha Oriental.

Línguas

Algumas pessoas acham que, para falar uma língua estrangeira — falar de verdade, em vez de se virar com cinquenta palavras, um livro de frases e muitos gestos —, dominar a gramática e o vocabulário é o suficiente. Não é verdade. Existem ainda três aspectos suplementares para que alguém possa passar despercebido em uma língua estrangeira.

Há o sotaque. Os ingleses são espetacularmente ruins em imitar sotaques estrangeiros, e nada substitui a experiência de começar jovem e viver com uma família em um país estrangeiro, desde que a família não fale nenhuma palavra da língua do estudante. Como o inglês agora é a língua comum praticamente no mundo inteiro, isso fica cada vez mais difícil. Todos querem praticar inglês.

Depois do sotaque, vêm as gírias. Uma linguagem perfeita e acadêmica o denuncia imediatamente — afinal, todo mundo fala sua língua nativa com frases que não estão em nenhum dicionário e não podem ser traduzidas palavra por palavra. Não notamos com quanta frequência fazemos isso, mas é constante. Preste atenção em um bar lotado ou em uma mesa de jantar animada e ficará claro que quase toda sentença empregada usará um coloquialismo que jamais seria ensinado em uma escola de idiomas.

O último aspecto é ainda mais difícil de quantificar ou imitar. É a linguagem corporal. Todas as línguas estrangeiras são acompanhadas por expressões faciais e gestos que provavelmente são únicos àquele grupo linguístico e captados pelas crianças ao observar pais e professores.

Quando, em 1951, aos 13 anos, fui até a Tonbridge School para solicitar uma bolsa de estudos em línguas modernas, eu me lembro do professor sênior de francês, Sr. A. E. Foster (sempre chamado, na ausência do politicamente correto, de Sapo Foster), ligeiramente perplexo com um garotinho falando francês completo, com coloquialismos e gestos. Alguns dias depois, o Sr. Logie Bruce Lockhart teve a mesma experiência em alemão. Consegui a bolsa e me transferi para a escola em setembro.

Um ano mais tarde, após me esforçar muito para dominar latim, história, geografia e as odiadas matemática e ciências, consegui meu certificado geral de educação básico e, aos 15 anos, o certificado avançado — todos em línguas.

Tonbridge, quaisquer que fossem suas falhas, era academicamente excelente e um professor que havia servido nos comboios do Ártico para a Rússia ofereceu uma terceira língua. Minha escolha seria entre russo e espanhol. Escolhi russo, porque seria muito mais difícil que espanhol, que eu poderia aprender depois.

No verão de 1954, eu deveria fazer os exames de russo, e meu pai achou que um curso de férias poderia ser útil. De algum modo, ele localizou duas princesas russas em Paris que ensinavam o idioma e alugavam quartos para jovens. Seus serviços eram amplamente empregados pela Marinha Real. (Acho que foi um contato da Marinha que as indicou.) Assim, naquela primavera, fui enviado durante as férias para passar três semanas hospedado em seu apartamento em Paris.

Eram as princesas da casa de Dadiani, que, na verdade, eram georgianas, mas ainda assim pilares da comunidade da Rússia Branca em Paris. As duas eram completamente divorciadas da realidade e tinham uma excentricidade charmosa. Mas eram muito divertidas.

Seu mundo de certo modo havia parado quando, em 1921, as forças brancas perderam a guerra civil para o Exército Vermelho e ambas foram enviadas para fora do país pelo pai, o último rei da Geórgia, chegando com apenas uma valise de joias a Paris, que na época fervilhava de refugiados da aristocracia russa.

Mais de trinta anos depois, ainda estavam convencidas de que o povo georgiano iria se rebelar a qualquer momento, livrar-se do jugo soviético e devolvê-las aos seus palácios e poços de petróleo. As joias duraram cerca de cinco anos — elas não tinham inclinação para a economia —, quando, então, começaram a alugar quartos. Tinham um contrato com a Marinha Real, que lhes enviava oficiais e subtenentes e elas lhe dava prioridade, uma vez que a Marinha pagava em dia e os oficiais tinham bons modos.

Seu apartamento era frequentado por condes, duques e o ocasional príncipe, que ou dirigiam táxis ou eram artistas e cantores da ópera parisiense. As princesas pareciam estar sempre se recuperando de uma festa ou se preparando para a próxima.

Na Páscoa, elas me levaram a uma missa solene na impressionante catedral ortodoxa russa, seguida pela mãe de todas as festas. Eu me entupi de iguarias pascais russas, incrivelmente doces, e de uma vodca que parecia queimar a boca do estômago. A bebida não parecia em nada com o que se pode encontrar em uma garrafa moderna; era espessa e viscosa, e cada dose tinha de ser bebida em um único gole, acompanhado de um "*Christos voskrese*", ou "Cristo ascendeu".

Não me lembro de nenhuma aula formal de russo. Eu e os três jovens da Marinha aprendíamos simplesmente ouvindo e fazendo perguntas. Mas penso nas princesas com afeto. Aquelas três semanas me ajudaram a conseguir meu certificado básico de russo nos exames de verão e, anos depois, ouvir russos conversando em Berlim Oriental e fingir que não entendia uma palavra.

E, no ano seguinte, no verão de 1955, que foi uma época muito ocupada, eu precisaria daquele sofá.

Mais perto das estrelas

EU DEVO TER VISTO um pequeno anúncio em alguma revista de aviação que costumava devorar, mas não lembro qual delas. Ele me apresentou um novo projeto oferecido pela Força Aérea Real: o conceito de bolsa de aviação. A ideia era que, se algum jovem entusiasta conseguisse passar em todos os testes, a RAF pagaria para que ele frequentasse um clube de aviação local e obtivesse uma licença de piloto particular. É claro que me inscrevi imediatamente. Era a primavera de 1955.

A RAF não tinha nenhuma intenção de gastar dinheiro subsidiando jovens com problemas de visão ou outras falhas que os impedissem de voar. Seu objetivo era ajudar jovens ávidos para desenvolver amor pela aviação e, mais tarde, se alistar. A primeira coisa que chegou à casa dos meus pais em Ashford foi um pequeno envelope oficial solicitando que eu comparecesse a um exame médico completo em Hornchurch, uma base em Essex. Também havia uma passagem de trem.

Se eu tivesse achado que o exame envolveria apenas alguns minutos com um estetoscópio no peito ou batidinhas no joelho, estava redondamente enganado. Hornchurch foi uma estadia de cinco dias destinada a nos fazer em pedaços e ver se era possível detectar a menor falha. Cheguei com minha pequena valise, vesti meu macacão, presumindo-me impecavelmente apto, e os exames começaram.

Durante dois dias, foram apenas testes físicos. Um após o outro, jovens candidatos que estavam lá não pela bolsa, mas que, de qualquer maneira, sendo mais velhos que eu, tentavam ser aceitos no treinamento de voo, foram mandados para casa, desapontados. Os médicos e oculistas descobriam daltonismo, cegueira noturna, hipermetropia, miopia ou algum outro problema de vista com o qual o candidato convivera desde sempre e do qual nunca havia desconfiado.

Outros tinham uma sombra nos pulmões, pés chatos, algo errado em algum lugar, algo que não chegava a cem por cento. O terceiro dia foi dedicado aos reflexos, velocidade de reação a emergências, destreza e coordenação entre olhos e mãos. O quarto foi para os exercícios iniciais. Duas linhas brancas no pátio de formação representavam um abismo. Algumas estacas, cordas e um barril de óleo. Faça a equipe atravessar o abismo em segurança.

O último dia foi para entrevistas pela manhã, com tempo suficiente à tarde para voltar para casa. Não comentei nada sobre minha fluência em várias línguas, temendo que eles até me aceitassem, mas apenas para o departamento de educação ou mesmo de inteligência. Eram três oficiais, dois com asas no peito. Bastante entediados. Muito bem, camarada. Por que você quer voar?

Pelo amor de Deus! Por que eu queria perder a virgindade? Porque parecia divertido, eu tinha 16 anos e a vida estava passando na minha frente. Mas sem humor, por favor. Não perante um conselho de oficiais. Assim, respostas sérias e a garantia de que eu era louco por aviação desde que tinha sido colocado na cabine de um Spitfire aos 5 anos. Várias sobrancelhas arqueadas e um sorrisinho divertido. Várias perguntas capciosas sobre caças modernos, às quais eu era capaz de responder com facilidade porque os estudava havia anos.

Sim, senhor, eu estava em Farnborough naquele dia, quando John Derry, nos controles do protótipo do Havilland 110, se chocou no flanco da colina. Nada de sorrisos; alguns olhares sérios de soslaio, mas com aprovação. Então fui dispensado. Não podia prestar continência, pois não tinha quepe. Mas teria, em breve.

Cinco dias depois, outro envelope. Eu deveria me reportar à base da RAF em Kenley para receber traje de voo, botas e capacete de couro. Então, começar no Blue Bell Hill Flying Club, Rochester, em junho. Um problema técnico: meu ano letivo começava em maio. Eu podia conseguir, mas precisava de transporte.

Papai veio novamente ao resgate: ele comprou para mim uma lambreta Douglas Vespa de segunda mão. Havia sido fabricada na Inglaterra, com licença da Vespa italiana, e era uma porcaria. Tinha pedal de arranque e engasgava umas cinquenta vezes antes de dar partida. Mesmo assim, era meu primeiro transporte motorizado. Com uma carteira de aprendiz e placas vermelhas com um L na frente e atrás, era permitido que eu pegasse estradas. Papai me levou até Blue Bell Hill para me apresentar e ver o avião em que eu teria aulas.

Era um Tiger Moth prateado, um biplano que parecia ter saído diretamente da Primeira Guerra Mundial e o modelo padrão das escolas de aviação da época. Cabine aberta, tubo de comunicação com o instrutor, ficar com os cabelos ao vento e tal. Maravilhoso, inebriante. O único problema era Tonbridge School. As autoridades já haviam deixado claro que minha paixão por voar era uma loucura juvenil. Eu jamais conseguiria permissão. Em vez disso, consegui um barracão.

Não no terreno da escola, é claro. Ele ficava na cidade de Tonbridge, em um daqueles pequenos jardins urbanos comuns na região alugados por um preço módico pela prefeitura para as pessoas que não possuíam quintais, mas, ainda assim, queriam plantar seus próprios legumes. O agradável jardineiro permitiu que eu guardasse a Vespa em seu barracão, protegida da chuva.

Em Parkside, no que eu esperava ser meu último período, não havia mais provas a fazer, e fui inscrito no nível "s". O "s" era para quem pleitearia uma bolsa de estudos do governo, mas essa era uma esperança vã. As bolsas eram baseadas na renda, e meu pai podia pagar pelos custos da universidade; por isso, eu jamais receberia uma bolsa. Mas ninguém queria que eu ficasse desocupado. Na verdade, eu tinha outra prova em mente — a prova para conseguir minha licença de piloto particular. Eu só poderia fazê-la em 26 de agosto, um dia depois do meu décimo sétimo aniversário. Mesmo assim, tinha trinta horas de aula de voo pagas para fazer em Rochester e certamente não podia esperar até as férias. Desse modo, para a surpresa de Parkside, me tornei corredor de *cross-country*.

Até então, eu odiava corridas, geralmente empregadas como punição por algum delito ou praticadas por estudantes magrelos que pareciam insetos. Eu ainda era baixo e atarracado e só começaria a ganhar altura no ano seguinte. Via as corridas como pura desgraça. Mesmo assim, de repente me voluntariei para elas, e não apenas para a corrida júnior de oito quilômetros, mas para a sênior, de quase treze. Minha única condição: eu queria correr sozinho.

Duas vezes por semana, vestia meu short branco e uma camiseta impecável e atravessava correndo os portões. Levava quinze minutos para chegar ao barracão, onde vestia o traje de voo de lona, as botas e o capacete de couro. Disfarçado, podia pegar a estrada para Blue Bell Hill e seu clube de aviação.

Após seis horas de aulas acompanhadas, voei sozinho e experimentei a inebriante sensação de voo livre, bem acima do sinuoso Medway, contemplando Rochester e as torres da catedral medieval. Lá em cima, eu podia girar entre as nuvens, dando voltas, mergulhando, arrancando o capacete e mantendo apenas os óculos para proteger os olhos.

Na minha imaginação juvenil, estava sobre os campos de Flandres, por volta de 1916, em formação com Bishop, Ball, Mannock e McCudden, com um alegre aceno dos ases franceses Guynemer e Garros, caçando os alemães Von Richthofen, Boelcke e Immelmann. Eu tinha lido sobre todos eles, pesquisara suas histórias, suas vitórias e, um por um, suas mortes. No fim do período escolar, já havia completado vinte e sete das minhas trinta horas, economizando três para os testes finais no fim de agosto.

Parkside jamais solucionou o enigma do garoto corredor. Os valentões me deixaram em paz, pois havia novos calouros para perseguir, mas a punição com a bengala continuou. Acho que colecionei setenta e quatro golpes da bengala de vime nos meus três anos e meio, sempre aplicados comigo inclinado, com a cabeça debaixo da mesa, protegido apenas pelo fino pijama.

Jamais desenvolvi aqueles estranhos desvios tão frequentemente atribuídos aos ingleses, mas desenvolvi, sim, duas outras coisas no lugar: a habilidade de suportar dor em silêncio e o desprezo por figuras de autoridade cruéis e arbitrárias.

O trimestre de verão terminou em julho de 1955. Blue Bell Hill prometia me receber novamente para os testes de voo no fim de agosto. Nesse meio-tempo, eu e um dos meus poucos amigos em Parkside, John Gordon, decidimos pegar carona de Newhaven, na costa de Sussex, e atravessar a França até Ventimiglia, na fronteira italiana, por toda a extensão da Côte d'Azur. John tinha 15 anos e eu, 16. Achávamos que seria uma grande aventura. E foi.

Uma longa jornada

ATUALMENTE, PEDIR CARONA é algo raro, mas, em 1955, era comum para os jovens sem dinheiro. Homens de meia-idade, lembrando-se da própria adolescência sem um centavo, ficavam com pena da figura na beira da estrada, com a mão direita estendida e o polegar erguido, então paravam e perguntavam ao rosto que aparecia na janela do passageiro para onde ele estava indo.

Soldados em suas fardas, a caminho de casa ver os pais com um passe de fim de semana ou tentando voltar para o quartel, também costumavam receber ajuda. A maioria dos homens de meia-idade também prestara serviço militar. Eu e John Gordon tínhamos uma vantagem ainda melhor que uma farda, embora não soubéssemos disso.

John tinha uma tia que vivia em Cooden, perto da costa de Sussex e não muito longe de Newhaven. Lá, havia uma balsa que fazia a travessia até Dieppe. Fui de Vespa até Cooden, e a tia de John nos levou para Newhaven na manhã seguinte para que pegássemos a primeira balsa. Tínhamos duas passagens de volta e um orçamento bem apertado.

Estávamos convencidos de que dormiríamos em garagens, depósitos ou mesmo valas e comeríamos as comidas mais baratas, provavelmente pão com queijo. Usávamos botas de escalada resistentes, calças cáqui de treinamento, meias na altura dos joelhos e camisas de lona. Tudo isso com uma mochila nas costas. Eu havia tomado a precaução de costurar uma bandeira inglesa, a Union Jack, na minha. Marcharíamos em fila indiana, comigo atrás, para que os motoristas pudessem ver claramente a bandeira costurada. Isso acabou fazendo toda a diferença.

No meio da manhã, tínhamos saído do terminal de balsas de Dieppe e nos dirigíamos para a rodovia que seguia até Paris quando um carro deu uma guinada para ficar atrás de nós e buzinou, então uma voz perguntou — em francês, é claro — para onde estávamos indo. Respondi em francês, e pouco depois as mochilas já estavam no porta-malas. John foi no banco de trás e eu fiquei ao lado do motorista, explicando o porquê de eu ter um francês fluente. Então descobrimos a razão para a carona tão rápida.

Em 1944, apenas onze anos antes da nossa aventura, os exércitos aliados haviam saído da Normandia para libertar a França. Britânicos e canadenses rumaram para o norte, em direção à Holanda e à Bélgica, atravessando todo o norte da França no processo. Qualquer um com mais de 25 anos se lembrava com clareza da ocupação alemã e da libertação. Fora a bandeira britânica a responsável pela nossa facilidade.

Não havia rodovias naquela época, apenas a velha *route nationale*, estreita e sinuosa, com somente uma pista em cada sentido e, ocasionalmente, uma pista de ultrapassagem central bastante letal, na qual carros se aproximavam um do outro a cento e sessenta quilômetros por hora. Seria bom se os motoristas parassem de olhar para os lados e mantivessem os olhos na estrada. Em três rápidas caronas, chegamos a Paris, e acredito que tenhamos chegado antes do trem.

Uma vez na cidade, pegamos o metrô e nos dirigimos, sem nos anunciar, ao apartamento das princesas da casa de Dadiani. Perfeitamente impassíveis, como se adolescentes viajando de carona surgissem sempre a sua porta, as adoráveis damas nos receberam e nos convidaram para jantar. Às dez da noite, acomodei John no sofá e saí novamente para a noite.

Eu tinha averiguado que o caminho de Paris até Marselha era bem longo e havia uma maneira de cobrir essa distância em um único dia, se o que eu pretendia desse certo. Todos os dias, milhares de caminhões, grandes máquinas com reboques que hoje chamaríamos de jamantas, compravam frutas e vegetais do sul subtropical, o Midi, para reabastecer o estômago de Paris. E retornavam vazios.

O enorme mercado de produtos frescos ficava em um distrito chamado Les Halles, há muito deslocado para o subúrbio. Na época, contudo, ficava no coração de Paris, um quilômetro quadrado de garagens e depósitos repleto de luzes e atividade noturna, com seus bares, restaurantes e bistrôs funcionando como o refúgio dos trabalhadores e dos amantes da vida noturna. Comecei minha busca e não tive sorte.

Fui de café em café perguntando de maneira perfeitamente educada se havia algum motorista de caminhão que iria para o sul pela manhã. A resposta era sempre negativa, até que os donos me expulsavam por não consumir nada. Então recebi um tapinha no ombro de alguém que tinha me seguido até a calçada.

Era um trabalhador do mercado, um argelino magro e desalinhado, que disse que tinha um amigo que era exatamente o que eu procurava dormindo em seu apartamento a alguns metros dali. Eu deveria segui-lo até lá. Como um tolo, acreditei.

As ruas foram ficando cada vez mais estreitas e sujas, até se tornarem meras vielas entre blocos de favela. Por fim, ele me conduziu por uma porta e um lance de escadas. Destrancou a porta de seu quarto e fez um gesto me dizendo para entrar. O quartinho imundo estava vazio. Eu me virei. Ele trancou a porta, então me lançou um pequeno sorriso com seus dentes irregulares e fez um gesto em direção à cama encardida.

Eu sabia que não fazia sentido gritar por ajuda. Estava claro que a comunidade daquela região não era do tipo que se intrometeria. Neguei com um meneio de cabeça. Ele gesticulou novamente, acrescentando em francês:

— Tire as calças e deite na cama.

— *Non* — foi minha breve resposta.

Ele deixou de sorrir, abriu a braguilha e retirou o pênis. Estava semiereto. Ele repetiu as instruções.

Não sou homofóbico, mas tenho uma aversão pessoal pela sodomia.

— *Non* — repeti. E acrescentei: — Vou embora.

Ele pegou uma faca. Era uma faca dobrável que precisava das duas mãos para ser aberta. A lâmina era curva e presumi que fosse usada para cortar frutas. Mas se sairia muito bem em carne humana.

Para minha grande sorte, vários anos antes, quando eu costumava acampar nos campos de Kent, meu pai me dera uma faca de caça, com cabo de chifre e vários centímetros de aço de Toledo. Servia para estripar e esfolar os coelhos abatidos com meu rifle de ar comprimido e cortar galhos para a fogueira ou para esticar as peles.

Eu a carregava horizontalmente, presa às costas na altura da cintura. Remexi sob a camisa. O argelino achou que eu estava abrindo o cinto. Quando retirei a faca de caça, ele arregalou os olhos e veio para cima de mim.

Houve uma luta, bem curta, na verdade. Acabou em poucos segundos. Eu me vi no corredor com a porta aberta e a mão na maçaneta. A faca do sujeito estava no chão. Ele tinha um grande corte no bíceps direito e estava fazendo um estardalhaço por causa disso. Em árabe. Achei melhor não ficar por lá para o caso de ele ter amigos na pensão. Desci as escadas e me lancei na viela.

Acabei ganhando algo com o incidente, pois, no caminho de volta, encontrei aquilo que precisava: uma espécie de cemitério de elefantes, fileira após fileira de jamantas estacionadas, esperando o amanhecer. Os motoristas economizavam as diárias dormindo na cabine dos caminhões. Encontrei um deles se aliviando na roda traseira e, quando ele terminou, eu me aproximei e expliquei meu problema. Ele refletiu a respeito.

— Não é permitido — disse o homem. — É política da companhia: nada de carona. Eu colocaria meu emprego em risco.

Mas, novamente, a sorte interferiu a meu favor. O caminhoneiro era de Marselha, que jamais havia sido ocupada pelos alemães. Mas a esposa dele era do norte, e o pai dela estivera na Resistência em Amiens. Tinha sido preso e aguardava a execução quando o capitão-aviador

Pickard liderara seus Mosquitos no ataque à prisão de Amiens. Eles arrombaram o bloco de celas com um bombardeio preciso e destruíram as paredes externas. Seu sogro escapara e ainda estava vivo.

— Vou ter de mantê-los trancados durante toda a viagem — avisou ele. — Se formos pegos, vocês dirão que entraram na carreta à noite, enquanto eu dormia. Tudo bem? Estejam aqui às seis.

Ainda estava escuro às seis da manhã, mas o cemitério despertava lentamente. Nosso novo amigo abriu espaço nos fundos da carreta, perto da porta, empilhando os caixotes vazios para criar um cubículo de uns três metros quadrados. Quando eu e John nos agachamos lá dentro, ele trancou as portas e foi para a cabine. Às seis e meia, estávamos na estrada.

Havia um cheiro marcante nos caixotes de carga. Melões. Às sete, o sol nasceu nos subúrbios do sul. Às oito, estávamos na *route nationale*, com destino a Marselha, a onze horas de distância. Às nove, começou a esquentar; às dez, a carreta parecia uma fornalha. Às onze, o cheiro dos melões tinha se tornado um fedor insuportável. John estava pálido feito papel e se queixava de uma náusea cada vez mais intensa. Ao meio-dia, estava ajoelhado, tentando depositar o que havia restado do desjejum russo no vão onde as portas se uniam ao piso. Ao fedor de melões se uniu o de vômito, formando um coquetel forte.

Não havia como contatar o motorista, lá na frente. À uma da tarde, ele parou para reabastecer e almoçar, porém, com outros motoristas ao redor, não se aproximou da carreta nem nos deixou sair. Depois de meia hora, retomou a rota para o sul, mas não tínhamos a menor ideia de onde estávamos, e John estava passando muito mal. Tinha parado de vomitar e apenas gemia.

Inicialmente, ele achou que morreria e, depois, passou a temer que isso não acontecesse logo. Eu tinha a sorte de ter um estômago bastante resistente, fosse em barcos no mar revolto, fosse em jornadas por terra. E havia passado todo o mês de junho arremetendo em um Tiger Moth pelos céus de Rochester. Nosso tormento acabou por volta das seis da tarde, quando o caminhão parou em um acostamento e as portas foram abertas.

John se afastou e segurou a cabeça com as mãos. Retirei um mapa da França da mochila, e o motorista indicou onde estávamos. Ao sul de Avignon, mas ao norte de Marselha. Agradeci profusamente, lhe dei um aperto de mão e ele partiu, presumivelmente para sua fazenda de melões e um grande balde de desinfetante.

Os jovens se recuperam tão rápido que, meia hora depois, já estávamos caminhando em marcha pelo acostamento. Às oito da noite, o sol se pôs e encontramos uma fazenda com um celeiro amigável cheio de palha e feno. A despeito de estarmos morrendo de fome, desmaiamos sobre o feno e dormimos por dez horas.

No dia seguinte, descobrimos, enquanto caminhávamos com os polegares erguidos, que a Union Jack já não funcionava. O Midi jamais havia sido ocupado. Fora parte da França de Vichy, notória pela entusiástica colaboração com os alemães. Mesmo a invasão dos Aliados em agosto de 1944 era vista por ali mais como um ataque que como uma libertação. Nenhum carro parou. Contornamos a costa em Marselha e, durante três semanas, milhares de carros, vans e caminhões passaram por nós sem parar.

Vivemos de baguetes e queijo barato, matando a sede e enchendo nossos cantis nas fontes públicas dos vilarejos. Ainda não existia a rodovia Corniche Littorale (e, se existisse, pedir carona seria proibido), apenas a estrada litorânea que entrava em cada vilarejo e povoado, assim como nas grandes cidades de Toulon, Nice e Cannes.

Caminhando por ela, encontramos baías e riachos minúsculos que não eram pontos turísticos e onde podíamos tirar a roupa e mergulhar nossos corpos superaquecidos na água fria e cristalina. Dormimos em barracões nos oliveirais e, uma vez, no mármore frio de um mausoléu. Vimos a grandiosidade de Mônaco e Monte Carlo, onde todos os carros pareciam ser Rolls-Royces e onde, muitos anos depois, eu seria hóspede do príncipe Albert. Finalmente, chegamos à fronteira com a Itália, em Ventimiglia.

Só para dizer que havíamos ido até a Itália, cruzamos a fronteira e caminhamos por San Remo. Então, nosso tempo e nosso dinheiro acabaram. Tínhamos apenas o suficiente para duas passagens de terceira classe para Marselha, onde compramos somente uma passagem até Paris. Passamos a viagem inteira no banheiro. Três vezes o bilheteiro bateu à porta. Eu abria uma fresta, explicava em francês que não estava me sentindo bem e estendia o bilhete. John ficava fora do campo de visão do sujeito, em cima do vaso sanitário atrás da porta.

Pegamos carona até Dieppe e usamos nossas passagens de volta para chegar a Newhaven. Não havia celulares na época, então usamos um telefone público e quatro moedas para avisar à tia de John que tínhamos chegado e aguardaríamos que ela fosse nos buscar.

Estávamos bastante bronzeados e com os músculos rígidos. Ambos havíamos crescido alguns centímetros e rimos até hoje de algumas coisas que fizemos. Os anos cinquenta foram uma época boa, despreocupada e descomplicada para se ser adolescente, antes das drogas, das inquietações e do politicamente correto. Materialmente, tínhamos infinitamente menos que os jovens de hoje, mas acho que éramos mais felizes.

Há alguns anos, um amigo dessa mesma geração, do serviço militar, que vivia com poucas regras e regulamentos, burocracia mínima, o básico de alimentação, mas saudável, com bons modos e muitas caminhadas, fez o seguinte comentário: "Tivemos o melhor do fim e o fim do melhor." Ele disse tudo em uma única frase.

Mas já eram meados de agosto e havia algo que eu queria muito. Eu queria aquela licença de piloto. Assim, um dia depois do meu décimo sétimo aniversário, peguei a Vespa e voltei ao clube de aviação de Rochester.

Daquelas férias em diante, John Gordon nunca mais foi capaz de suportar um melão e eu nunca mais carreguei uma lâmina.

Uma tola vingança

O EXAME DE VOO foi quase rotineiro. Tudo havia sido abordado durante as aulas.

Primeiro foi o exercício de navegação triangular, no qual tive de fazer comentários ao instrutor na cabine da frente, descrevendo o que eu estava fazendo e por quê. A tecnologia para exercícios de navegação em um Tiger Moth era bem básica. Eram chamadas de órbitas.

Um mapa já havia sido preparado, com a rota marcada com caneta hidrográfica, dobrado e preso na minha coxa esquerda por um elástico. A identificação da posição podia ser obtida colocando-se a cabeça para fora e olhando para baixo. Localização e direção dependiam do reconhecimento de estradas principais, linhas ferroviárias e, acima de tudo, rios com curvas distintas. Cidades eram identificadas por castelos, catedrais ou outras características óbvias.

Havia um membro mais velho do clube cuja visão era tão ruim que ele costumava mergulhar e voar ao lado dos trens para ler a placa de destino na lateral da locomotiva. Pode-se imaginar que os passageiros ficavam surpresos ao erguer os olhos de suas palavras-cruzadas e avistar um biplano do lado de fora da janela, com um velho excêntrico olhando para eles. Mas ninguém parecia se importar. Era uma época bastante despreocupada.

Após o exame de navegação, nos reunimos no clube para um almoço composto de sanduíches e, depois, para o exame de competência geral. Isso envolvia as manobras básicas — arremeter, mergulhar, virar, *wingover*, glissada e várias emergências simuladas. A rotina era que o instrutor desligasse subitamente o motor e dissesse: "Você teve uma falha completa do motor. O que vai fazer agora?"

A resposta era olhar ao redor em busca de um campo amplo e plano longe de florestas, árvores altas ou construções. Com o campo de pouso selecionado, verificar a direção do vento e a velocidade para então planar na descida com a hélice girando preguiçosamente, alinhando como se fosse um pouso real e se aproximando do melhor campo de trigo de algum fazendeiro desavisado. No último minuto, o instrutor religava o motor e o Tiger Moth se alçava para cima e para longe.

Aterrissando em Blue Bell Hill, ouvi que tinha passado e minha licença estava "no papo". O teste escrito, um exame de duas horas, eu já fizera antes de viajar para a França. Mas notei que, das trinta horas de voo tão generosamente pagas pela RAF, ainda me restavam quarenta e cinco minutos. Pedi para usá-los em um último voo solo e, com indiferença, me deram. Havia uma coisa que eu queria fazer.

A cidade de Tonbridge era fácil de encontrar, seguindo-se o rio Medway, que corria diretamente até lá. Perto da cidade, mergulhei no vale não muito profundo entre os campos da escola e Hildenborough, por onde havia fingido correr durante tanto tempo.

Saí do vale e me aproximei de dois campos conhecidos como Martins e Le Flemings. Acho que estava a uns seis pés de altitude. Passei rapidamente pela linha de olmos entre Le Flemings e o primeiro campo de críquete, o sagrado gramado do Head. Então os prédios da escola estavam diante de mim: School House era onde o diretor vivia, e Old Big School era o grande salão comunal.

A escola ainda estava vazia por conta das férias, ou àquela hora de uma tarde de verão os alunos estariam jogando críquete no Head. Um rosto surgiu em uma janela da School House, encarando, boquiaberto, o avião que se aproximava. Pode ter sido o diretor, o gentil porém ineficiente reverendo Laurence Waddy, mas nunca tive chance de perguntar.

O dono do rosto se jogou no chão quando o Tiger Moth escalou a parede lateral de Old Big School, quase bateu no telhado, girou para o norte, passou a alguns metros da torre da capela e arremeteu para o límpido céu azul.

Depois de completar meu gesto estúpido para o lugar que ansiava deixar, voei de volta até Rochester, torcendo para que nenhum cidadão de Tonbridge tivesse anotado meu número de registro e me denunciado, o que seria meu fim.

As aulas recomeçariam dali a quinze dias e, para agradar ao meu pai, eu havia concordado em completar o último período e deixar o colégio apenas no Natal. No início do período, achei que seria chamado pelo diretor, mas ninguém disse nada.

Quinze dias depois, minha licença de piloto particular chegou à casa dos meus pais em Ashford vinda do ministério. Devolvi meu kit de voo à base de Kenley pelo correio e jamais voei em um Tiger Moth novamente, até que, aos 76 anos, ofereceram-me um passeio e os controles de um no aeródromo Lashenden, em Kent. Ainda é um aviãozinho maravilhoso.

Um cavalheiro de Clare

QUANDO RETORNEI A TONBRIDGE no início de setembro de 1955, achei que passaria o período matando o tempo. No verão anterior, eu cumprira o acordo com meu pai segundo o qual, se eu passasse em todos os exames, ele me tiraria de lá. Com muita sorte, tinha conseguido o certificado geral de educação básico aos 14 anos e o avançado aos 15, cerca de três anos antes do requerido. Para isso, falar francês e alemão com fluência, habilidades fornecidas pela presciência de meus pais, havia sido inestimável.

No verão de 1955, ainda com 16 anos, eu me candidatara à bolsa de estudos do governo. Papai não queria ser o único lojista da High Street de Ashford cujo filho deixara o colégio aos 16 anos e implorou a mim que permanecesse durante o inverno e saísse apenas aos 17. Eu havia concordado, mas me deixar enrolando não era exatamente o que Tonbridge tinha em mente.

Minha obsessão por aviões de guerra e revistas de aviação não causava nada além de cenhos franzidos em desaprovação, e em pouco tempo fui encaminhado para uma longa entrevista com um cavalheiro do Gabinete de Escolas Públicas, que passou o dia no colégio para analisar os formandos. Ele era bastante cordial, um pouco gorducho e tentou fazer com que eu me interessasse em me tornar "alguém na City de Londres".

Com os olhos brilhando de empolgação, ele me propôs uma entrevista com a Shell-BP ou um grande banco. Poderia até mesmo haver uma vaga como corretor de ações. Não adiantava de nada reclamar.

61

Fingi que me interessava, peguei seus vários folhetos sobre carreiras e saí de fininho. Mas não havia enganado ninguém. Alguém mexeu os pauzinhos nos bastidores e fui encaminhado para uma entrevista na Clare College, em Cambridge. E com ninguém menos que o diretor. Para meus professores, isso era próximo de uma visita ao Olimpo.

Recebi uma passagem de trem para Londres e outra para Cambridge. Entrei no trem, cruzei Londres de ônibus, cheguei à estação de Cambridge e fui andando até Clare College, aninhada em uma curva do rio Cam, apresentando-me na hora marcada. Estava vestindo o uniforme da escola, mas sem o absurdo chapéu de palha, que tinha recebido permissão de não usar. Um porteiro me acompanhou até o escritório do diretor.

O dignitário do outro lado da escrivaninha estava analisando um documento. Parecia ser a meu respeito. Ele estalou a língua várias vezes, ergueu a cabeça e sorriu.

— Apenas 16 anos — comentou. — Fluente em dois idiomas e com bons conhecimentos de russo. Soa como o Ministério das Relações Exteriores.

Não era uma pergunta, então não respondi. Resoluto, seu sorriso não esmoreceu.

— Então, você gostaria de tentar entrar no Ministério das Relações Exteriores, meu jovem?

— Não, senhor diretor.

— Bem, não importa. Por que você quer vir para Clare?

Há momentos em que a dissimulação é inútil e a melhor política é a completa honestidade. Decidi que aquele era um desses momentos.

— Na verdade, senhor diretor, eu não quero.

Dessa vez, o sorriso esmoreceu. Foi substituído não pela raiva, mas por perplexidade e certa curiosidade.

— Então o que você está fazendo aqui?

— Tonbridge me enviou, senhor diretor.

— Sim, eu sei. — Ele apontou para os documentos em sua mesa, que claramente haviam me precedido. — Nesse caso, o que você quer fazer quando sair do colégio?

— Vou me alistar na Força Aérea, senhor diretor. Quero ser piloto de combate.

Ele se levantou e contornou a escrivaninha, com o sorriso beatífico de volta ao rosto. Passou um braço pelos meus ombros e me conduziu até a porta.

— Então eu lhe desejo muito boa sorte. E obrigado.

Os bons votos eram bem-vindos, mas...

— Por que "obrigado", senhor diretor?

— Porque, meu jovem, esta foi a entrevista mais breve e mais honesta que já conduzi nesta sala.

Voltei à estação, retornei a Londres e, de lá, fui para Tonbridge. Uma semana depois, o relatório do diretor chegou, o que me fez ser visto com maus olhos. Mas a tenacidade é uma característica britânica e Tonbridge certamente a possuía. Eles chamaram meu pai.

Eu não estive na sala durante a conversa, contudo, mais tarde, meu pai me contou como foi. Havia quatro deles: o diretor (cujo descanso de verão eu havia arruinado), o diretor da minha casa, o chefe de estudos e o capelão. Ele disse que parecia uma audiência da Alta Corte. Todos estavam de túnica escolástica, como graduados de Oxford e Cambridge. O lojista que confrontavam tinha vindo de Chatham Dockyard e eles sabiam disso.

A conversa não foi hostil, mas extremamente grave. Seu filho, disseram a ele, estava cometendo um erro terrível. Resultados excepcionais nas provas depois de uma educação bastante dispendiosa. O tipo de histórico que algum dia, após mais dois anos em Tonbridge, poderia resultar em um prêmio, possivelmente até mesmo em uma oferta de especialização, em Oxford ou Cambridge. Um diploma de primeira classe poderia abrir as portas para o serviço público. Ora, seu filho poderia até mesmo ser capaz de retornar como professor júnior para Tonbridge, algo que eles claramente viam como o auge das realizações.

E, diante de tudo isso, o garoto tinha o estranho sonho de se tornar pouco mais que um mecânico. Era muito *infra dignitatem* —

abaixo da minha dignidade, uma frase em latim que meu pai nunca tinha ouvido.

No esnobismo que vigorava naquela época, parecia que Dartmouth College (Marinha Real) ou a Academia Militar Real de Sandhurst (Exército, desde que de um bom regimento, é claro) eram apenas aceitáveis, mas se voluntariar para a RAF era manifestamente bizarro. Era dever do meu pai fazer tudo em seu poder para dissuadir o filho de não frequentar os dois últimos anos no colégio e, inexplicavelmente, negar-se a ir para Cambridge.

Meu pai os ouviu, um após o outro. Então respondeu muito brevemente.

— Cavalheiros, se meu filho deseja se tornar piloto de combate, pretendo dar a ele todo o apoio possível e todo o encorajamento de que eu for capaz. Tenham um bom dia.

Então ele partiu, dirigiu de volta para Ashford e reabriu a loja. Era um grande homem. Deixei o colégio em dezembro, ainda visto com maus olhos.

Aprendendo espanhol

DURANTE AS FÉRIAS DE NATAL, meu pai deixara claro que, com 17 anos e três meses, eu não teria a menor chance de entrar na Força Aérea Real, uma vez que a idade de admissão era 18 anos. Seria mais prudente esperar até que eu tivesse pelo menos 17 e meio antes de tentar.

Ele também deixou claro que não me toleraria à toa em casa. Eu deveria preencher os primeiros três meses de 1956 com alguma atividade. Analisamos os termos da bolsa que eu tinha ganhado cinco anos antes para estudar em Tonbridge. Iniciada pelo há muito falecido Sr. Knightly, a Bolsa Knightly envolvia o depósito de uma grande soma de dinheiro que, bem investida, poderia render (como rendeu) o bastante para pagar as mensalidades todos os anos. Mas, se houvesse excedente, ele seria depositado em um fundo separado.

Esse fundo extra podia, com permissão dos conselheiros, ser usado para que o aluno estudasse uma língua durante seu último ano no colégio. As regras não diziam explicitamente que o aluno precisava estar no colégio em si para cursá-la. Apresentei um pedido para fazer um curso de espanhol, com os custos pagos pelo fundo.

Os conselheiros, surpresos, pois jamais haviam recebido um pedido como o meu, descobriram que, após tantos anos sem uso, o fundo tinha um excesso de recursos que precisava ser empregado. Uma rápida pesquisa revelou que a Universidade de Granada, na Andaluzia, sul da Espanha, oferecia um curso de primavera de três meses para que estrangeiros estudassem o idioma e a cultura espanhola. Mais uma vez, os conselheiros aceitaram a sugestão e pagaram pelo curso, além de uma mesada de seis libras por semana enquanto eu estivesse longe de casa. No início de janeiro, embarquei para a Espanha.

O curso não era oferecido de fato em Granada, mas em Málaga, na costa. Na época, a cidade que hoje é uma metrópole em expansão era apenas uma cidadezinha litorânea famosa por duas coisas. Antes da guerra (a Guerra Civil Espanhola, um conflito que ainda consumia o país), o toureiro Carlos Arruza se apresentara na cidade, embora estivesse gripado e com uma febre muito alta. Uma tourada tão espetacular que ele havia recebido as duas orelhas, o rabo e um casco do touro morto, um feito que nunca mais se repetiria.

E Pablo Picasso, que ainda estava vivo e pintando na época, mas exilado na França após se opor amargamente a Franco e pintar o famoso *Guernica*, nascera lá. Se houvesse aeroporto, devia ser um pequeno campo de pouso municipal, fora de qualquer rota internacional. Voei até Gibraltar, arrastei a pé minha mala pela fronteira e peguei um velho ônibus capenga de La Línea até Málaga. Em Gibraltar, troquei todas as minhas libras esterlinas por pesetas, no notável câmbio de duas mil pesetas por libra. Eu não conhecia o suficiente para saber que, pelos padrões espanhóis, tinha me tornado um jovem razoavelmente rico.

A atual cadeia de resorts turísticos Costa del Sol ainda não existia. Entre Málaga e La Línea havia quatro pequenos vilarejos de pesca: Torremolinos, Fuengirola, Marbella e Estepona. A imensa rodovia atual era uma trilha estreita, com uma pista em cada sentido. Mas, como as pistas eram muito esburacadas, os motoristas dirigiam pelo centro, desviando no último minuto, em meio a uma enorme quantidade de buzinas, gritos e gestos. Eu estava entrando em uma cultura muito diferente e fascinante.

Em Málaga, reportei-me ao escritório local da Universidade de Granada e conheci o diretor do curso, don Andres Oliva. Ele era verdadeiramente culto, um real *caballero* tradicional, um cavalheiro. Logo descobri que os cinquenta ou mais estudantes do curso ficariam alojados na mesma hospedaria. Também logo ficou claro que, como eram americanos, canadenses, britânicos, alemães, dinamarqueses, suecos e de outras nacionalidades, haveria uma língua comum — o inglês. E essa seria a língua usada na hospedaria. Mas não era para isso que eu tinha viajado. Querendo me hospedar com uma família espanhola que não falasse inglês, apresentei meu problema a don Andres.

Ele me ouviu com discreta, mas surpresa aprovação, comentou que ninguém pedira isso antes e prometeu procurar uma família que pudesse me receber. Vinte e quatro horas depois, disse ter encontrado uma que ficaria feliz em receber um hóspede que pagasse pela estadia.

A dama em questão era doña Concha Lamotte, Vda de Morales. Decifrando, isso significava madame Concepción (Conchita ou Concha) Lamotte, *viuda* (viúva) do senhor Morales. Fiquei sabendo que ela era francesa de nascimento, mas nos anos trinta se casara com o señor Morales, que havia sido executado pelos comunistas durante a guerra civil. A viúva criara os dois filhos sozinha.

Como era de esperar, ela odiava os comunistas e adorava o general Franco, que em 1936 desembarcara com suas tropas marroquinas na costa para iniciar a guerra civil e tirar a república das mãos comunistas. Em 1956, é claro, Franco era o ditador da Espanha, à frente de um governo de direita bastante extremista.

Tomei coragem, caminhei da hospedaria até o apartamento dos Lamottes, que ficava ao lado do velho Hotel Miramar, e me apresentei. Minha hospedagem custaria três libras por semana, mas o custo de vida na Espanha era tão barato que as outras três libras da mesada seriam mais que suficientes. Eu teria um quarto só para mim e faria todas as refeições com a família.

Madame tinha um filho de 17 anos, que aguardava seu próprio ingresso nas Forças Armadas, e uma filha dois anos mais velha, já noiva. Eles não falavam uma palavra da língua inglesa e nunca tinham visto um inglês, quanto mais um protestante. Eu não falava espanhol, mas tinha um livro de gramática e, misericordiosamente, madame se lembrava o bastante de seu francês nativo para me ajudar quando não havia outra saída.

Málaga naquela época ainda era uma comunidade sonolenta, pitoresca e bastante tradicional. Todas as noites, as garotas das classes respeitáveis que ainda não haviam sido "prometidas" passeavam lentamente pelo *paseo* repleto de palmeiras, devidamente acompanhadas por suas mães ou tias. Das laterais, podiam ser observadas pelos jovens que ainda não eram noivos. Era um mercado matrimonial muito decoroso.

As garotas tinham pentes de marfim no cabelo e se enrolavam em um xale de renda preta, a *mantilla*. Os jovens costumavam usar paletó curto, chamado *traje corto*, e o chapéu preto ou cinza de abas largas conhecido como *cordobés*.

Quando um jovem via uma garota da qual gostava, tentava descobrir seu nome. Uma vez que o soubesse, ia falar com o próprio pai, que então tentaria descobrir quem era o pai da garota, e, se ele também fosse de uma família respeitável, com uma boa casa e uma profissão digna, os dois pais se encontravam para falar da possível união dos filhos. Os jovens jamais se reuniam para conversar.

O pai da garota então convidava o jovem para um chá. A mãe da garota e, possivelmente, um bando de tias, todas morrendo de curiosidade, sentavam-se com a moça de um lado da sala, ao passo que o pai e o jovem convidado se sentavam do outro. Devia ser uma ocasião muito artificial e tensa, com todos os lados pretendendo se tratar apenas de uma xícara de chá entre vizinhos.

Na verdade, ambos os lados estavam se avaliando. A corte era feita com os olhos; os jovens jamais se tocavam. Se as impressões fossem favoráveis, o pai da moça conversava com a esposa e convidava o jovem para se unir a eles durante a missa no domingo seguinte.

Embora ele a tivesse visto no *paseo*, quando ela chamara sua atenção, aquela primeira e artificial xícara de chá era a primeira vez que a garota colocava os olhos em seu admirador. Sua curiosidade devia ser imensa. Meu novo amigo Miguel Morales sabia disso tudo por ter passado pelo ritual com a irmã.

Como a castidade era total, tinha de haver uma válvula de escape, e essa era o *bordello*. Havia muitos. No topo da pirâmide, eram estabelecimentos bastante dignos. Não era impossível que o prefeito e o chefe de polícia tomassem uma taça de xerez com alguma madame importante, que também era um pilar da comunidade (embora não convivesse com as esposas, é claro) e fazia doações para boas causas, como a igreja e o orfanato, para o qual suas garotas, se fossem descuidadas, poderiam algum dia contribuir.

Da perspectiva de sessenta anos depois, é difícil imaginar tudo isso, mas as coisas eram assim. O chefe de polícia não era consumido pelo excesso de trabalho, pois os crimes eram muito raros e quase não havia crimes violentos. Podia até acontecer uma luta de facas entre os ciganos, ou *gitanos*, que viviam em um acampamento fora da cidade e ganhavam a vida cuidando de cavalos ou realizando exibições de flamenco e passando o chapéu em *soirées* particulares ou nos cafés. E isso foi antes de os turistas embasbacados chegarem.

Para arrumar algum problema com a polícia era preciso se esforçar muito, mas a oposição política era motivo de grande preocupação e não havia a menor tolerância. E parecia que as pessoas queriam que fosse exatamente assim. Elas haviam passado por quatro anos de guerra e crueldade, no fim dos anos trinta, quando os falangistas (fascistas) lutaram contra os comunistas, e não queriam que nada daquilo voltasse a acontecer.

Viver era barato, e os preços, ínfimos. Era possível comprar duas grandes taças de um bom xerez, acompanhadas de um número suficiente de *tapas* grátis para constituir um jantar, por meras dez pesetas.

O curso tinha cento e sessenta aulas. Compareci apenas à primeira, em janeiro, e à última, no fim de março. Também teria faltado à última, se não fosse por uma estudante estrangeira que me viu acompanhado de uma grande taça de *amontillado* em um café, um dia antes, e perguntou se eu era o inglês desaparecido. Ela me alertou do exame final no dia seguinte.

Sem esperança de ser aprovado, compareci e encontrei o divertido e sardônico don Andres Oliva. Logo notei uma coisa: os estudantes da hospedaria falavam um espanhol gramaticalmente perfeito, mas artificial e com um sotaque medonho. Eu tagarelava em um espanhol de rua, com sotaque andaluz. Don Andres teve de exercer todo o seu autocontrole para não cair na gargalhada.

O exame se revelou um único ensaio em espanhol sobre o assunto da escolha do estudante, podendo tratar de linguagem, literatura, cultura, geografia ou história da Espanha. Eu tinha um problema. Não sabia nada sobre nenhum dos temas. Escolhi história.

Mas isso trazia outro problema. Lembrando-me das minhas aulas, pareceu-me que todas as vezes em que as histórias britânica e espanhola entraram em contato, estávamos lutando uns contra os outros, especialmente em 1588. Foi quando o rei Felipe II enviara sua Armada pelo canal para invadir e subjugar os heréticos protestantes ingleses. O marujo de Devon Francis Drake, antigo pirata das colônias da Espanha na América Central, fora fundamental na destruição da frota espanhola. Não era uma passagem muito diplomática, mas a única que eu conhecia envolvendo um pouco de história da Espanha. Quem dera eu tivesse me atido aos conquistadores.

Diz a lenda que, quando os navios da Armada surgiram no horizonte, Drake estava na região de Plymouth coberta de relva conhecida como Plymouth Hoe, jogando bocha. Ele supostamente disse aos homens que vieram avisá-lo que terminaria a partida antes de enfrentar o poderio espanhol.

Isso criou um terceiro problema. Na França jogam *boules*, basicamente a mesma coisa, mas não jogam *bowls*, o termo inglês para o esporte, na Espanha. Assim, a despeito de falar espanhol, eu não sabia como dizer "bocha". Os avaliadores devem ter ficado surpresos ao ler que, quando a Armada surgiu, Francis Drake estava brincando com suas bolas.

De qualquer maneira, aqueles acadêmicos andaluzes deviam ser bastante tolerantes, porque, cinco dias depois, me entregaram um diploma em estudos hispânicos. Durante a inevitável comemoração com xerez, afirmei a don Andres que era totalmente imerecido. Ele deu um sorriso um pouco melancólico e disse:

— Frederico, este não é um país rico. Precisamos das mensalidades estrangeiras. Assim, ao voltar para casa, por favor, diga a todos que o curso foi de grande valia.

E eu disse. Ao menos, escrevi aos conselheiros de Tonbridge recomendando o curso da Universidade de Granada como excelente instituição para os futuros titulares da Bolsa Knightly aperfeiçoarem seu espanhol. Mas, depois da recepção, tive de partir, pois meu pai havia chegado com minha mãe à cidade, estava hospedado no Marbella Club Hotel e queria me ver.

Tudo porque alguém, um vizinho de Ashford, por acaso me vira bebendo xerez, mais uma vez no auge do calor, em um café. Ele me perguntara o que eu andava fazendo e, ligeiramente embriagado pela bebida e pelo sol escaldante, eu lhe contara. Ele tinha corrido para o hotel, ligado para Ashford e relatado tudo. Meus pais haviam embarcado no primeiro voo para Gibraltar.

Eu não havia passado aquelas cento e cinquenta e oito aulas entre a primeira e a última bebendo xerez. Após minha chegada em janeiro, investigara aquilo que realmente me levara até lá: as touradas.

Durante meu último ano no colégio, eu havia descoberto e devorado o clássico de Hemingway *Morte ao entardecer* e ficara fascinado com aquele espetáculo brutal, mas incrivelmente viril nas areias de uma arena sob o sol escaldante: o embate letal entre um homem e um animal violento de meia tonelada. A Hemingway se seguira *Sangue e areia*, de Ibáñez, e vários outros livros. Eu estava determinado a ver uma tourada.

Na Espanha, não há *corridas*, o nome espanhol para as touradas, durante o inverno. Mas o sul ainda é cálido e ensolarado mesmo em janeiro, fevereiro e março — ou costumava ser. Essa era a época das *novilladas*.

Um touro adequado para uma tourada normalmente tem 5 anos. Antes de trotar pelo curral escuro embaixo das arquibancadas para seus últimos vinte minutos de vida, ele leva uma vida idílica, correndo livremente pelos vastos ranchos, com um rebanho de fêmeas e todo o pasto que aguentar comer. Não vai para um abatedouro miserável ao completar 1 ano. Mas geralmente tem um temperamento muito ruim.

Essa conversa de que um touro precisa ser provocado para atacar é besteira. Ele atacará qualquer coisa que não ande sobre quatro patas. É por isso que os *vaqueros* dos ranchos precisam estar a cavalo. Qualquer ser humano que encostasse os dois pés no chão estaria cometendo suicídio. Como o touro enxerga mal e tem visão monocromática, não é o "vermelho" que ele ataca, mas a capa, movendo-se e provocando-o. Quando a atinge, mas não sente o impacto, ele dá meia-volta e ataca de novo. E de novo. Se o toureiro permanecer imóvel atrás da capa em suas mãos, ele deve escapar com vida. Alguns conseguem, outros não, pois aqueles chifres imensos são letais.

Quando ainda é um bezerro, ou *becerro*, o touro provavelmente será testado uma única vez, brevemente, para que não se lembre mais tarde. O objetivo é ver se, quando provocado por uma capa, ele corre diretamente para ela ou a ignora. Se ignorar, irá para o abatedouro. Se atacar, voltará ao rancho por mais quatro anos, até atingir a maturidade.

Mas, aos 3 anos, é chamado de *novillo* e, no sul, são realizadas touradas apenas com eles. São destinadas principalmente a jovens toureiros que ainda não estão prontos para os grandes festivais de verão. Era isso que eu queria ver em Málaga. O *novillo* pode não ser tão grande quanto um touro de 5 anos, mas já é bastante perigoso. Quando fiz perguntas sobre o programa de primavera na famosa arena de Málaga, descobri algo interessante: também havia uma escola de treinamento. Eu me matriculei na mesma hora.

A escola estava sob o comando de um toureiro aposentado com um pronunciado manquejar. Ele se esquivara de chifres vezes demais e seu quadril jamais se recuperara totalmente. Isso não o impedia de ensinar, pois, de qualquer modo, não se espera que o toureiro corra de um lado para o outro.

As aulas eram pela manhã, na arena, sob as arquibancadas vazias: meia dúzia de aspirantes com a esperança de, algum dia, brilhar nos grandes festivais de Granada, Sevilha ou Madri. Um adolescente podia olhar para cima, imaginar as arquibancadas cheias de *señoritas* desfalecendo e ouvir o clangor do *pasodoble* e os rugidos de *"Olé!"* que saúdam uma passagem da capa particularmente impressionante. Então don Pepe encerrava o devaneio e nos apresentava às duas capas: a *capa* e a *muleta*.

A *capa* vinha primeiro, um semicírculo de lona pesado, magenta de um lado e amarelo do outro. Aquele peso surpreendente explica por que toureiros têm punhos tão fortes. A *muleta*, um pano menor, vermelho e reluzente estendido sobre uma espada e um bastão de madeira, usada apenas na terceira e última parte da tourada, viria depois.

Evidentemente, não havia touro. Eles são caros e não podem ser desperdiçados com aprendizes. A engenhoca que atacava os alunos era uma estrutura com duas rodas. Na frente da estrutura havia dois chifres reais de um miúra havia muito abatido, artefatos assustadores de quase um metro de comprimento e pontas afiadas que machucariam muito se nos atingissem.

Atrás da estrutura havia duas hastes compridas, e a engenhoca toda era empurrada pela areia por dois garotos em busca de alguns trocados. No início do ataque, eles seguravam as extremidades das hastes no alto, fazendo com que os chifres apontassem para baixo, que é como um touro de verdade ataca.

Quando os chifres passavam pela capa, os garotos baixavam as hastes, fazendo com que os cornos se voltassem para cima, como se o touro tentasse ferir e atirar longe seu adversário. Depois de várias manhãs, ficou claro que eu jamais seria um toureiro. Quando as pontas dos chifres se levantavam na direção da minha genitália, eu tendia a me afastar para o lado. Isso causava grande diversão.

O toureiro deve permanecer absolutamente imóvel, com os pés firmes no chão, e mover os quadris como um bailarino deixando que os chifres quase toquem o tecido das calças. Mais tarde, meu pai confessou que daria um salto de três metros. Mas mesmo meu único passo era suficiente para ser alvo da zombaria dos adolescentes espanhóis e de um sorrisinho de don Pepe. Perto do fim de minha estadia, terminei o curso, mas desisti de qualquer esperança de seguir adiante.

Foi quando os vizinhos de Ashford me viram no café e ligaram para meu pai. Poucos dias depois, ele e minha mãe estavam no Marbella Club, um hotelzinho na estrada para Marbella. Meu pai foi me buscar no apartamento da Sra. Lamotte após a cerimônia de entrega do diploma. Ele me pediu para nunca revelar à minha mãe que eu me metera com touradas. Ela teria cabelos grisalhos naturalmente um dia e não precisava da minha ajuda para isso.

A única coisa interessante daquelas dez semanas na quente e ensolarada primavera de 1956 foi meu caso tórrido com uma condessa alemã de 35 anos. Ela assistia às aulas de tourada e, mais tarde, me ensinou muitas das coisas que um garoto precisa saber ao entrar na precária estrada da vida.

A condessa tinha o hábito pitoresco de cantar a "Horst Wessel Lied" durante o coito. Na época, eu não sabia do que se tratava e só um ano depois descobri que era o hino dos nazistas. Isso provavelmente significava que ela se envolvera com algo bastante desagradável durante a guerra, o que explicaria sua migração para a Espanha, que, sob o governo de Franco, tolerava esse tipo de coisa.

Meus pais passaram uma semana no Marbella Club, então fomos até Gibraltar para pegar a balsa para Tânger.

Tânger e os comandos

E M 1956, TÂNGER era um lugar extraordinário e foi meu primeiro contato com a África e o mundo islâmico. Até pouco tempo antes, o Marrocos havia sido uma colônia francesa, mas Tânger estava sob a administração tripartite entre ingleses (os correios), franceses (a polícia e os tribunais) e espanhóis (a administração geral).

Havia um vigoroso movimento pela independência chamado Istiqlal, que organizava levantes por toda parte, mas os habitantes de Tânger eram conhecidos por sua civilidade e tolerância, então a cidade foi poupada dos tumultos, ao menos enquanto estivemos lá.

Tânger tinha um fascinante "bairro velho", a *medina*, e um grande mercado coberto, o *souq*, onde os turistas podiam procurar por pechinchas em perfeita segurança. Eu me lembro de que não gostavam dos franceses, pois eles representavam a lei e as punições, mas, quando nos identificávamos como ingleses, todos sorriam. Como cuidávamos apenas dos correios, nossa única presença visível eram as pequenas vans vermelhas entregando cartas.

Tânger também era um porto livre aonde navios fretados chegavam para descarregar cargas ilegais isentas até mesmo dos impostos franceses ou espanhóis. As cargas sustentavam as operações de contrabando, que eram consideráveis. Alinhadas no porto, havia dezenas de pequenas lanchas cinza da Segunda Guerra Mundial, excedentes de guerra comprados por preços baixos, mas facilmente capazes de superar os barcos a motor da alfândega espanhola.

Assim, todas as noites, elas saíam do porto e se dirigiam à costa espanhola, lotadas de perfumes, sabonetes, meias de seda e, acima de tudo, cigarros, principalmente Camel e Lucky Strike — produtos contrabandeados, mas altamente valorizados e, consequentemente, caros na Espanha.

Elas atravessavam a noite vagarosamente, com as luzes apagadas e os motores ronronando baixinho, até que a primeira lanterna indicasse onde as mulas aguardavam a entrega. Em seguida havia uma corrida até a costa, com mãos frenéticas descarregando os produtos antes que a Guardia Civil chegasse, então as mulas se afastavam, embrenhando-se no meio dos olivais. Por fim, uma corrida para sair das águas espanholas e um lento trajeto marítimo que as fazia chegar a Tânger ao amanhecer.

O pagamento usual para um marinheiro era de cinquenta libras por viagem, o que na época era bastante dinheiro, por isso fui até lá para ver se alguém me contratava, mas me rejeitaram. Não havia vagas. Aquele era um trabalho muito procurado, apesar de se estar sujeito a passar vinte anos em uma cadeia de Franco, caso fosse pego. Eu não tinha nenhuma experiência como marujo, de qualquer modo.

Tânger também era notável pelo suntuoso palácio ocupado pela herdeira de Woolworth, Barbara Hutton. Além disso, era um ímã para homossexuais europeus mais velhos, pois os garotos marroquinos eram abundantes, dispostos e baratos.

Meus pais bancaram os turistas no Hotel El Minzah, mas eu não conseguia ir para a cama às dez da noite como eles, assim, fugia para explorar os bares e antros do porto. Foi lá que conheci os comandos do Corpo de Fuzileiros.

Havia uma embarcação de guerra britânica ancorada no porto para o que chamavam então de missão de "representar a nação". A ideia era disseminar um sentimento de boa vontade em relação aos britânicos na costa africana. Em um bar do porto, cruzei com um grupo de fuzileiros que estava com enorme dificuldade para se comunicar com os funcionários, que falavam apenas árabe marroquino e espanhol.

Quando tentei ajudar, fui prontamente convocado como intérprete da unidade pelo sargento no comando. Eles eram de Glasgow, acredito que de Gallowgate ou Gorbals; tinham todos cerca de um metro e meio de altura e quase a mesma largura.

O problema não era entre inglês e espanhol. Isso seria fácil. Era entre inglês e o dialeto de Glasgow que eles falavam. Eu não entendia uma palavra do que diziam. Por fim, encontramos um soldado que eu conseguia entender, e o enigma de três línguas foi resolvido. Fomos de bar em bar, enquanto eles gastavam suas diárias e seus soldos acumulados em cerveja e uísque.

Outro problema, e bem grave para a missão de boa vontade, era a tendência que eles tinham de fazer os bares que visitavam parecerem ter sido vítimas de uma bomba. Resolvi isso sugerindo uma gorjeta para os funcionários. Ao contrário do que se diz, o pessoal de Glasgow não é sovina. Quando expliquei que os habitantes de Tânger eram muito pobres, os fuzileiros passaram a contribuir generosamente. Mas eu dizia aos funcionários que o dinheiro extra era para os reparos. Todos sorriam.

Todas as manhãs, eu descia de um táxi em frente ao El Minzah por volta das cinco, em tempo para um breve cochilo antes de tomar café com meus pais às oito.

No terceiro dia, o navio da Marinha Real içou âncora e partiu, levando os comandos para continuar sua missão de amizade em algum outro lugar.

Após seis dias, eu e meus pais pegamos a balsa para Gibraltar e depois um avião até Londres. Eu estava com 17 anos e meio e precisava cumprir a séria tarefa de ser aceito pela Força Aérea Real. Mas, em três meses, com tudo pago pelo falecido Sr. Knightly, eu havia me tornado fluente em espanhol, recebido um diploma da Universidade de Granada, aprendido como segurar uma capa diante de um par de chifres, descoberto o que fazer na cama com uma dama e desenvolvido uma incrível resistência ao álcool. Estava percorrendo a "estrada empoeirada" da canção escolar de Tonbridge — e adorando cada minuto dela.

A solução: pele de leopardo

ABRIL DE 1956 parecia passar voando e eu ainda não conseguira convencer a RAF a me aceitar. Estava em uma posição muito estranha. O serviço militar obrigatório não era popular e se tornava cada vez menos apreciado com o fortalecimento da ideia de Forças Armadas profissionais.

Havia rumores de que, em 1960, ele seria abolido. Todos os meus contemporâneos procuravam maneiras de atrasar a convocação até essa data. Alguns inventavam doenças que fariam com que fossem reprovados nos exames médicos. Grande parte de uma geração afirmou ter pés chatos, problemas de visão ou dificuldades respiratórias. Se acreditassem nessas alegações, seria possível concluir que a juventude masculina britânica era a mais incapaz do mundo.

Quanto a mim, eu tentava entrar, na contramão de uma multidão de jovens que tentava sair. Fui a dois escritórios de recrutamento na zona leste de Kent e, em ambos, o resultado foi o mesmo. O sargento de voo em cada um deles me recebeu com algo próximo da descrença, acrescida de surpresa ao ouvir que eu não queria me alistar para uma carreira, mas apenas para os dois anos de serviço militar que todos vinham evitando.

Havia uma razão para isso: eu não queria passar a vida de farda azul se não pudesse voar. Na verdade, a RAF era extremamente generosa nesse aspecto. Se falhasse nos testes de seleção, era possível partir imediatamente, mas eu não sabia disso.

Em cada um dos escritórios, o suboficial sorria ao me dar boas-vindas, pegava um longo formulário e começava a preenchê-lo. Tudo ia muito bem até a pergunta sobre a data de nascimento. Quando eu respondia, havia alguns segundos de cálculo mental e então um sorriso triste enquanto o formulário era rasgado.

— Boa tentativa, filho — diziam eles. — Volte quando tiver 18 anos.

Foi meu pai quem encontrou a solução. Ashford tinha um corpo de cadetes da Força Aérea, que por sua vez tinha uma banda. À frente dela marchava um sujeito grandalhão que carregava, pendurado no peito, um grande bumbo. Mas ele não tinha um tabardo ou um poncho de pele de leopardo. Todo mundo sabe que o tocador de bumbo tem de ter uma pele de leopardo.

Papai era peleiro, e, em sua loja no porão, havia uma magnífica pele de leopardo, deixada sob seus cuidados antes da guerra por alguém que não viera buscá-la e provavelmente nunca viria. Ele a retirou do cofre resfriado, tratou e aparou, forrou com baeta vermelha, recortou uma fenda para a cabeça e a apresentou ao corpo de cadetes.

O tocador de bumbo ficou maravilhado e seu comandante, profundamente agradecido. Acontece que o corpo de cadetes tinha um patrono, um marechal-do-ar aposentado que vivia em Tenterden. Ele ligou para meu pai para expressar sua gratidão. A conversa terminou com o protocolar "Se houver algo que eu possa fazer...".

— Na verdade, há — disse meu pai.

A temperatura do outro lado despencou vários graus.

— Sim...?

— Eu tenho um filho.

— Muito bem.

— Ele quer entrar para a Força Aérea.

— Excelente.

— Existe um problema, marechal: ele é novo demais.

Houve uma pausa para reflexão do outro lado, e então:

— Deixe comigo.

Foi outro golpe de sorte, embora só mais tarde eu tenha descoberto a história por trás da história.

Durante a guerra, o marechal-do-ar era o capitão-aviador comandante de uma base aérea no meio do Iraque chamada Habbaniyah. Servindo sob o comando dele, havia um oficial subalterno, um tenente-aviador. Nos anos que se seguiram, o capitão tinha se tornado marechal-do-ar e se aposentara em Tenterden. O tenente havia se tornado capitão e diretor de recursos humanos no ministério. Eu fantasio até hoje sobre como deve ter sido a conversa entre eles. Algo mais ou menos nestes termos:

— Ouça, Farnsbarns, pare de enrolar, envie a papelada para o garoto e não falaremos mais sobre aqueles cupons de gasolina desaparecidos.

Algo assim. De qualquer modo, uma semana depois chegaram os documentos de convocação. O usual envelope encabeçado pelas letras OHMS. On Her Majesty's Service, "A serviço de Sua Majestade". Eu devia me reportar à base da RAF em Hornchurch para os exames de seleção de tripulação.

Tenho quase certeza de que ninguém sabia que eu já havia feito isso antes, e todos presumiam que eu falharia e isso resolveria o problema. Afinal, apenas um em cada cem convocados passava. Havia uma boa razão para isso.

Desde o fim da Segunda Guerra Mundial, o procedimento fora que aqueles que recebiam suas asas durante o serviço militar obrigatório voltavam à vida civil, mas permaneciam alistados na Força Aérea Auxiliar, voando nos fins de semana e, uma vez por ano, fazendo um curso intensivo de duas semanas.

Mas estava ficando muito claro que esses guerreiros de fim de semana não seriam páreo para os MiGs e Sukhoi da União Soviética caso ocorresse uma Terceira Guerra Mundial. Os economistas em Londres chegaram a comentar que treinar alguém para pilotar caças, o que levava dois anos, e perdê-lo quinze dias depois era um desperdício de dinheiro.

Conceder uma bolsa de aviação a um garoto custava ao Ministério da Aeronáutica apenas trinta horas em um Tiger Moth, a seis libras por hora. Treiná-lo do zero até que recebesse suas asas em um jato, mesmo naquela época, custava mais de cem mil. O sistema continuava operando, mas se arrastava, sustentado apenas pela inércia de todas as burocracias.

O que os homens de azul podiam fazer era se assegurar de que os pilotos em treinamento do serviço obrigatório fossem tão poucos quanto possível e descartados pela menor inadequação. Eu tinha apenas um ás na manga: passara nos exames de Hornchurch no ano anterior; sabia o que fazer e sabia o que era esperado de mim.

Assim, peguei minha passagem de trem e fui até lá pela segunda vez. Não mencionei minha visita anterior e só falei ao conselho que me entrevistou que eu tinha licença de piloto, mas não expliquei como a conseguira. Eles presumiram que meu pai havia pago pelas aulas e aprovaram meu entusiasmo. Também afirmei que só me juntara ao serviço militar obrigatório porque, caso não pudesse voar, não queria passar a vida em um escritório. Os dois oficiais com asas também assentiram com aprovação ao ouvir isso. O oficial cuja farda não tinha asas pareceu não gostar, mas eram dois contra um.

Uma semana depois de voltar para casa, recebi o último envelope. Não havia nenhuma menção à minha idade. Eu recebera ordem de comparecer, com roupas civis e uma pequena valise, à base da RAF em Cardington, Bedfordshire, o campo inicial dos recrutas de qualquer uma das Forças. Enfim, eu estava dentro.

Eu sou Jesus Cristo

CARDINGTON HAVIA SIDO A BASE dos balões barragem que voavam sobre as cidades britânicas para servir de obstáculo aos bombardeiros da Luftwaffe. Os hangares gigantescos que os abrigaram se provaram perfeitos para as toneladas de provisões necessárias para transformar uma geração de jovens civis em aviadores.

Houve um dia para preencher formulários e cortar o cabelo. Os anos cinquenta foram a era dos *mods* (modernos) e dos *rockers* (motoqueiros). Os primeiros tinham cabelo curto, usavam terno e andavam de lambreta; os segundos tinham cabelo comprido e oleoso, usavam roupas de couro e andavam de moto. Quando as duas gangues se encontravam, havia brigas generalizadas que destruíam os resorts litorâneos, para ultraje dos cidadãos. No sol do início de maio, fileiras de barbeiros empunharam alegremente suas máquinas de cabelo, reduzindo todos a um corte (muito) curto atrás e nas laterais.

Havia milhares de jovens no campo, mais de noventa e nove por cento deles extremamente *bolshy*, uma abreviatura de bolchevique, o que significava muito truculento. Após a tosquia, todos passaram pelas longas linhas de mesas montáveis nos hangares, recebendo botas, meias, cuecas, camisetas, camisas, calças, casacos e boinas. Depois de se trocarem nos dormitórios, as roupas civis de todos eram guardadas na maleta e enviadas para casa. Havia uma exceção: um grupo muito pequeno destinado ao treinamento para pilotos, que, portanto, tinha status imediato de oficial subalterno. Havia dezoito de nós em um único dormitório, tentando sobreviver àquela semana. Por causa das camisas.

Todas as fardas eram feitas de uma sarja muito grossa, mas as camisas eram diferentes. Os recrutas que seriam praças da RAF, ou *erks*, recebiam camisas do mesmo material. Os destinados a ser aspirantes, por sua vez, recebiam camisas de algodão macio. Isso nos entregava imediatamente.

Assim que saímos para comer no rancho, ficou claro para todos que, se alguém realmente desejasse dar um soco em um oficial, os dois dias seguintes seriam a última oportunidade. Voltamos ao nosso dormitório e fizemos dele praticamente uma barricada.

Era bem fácil identificar quem tinha vindo de um colégio interno. Esses ex-alunos escolheram de imediato as camas o mais longe possível da porta, como acontece tradicionalmente em dormitórios. Quando os suboficiais chegavam ao amanhecer para acordar os jovens exaustos em um sono profundo, começavam pelas camas perto da porta. Aqueles no fim da fila tinham alguns segundos para acordar e se colocar de pé com um sonolento porém animado "Dia, sargento". Isso ajudava o dia a começar sem uma bagunça de lençóis, cobertores e estrados. Também significava que não seria preciso arrumar tudo de novo.

Os suboficiais mais velhos sabiam muito bem que éramos alvos dos outros recrutas e, para ser justo, acompanhavam a situação de perto. No terceiro dia, os "camisas macias" receberam ordens de se reunir, com as mochilas, perto do portão principal. Estávamos indo para o campo de treinamento. Mesmo estando destinados a uma base de treinamento para pilotos, ainda havia o ritual de doze semanas de treinamento básico.

Isso significaria uma rotina infindável de polir botões de metal, engraxar botas, passar fardas, marchar, apresentar armas, correr, ultrapassar obstáculos, fazer exercícios e prestar continência para praticamente tudo, com exceção das árvores.

Um ônibus azul nos levou até a estação ferroviária mais próxima. No fim da tarde, desembarcamos em meio às florestas de Lincolnshire, em um lugar chamado Kirton Lindsey.

Enquanto nos acostumávamos à luz do sol forte na plataforma, cercados pelas nossas mochilas, um cabo baixinho se pavoneou caminhando até nós e se plantou diante de mim. Não sou um gigante, mas ele era muito menor que eu. Usava o quepe bem para a frente, com a aba de plástico preto alinhada com a ponta do nariz. Isso significava que, para ver aonde estava indo, ele tinha de manter uma postura ereta como uma vareta, extraindo o máximo de altura possível de sua pequena compleição.

Mesmo assim, tinha problemas em olhar para cima. Percebi dois olhos de um verde pálido malevolentes me encarando por baixo da aba do quepe. Então ele falou em um guincho estridente e ultrajado. Aprendi mais tarde que ele estava sempre ultrajado.

— Você sabe quem sou eu? — gritou ele.

— Não, cabo, não sei.

— Eu sou Jesus Cristo. E é assim que você vai me tratar, se sabe o que é bom pra você.

O tom havia sido determinado. Eu encontrara meu primeiro suboficial júnior britânico: cabo Davis.

As doze semanas de treinamento se passaram sem incidentes. Engraxamos e marchamos, frequentamos o ginásio e o campo de tiro, praticamos com fuzis .303 e submetralhadoras, marchamos novamente, engraxamos mais uma vez e prestamos continência para todo mundo. E havia a ordem-unida. Horas e horas de ordem-unida. Um, dois; um, dois; sentido; apresentar arma; cruzar-arma; ombro-arma; esquerda, volver; direita, volver; alto; acelerado, marche. SENTIDO!

Honestamente, não éramos muito bons. Alguns de nós tinham participado da força de cadetes na escola e conheciam a rotina. Outros, bastante perdidos, estavam vendo tudo aquilo pela primeira vez. Nosso líder era o mais velho, 26 anos, com curso superior e um doutorado em química nas costas. Eu era o caçula, com seis meses a menos que o segundo mais novo.

Nosso sargento de ordem-unida não era o monstro visto em filmes de comédia, mas um suboficial sênior gentil que nos tratava como sobrinhos voluntariosos. Naquela idade, qualquer um com mais de 40 anos me parecia idoso. Ele se esforçou muito para fazer de nós uma espécie de Brigada de Guardas e falhou nobremente. Certa vez, depois que chegamos à extremidade do campo de paradas em uma confusão de pernas e braços, ele começou a chorar. É horrível ver um homem adulto chorar. (Bem, costumava ser.) Embora recebêssemos apenas alguns centavos por semana, o levamos ao pub local, o First and Last, e pagamos tudo o que ele conseguiu beber.

Finalmente, houve a última parada e nos preparamos para o campo seguinte, a razão da nossa presença: o treinamento básico de voo. A essa altura, nos dividimos. Os seis aspirantes a navegador foram para uma escola de treinamento, e os pilotos restantes, para outra. Passamos uma última noite no First and Last, bebendo um *pint* de chope atrás do outro e cantando músicas muito indecentes, sabendo que os moradores do vilarejo, com esposas e tudo, ouviam no bar ao lado, fingindo estar chocados, mas sem perder uma palavra e passando mal de tanto rir.

Então partimos, com os pilotos cruzando o país até a base Ternhill, em Shropshire. Com a transferência, veio a promoção de cadete a oficial, especificamente oficial piloto interino. A razão para o "interino" era que, se fosse reprovado, ainda era possível ser rebaixado.

Mas, com exceção disso, a sarja áspera foi substituída pela macia *barathea*, e a boina, por um quepe com pala. Havia um anel quase invisível em torno de cada manga, todos tinham de nos saudar quando passávamos e homens velhos o bastante para serem nossos pais nos chamavam de "senhor". E o pagamento subiu para assombrosas vinte e três libras por semana; três libras de salário-base mais vinte libras de "pagamento de voo". Eu não ganharia tanto dinheiro assim novamente nos próximos cinco anos.

Acho que todos gostamos dos nossos nove meses em Ternhill, no agradável interior de Shropshire. Os dormitórios eram uma fileira de cabanas Nissen, divididas para que cada um de nós tivesse uma pequena quitinete, o que garantia alguma privacidade pela primeira vez desde que saíramos de casa. As refeições eram no grande rancho dos oficiais, com intendentes para servir as mesas.

Muito foi escrito sobre os problemas do serviço militar obrigatório, mas ele cumpria três funções que nada mais cumpria. Em primeiro lugar, reunia jovens de todas as partes do país para compartilhar uma vida de viagens, aventuras e camaradagem; jovens de Kent, no sudeste, a Carlisle, no noroeste, que de outra maneira jamais teriam se conhecido. Ele os reunia e ajudava a unificar a nação.

Em segundo, também reunia jovens de todas as classes sociais e ampliava muitos horizontes. Ensinava aos que vinham de uma vida de privilégios a jamais menosprezar quem quer que fosse.

Por fim, pegava milhões de jovens que jamais haviam deixado a casa dos pais e que, depois de se formarem, iriam diretamente para a casa matrimonial, e os afastava da mamãe para que vivessem em um ambiente masculino onde precisavam se virar sozinhos — ou aguentar as consequências.

Treinávamos em um Provost, fabricado pela Hunting Percival, agora parte do passado. Era um avião grandalhão, com trem de pouso fixo e assentos lado a lado, movido por um único motor rotatório. Era estável, fácil de lidar e não tinha defeitos. Ele nos apresentou às acrobacias aéreas e muito raramente estolava ou caía. Não me lembro de ninguém ter sido "cortado" no Provost, embora dois dos nossos doze tenham ficado doentes e sido obrigados a esperar pela turma seguinte. E dois outros se uniram a nós, vindos de turmas anteriores. Voamos cento e vinte horas no Provost antes de um exame de voo final e da parada de formatura. Então tivemos uma licença de quinze dias antes de ir para o treinamento avançado de voo na base Worksop, no norte de Nottinghamshire. Finalmente, chegávamos aos caças.

Vampire

NÓS NOS REUNIMOS NO VERÃO de 1956 com destino à base Worksop, a maioria na estação de Retford, os mais abastados nos próprios carros. Mike Porter chegou da Escócia em seu muito admirado carro esportivo MG TF, e Anthony Preston chegou de Saxmundham, Suffolk, em seu conversível MG de quatro lugares. Como ele era abstêmio, o conversível logo se tornaria a maneira mais segura de voltarmos do pub nas noites de sábado.

Não morávamos mais em barracões Nissen. Agora ficávamos no grande alojamento dos oficiais, com um dormitório espaçoso e um ordenança para cada um. O meu era um civil que servia naquela base desde a guerra. Parecia estranho ser atendido por um homem com idade o bastante para ser meu pai.

Houve um jantar de recepção no espaçoso refeitório, e então nos reunimos no bar para conhecer nosso novo comandante de voo e os instrutores. Estávamos ansiosos pela manhã seguinte, quando iríamos até os hangares para sermos apresentados ao caça em que desejávamos tanto voar: o de Havilland Vampire.

Foi um sargento que enfim nos levou ao hangar. E lá estava ele. Ficamos parados, observando e praticamente salivando. A sensação era de que havíamos chegado tão longe e passado por tantos testes, e lá estava ele. Versão Mark 9 de assento único.

O caça estava agachado sobre suas pernas atarracadas, com a tampa para trás e a cabine do piloto aberta. Para nós, emanava poder e perigo.

Asas curtas e elípticas, entradas de ar triangulares, corpo pequeno em forma de cápsula e nacelas duplas para sustentar a ampla cauda. Em algum lugar do interior, ficava o motor Havilland Goblin que o lançaria pelo céu a quase mil quilômetros por hora.

Por anos depois de 1945, o Vampire, juntamente com seu contemporâneo, o Gloster Meteor, foi um caça de vanguarda da RAF. Embora relegado ao treinamento avançado de voo, em essência era exatamente o mesmo. Os quatro canhões Aden foram mantidos por uma questão de equilíbrio, sendo apenas tampados. A mira fora removida, mas isso era tudo.

Circulamos, rondamos e nos aproximamos enquanto o sargento desfiava estatísticas. Comprimento, envergadura, peso, velocidade de decolagem, velocidade de aterragem, altitude máxima de mais de quarenta mil pés, lá na estratosfera.

Por fim, observamos a cabine e nos maravilhamos com seu tamanho diminuto. Era como um carro esportivo minúsculo com uma potência extraordinária. Então um de nós fez um comentário interessante.

— Olha só, não tem assento ejetável.

E era verdade. O grande Meteor de dois motores tinha recebido um assento ejetável Martin-Baker Mark 4, embora ele tivesse sido inventado depois do modelo, porque havia espaço. O Vampire T11 de dois lugares, desenhado e fabricado especificamente para voos duplos de treinamento, também. Mas não o Mark 9, fabricado muito antes do Martin Baker, que lançaria o piloto para longe do avião condenado e salvaria sua vida.

— Isso mesmo, senhor — foi o comentário carregado de ironia do suboficial, tão disposto a voar em uma daquelas coisas quanto a saltar de um precipício. — É o único caça da RAF que é enviado para o céu sem ter um assento ejetável. E ninguém jamais escapou de um Vampire condenado. Ou você voa nele, ou você morre nele.

Voltamos ao alojamento para um almoço bastante silencioso e reflexivo.

Mas voamos nele, cientes de que, com um barco inflável e um paraquedas amarrados às costas, como a casa em formato de bulbo de uma aranha, era possível ficar de pé na cabine, mas não sair dela. A braçola frontal do para-brisa o atingiria na barriga antes que o paraquedas pudesse sair de trás do assento. Como a rolha de uma garrafa de champanhe, você estaria preso e tudo o que poderia fazer seria voltar a se sentar.

E isso com o avião parado. Na estratosfera, o turbilhão da hélice de quase quinhentos quilômetros por hora simplesmente dobraria suas costas até partir a coluna.

Começamos na versão T11 com dois controles, com o instrutor sentado no assento esquerdo (sempre o assento esquerdo para o piloto e o direito para o copiloto).

A curva de aprendizado era enorme, havia muito a ser assimilado. E também tínhamos instruções no solo: aulas de aerodinâmica, meteorologia, medicina da aviação, a pressão e a tensão da força g, que chegava a seis vezes a força da gravidade nas curvas e nos mergulhos, e os efeitos da anoxia (privação de oxigênio) se o aparato de respiração não funcionasse.

E os primeiros vinte voos, com o instrutor fazendo tudo, então lentamente cedendo os controles ao aluno, procedimento por procedimento, até decidir que ele estava pronto para lidar com todos ao mesmo tempo. Então ocorria a transferência para o Mark 9 e o primeiro voo solo.

Eu estava a quarenta e quatro dias do meu décimo nono aniversário quando tirei um Vampire de assento único do chão e acredito ter sido o primeiro e único garoto de 18 anos a fazer isso, tudo por causa de um poncho de pele de leopardo.

Fiquei no início da pista com o motor ligado, pedi liberação para decolagem e esperei pela permissão, ouvindo apenas o gemido baixo do motor atrás do assento e o som da minha respiração e dos meus batimentos cardíacos dentro da máscara de borracha e do capacete prateado *bone-dome*, vagamente consciente de que meu instrutor estaria na torre, roendo as unhas de preocupação.

— Charlie Delta, permissão para decolar.

A mão esquerda empurra o acelerador lentamente para a frente, o barulho do motor aumenta, vai de um gemido baixo para um rugido, e o ronco dos pneus se transforma em uma série de pancadas rápidas. Coluna de controle neutra, leve ao toque. A roda do nariz deixa a pista. Um leve realinhamento. O som das rodas na pista desaparece. Eu estava no ar.

Três pequenas luzes verdes no painel significavam pneus baixados e travados. Recolhi o trem de pouso. As luzes ficando vermelhas: pneus sendo recolhidos, mas não completamente. Luzes vermelhas desligadas. Pneus totalmente recolhidos. Flaps a um terço, decolagem concluída. O avião livre, com a velocidade aumentando.

Ao alterar o canal de rádio, um cumprimento da voz calma na torre:

— Charlie Delta, câmbio.

Então uma puxada no manche e a sensação de poder, de euforia, de adrenalina de um voo em um caça de assento único.

Um por um, todos nós sentimos isso. Em voos noturnos, quando toda a Inglaterra era um vasto labirinto de luzes abaixo de nós, cidade após cidade, contornadas pela escuridão do mar. Navegação por instrumentos com um capuz na cabeça e a visão confinada ao painel, sem olhar para fora, com o instrutor comparando a leitura dos instrumentos com o mundo externo. No norte da Inglaterra, havia nuvens, massas de nuvens, e se aquele grande oceano de algodão cinza se fechasse sobre você, apenas os instrumentos poderiam mantê-lo vivo e levá-lo de volta para uma aterrissagem segura.

Cada procedimento de emergência foi praticado vezes sem conta, de um apagão do motor à perda do rádio.

Às vezes, encontrávamos um bombardeiro norte-americano em Lakenheath patrulhando o mar do Norte, entrávamos em formação ao lado do aliado e acenávamos alegremente. Outras vezes, encontrávamos um bombardeiro soviético sobre o oceano, testando as defesas. Outro aceno, mas eles nunca respondiam.

O verão terminou, o outono chegou, as nuvens ficaram mais espessas e usamos os trechos abertos para praticar acrobacias, aumentando a força g até que nossa visão se estreitasse, parecendo um túnel, e estivéssemos prestes a desmaiar. Mas nunca perdemos a euforia. Até novembro.

Ou você voa nele ou você morre nele, dissera o velho sargento. E então Derek Brett e seu instrutor Jonah Jones morreram nele.

Ironicamente, morreram em um T11 de dois lugares com assento ejetável. Estavam no meio de uma nuvem densa sobre os montes Peninos, voltando para casa em uma descida controlada por rádio e guiada por torre chamada ACR-7. Receberam ordens de se afastar da base e descer até doze mil pés, então fazer uma volta de cento e oitenta graus e voltar para a base, até receberem instruções finais de aterrissagem. Mas, durante a volta, eles estavam a dois mil pés, não doze. Uma simples leitura errada do altímetro. Os Peninos têm quase novecentos metros de altura, ou seja, três mil pés.

Na torre, as comunicações via rádio simplesmente cessaram. A última posição conhecida foi anotada e um alarme foi enviado. A equipe de resgate nas montanhas encontrou os escombros no dia seguinte. Mas havíamos jantado em um silêncio mórbido naquela noite

Quando um caça bate em uma montanha a quatrocentos e oitenta quilômetros por hora, não sobra nada além de uma cratera e alguns pedaços de metal. O rotor do compressor fica logo atrás da cabine. Ainda girando a milhares de rotações por minuto, ele simplesmente se solta do eixo e segue adiante até atingir o solo.

Os homens da equipe de resgate trouxeram de volta duas macas com sacos para corpos, e os agentes funerários fizeram o possível para transferir o conteúdo para os caixões. A família do tenente Jones preferiu levar o caixão para casa. O oficial Derek Brett foi enterrado no cemitério da igreja de Retford, perto da base.

Ele seguiria carreira militar, por isso tinha uma patente elevada. Era mais velho que a maioria de nós, casado e com um filho ainda bebê. Trabalhando no departamento de controle de tráfego aéreo, desejara voar e passara em todos os testes, unindo-se a nós em Worksop enquanto outros desistiam ou eram dispensados. Os doze aspirantes originais de Kirton Lindsey estavam reduzidos a seis, mas cerca de outros doze se uniram a nós, vindos de turmas anteriores.

Era um dia sombrio e chuvoso de inverno quando oito de nós, escolhidos em função da altura similar, carregamos o caixão de Derek até a sepultura em Retford e permanecemos na chuva até o fim da cerimônia. Então retornamos para Worksop e voltamos a voar.

Acho que, na vida da maioria dos jovens, chega uma hora em que o garoto simplesmente precisa se tornar homem. Para grande parte de nós, foi o dia em que enterramos Derek Brett. Percebemos que aquela coisa, o Vampire, não era apenas um carro esportivo imenso emprestado por uma rainha generosa para que nos divertíssemos no norte da Inglaterra. Era um veículo de dez toneladas de alumínio e aço que, se não fosse tratado com respeito, poderia matar seu ocupante.

O restante de nós conseguiu suas asas, e houve uma parada no fim de março de 1958. Estava chovendo torrencialmente outra vez, de modo que a parada foi realizada no maior hangar da base. Um vice-marechal-do-ar veio de Londres e, um por um, retirou os reluzentes emblemas brancos em forma de asas de uma almofada e os prendeu em nossos peitos. Até aquele momento, nunca sentira tanto orgulho em toda minha vida.

A questão das asas é que elas são suas e somente suas. Você não pode herdá-las de um pai indulgente; não pode comprá-las em Savile Row; não pode ganhá-las em uma aposta; não pode obtê-las ao se casar com uma garota bonita; não pode roubá-las. Não pode nem mesmo vencê-las em um campeonato, com um time. Você luta e batalha, estuda e aprende, pratica e persevera e, enfim, as conquista sozinho, bem acima das nuvens, em um avião de assento único.

Eu poderia ter ficado, assinado a extensão, ampliado o serviço militar para uma comissão direta (oito anos) ou mesmo uma carreira permanente (vinte anos). Mas eu só queria voar.

Queria ser designado para um esquadrão Hunter. O supersônico Hawker Hunter, com suas asas no formato de uma ponta de flecha, era o principal caça de vanguarda da RAF naquela época. Disseram--me muito francamente que não havia chance de eu entrar em uma unidade Hunter. Elas eram para os alunos formados na Cranwell College, que já dedicavam a vida inteira ao serviço. O melhor que eu poderia conseguir seria um lugar como copiloto em um avião de carga Hastings na rota de correio para Malta; na pior e mais provável das hipóteses, pilotaria uma escrivaninha.

Por isso, decidi seguir minha próxima escolha de carreira. Eu estava convencido de que havia muitos lugares do mundo para conhecer. Cinquenta e sete anos depois, ainda penso desse jeito. Existem muitos lugares, e noventa por cento deles são maravilhosos. Eu não tinha dinheiro para viajar, mas sabia quem tinha: os editores dos grandes jornais. Eu me tornaria correspondente internacional.

E finalmente havia realizado meu sonho. O garotinho do aeródromo de Hawkinge não voara em um Spitfire, mas fizera todo o resto. Ele conseguira suas asas. Assim, optei por sair.

Mas ainda tinha quatro semanas de férias acumuladas e meu cartão de identificação da RAF. Ainda havia mais uma aventura a tentar. Eu podia usá-lo para conseguir uma carona até o Oriente Médio, que ansiava conhecer. Fui até a grande base do Comando de Transportes em Lyneham, Wiltshire. Lá, vaguei pelo rancho dos oficiais até encontrar um piloto amigável que voaria para Malta como capitão de um Blackburn Beverley na manhã seguinte. Será que ele teria lugar para mais um passageiro? E a resposta foi: "Por que não?" (As coisas eram muito mais informais naquela época.)

Assim, apareci na área de embarque em 31 de março e descobri que o Beverley estava levando um motor substituto para Luqa, a grande base da RAF em Malta. Havia três outros passageiros. Um vice-marechal-do-ar, um capitão do Exército recém-nomeado como ajudante de ordens do governador inglês, e um estudante de 18 anos que iria se encontrar com os pais, que faziam parte da equipe da Alta Comissão.

O pesado cargueiro decolou e seguiu seu caminho pela França até chegar à base de Salon, perto de Marselha. Lá, reabastecemos e voltamos ao ar. Mas não por muito tempo. Sobre o Mediterrâneo, houve um estalo e o motor interno de estibordo explodiu. Ele simplesmente se desintegrou. Pelas portinholas da cabine de passageiros pudemos ver vários cilindros, com os pistões ainda presos, sendo levados vagarosamente pelo turbilhão da hélice.

O comandante, sargento Farmer, se saiu de forma brilhante. Ele teria desligado o motor, mas não havia nada para desligar. Só um grande pedaço arrancado da asa de estibordo. Passando pelo vão, estavam as linhas de abastecimento para o motor externo. Se ele também fosse perdido, faríamos um voo direto para o oceano, onde, com o motor a jato enorme no compartimento de carga, afundaríamos feito pedra. A asa direita foi coberta de espuma extintora, o Beverley mergulhou até a superfície do mar e voltamos para Salon aos trancos.

O estudante vomitou, o vice-marechal-do-ar rezou e o excepcionalmente bem-vestido oficial do Exército apenas fungou, o que, acredito, resumia sua opinião sobre a RAF em geral.

Em Salon, éramos aguardados por muitos caminhões dos bombeiros, o que se mostrou desnecessário. A presença local da RAF consistia em uma minúscula unidade de três homens: um oficial e dois suboficiais. E havia outro problema. O dia seguinte era 1º de abril, o quadragésimo aniversário da RAF, fundada em 1918. Haveria uma grande festa em Luqa, onde éramos esperados.

O vice-marechal-do-ar insistiu para que fizéssemos uma comemoração de qualquer jeito. Ele invocou a patente, esvaziou as reservas de francos da RAF e fomos para a área urbana de Salon. Lembro que muito vinho tinto foi bebido, que eu banquei o intérprete entre francês e inglês e que acabamos todos em um *bordello* simpático, onde acho que o estudante cresceu um pouco, merecendo uma salva de palmas de todos, enquanto o oficial do Exército apenas fungava.

Levou três dias para que outro Beverley viesse de Lyneham, e, finalmente, chegamos a Luqa. Mas aquela não era minha semana de sorte. Naquela mesma noite, um marinheiro foi esfaqueado em Gut, a zona de prostituição. Foi o primeiro incidente do levante organizado pelo político local Dom Mintoff em busca da independência. Todos foram confinados à base. Tentei conseguir outra carona e encontrei um comandante disposto a me levar até Chipre. Aceitei.

Em Nicósia, recebi pouca atenção. A ilha tinha sido consumida pelo EOKA, outro grupo em busca da independência, mas havia um cessar-fogo temporário quando cheguei. Disseram-me que não havia lugar no alojamento, e o oficial de educação descobriu uma oferta da Middle East Airlines para um fim de semana cultural grátis em Beirute. Aceitei e fui deixado no Líbano. Infelizmente, lá também havia um princípio de revolução em andamento.

Eu estava caminhando pelo *souq* para apreciar as peculiaridades locais quando houve um som que parecia tecido sendo rasgado, então dois corpos, perfurados por balas de metralhadora, caíram atravessando o toldo de uma barraca de frutas. Sem que eu soubesse, os drusos tinham chegado até as montanhas Shouf e iniciado uma guerra civil contra o governo do presidente Chamoun.

Voltei ao St. George's Club e encontrei jornalistas britânicos no bar (onde mais?). Lá fiz minha primeira contribuição à mídia, fornecendo um relato do que acabara de testemunhar. Aqueles jornalistas agradecidos me pagaram rodada após rodada enquanto faziam ligações demoradas e aos berros para Londres.

Infelizmente, eu fiquei tão bêbado que fui para a piscina, dormi e acordei com queimaduras de sol terríveis. Dois dias depois, peguei o voo grátis da Middle East Airlines de volta para Nicósia. O cessar-

-fogo havia sido interrompido. A guerra fora retomada. O oficial comandante ficou furioso ao me encontrar novamente e, graças ao seu ímpeto, eu me vi mais uma vez no assento livre de um bombardeiro a jato Canberra retornando a Luqa. De lá, um cargueiro Hastings me levou de volta para Lyneham sem nenhuma falha no motor.

Eu passara três semanas fora, tendo experimentado um quase desastre aéreo, uma guerra civil e dois levantes. De Lyneham, ainda na minha farda azul de piloto, peguei outra carona para a casa dos meus pais, em Kent. Mas, antes de partir para o Oriente Médio e depois da minha decisão de deixar as Forças Armadas, eu me candidatara a uma vaga de emprego como jornalista.

Meu pai consultara o editor do *Kentish Express* para saber qual seria a melhor maneira de o filho começar a carreira. O agradável senhor lhe aconselhara que não procurasse um semanário como o dele, recomendando o que chamara de "o melhor diário provinciano da Inglaterra". Ele se referia ao *Eastern Daily Press*, que ficava em Norwich, Norfolk. Eu me inscrevi para tentar uma vaga, garanti uma entrevista e consegui um emprego como aprendiz, que começaria em maio. Haveria um período de experiência de três meses e, depois disso, um contrato de três anos.

Ao voltar para a casa de Malta, tirei minha farda azul pela última vez. Tive permissão de manter o relógio de aço inoxidável, que funcionou perfeitamente até meados dos anos setenta. Após duas semanas com meus pais, segui rumo a Norwich e a uma nova carreira.

King's Lynn

DEPOIS DE TRÊS SEMANAS na sede do jornal, em Norwich, fui enviado ao escritório mais a leste dentro da área de circulação, o mercado e cidade portuária de King's Lynn. Foi onde passei o período de experiência e meus três anos de contrato.

O repórter-chefe era o veterano Frank Keeler, um jornalista magnífico que se tornou meu mentor. Ele era um defensor ferrenho da precisão, martelando em todos os aprendizes sua filosofia pessoal: apure, apure e apure novamente. Então escreva. Ainda faço isso.

Com meu salário irrisório, eu só podia pagar por uma quitinete suja em cima de um pet shop na Paradise Parade, a avenida com o nome mais inadequado do país. No verão, a comida canina fedia, mas, no inverno, o calor que emanava dos animais enjaulados mantinha baixa a conta do aquecedor.

Havia um lavatório, mas não um banheiro. Para minha higiene pessoal, eu tinha de ir até o sótão do escritório, onde ficava uma velha banheira que eu consertei e usei durante três anos. Havia uma cozinha, incluindo um fogareiro a gás com apenas uma boca e uma torneira de água fria. Aprendi a cozinhar ovos de todas as maneiras conhecidas e não muito mais que isso. Ainda não sirvo para nada na cozinha. É um cômodo que tento evitar.

Mas, ao menos, usando minhas economias da RAF, comprei meu primeiro carro esportivo, que era meu orgulho e minha alegria. Era um modelo MG TC, fabricado em 1949, preto com bancos de couro vermelho. Em 1949, ainda não era conhecida a tecnologia para fabricar aço fino como papel, caso contrário, quando eu o bati, ele teria amassado feito um lenço e me matado. Em vez disso, o carro era sólido como um tanque, o que permitiu que eu sobrevivesse ao acidente. Mas chegaremos lá.

O período de experiência fora idealizado pelo Conselho Nacional de Treinamento de Jornalistas. Envolvia um treinamento de três anos e escola noturna para aprender datilografia, estenografia, leis sobre difamação, constituição e teoria do jornalismo, que passa longe de como ele é de fato. No fim, haveria uma série de provas e um diploma. Nunca, nos últimos cinquenta anos, esse diploma foi solicitado.

King's Lynn era e continua sendo um mercado agitado, com a área rural de Norfolk ao norte e ao sul, as planícies monótonas dos Fens a oeste e o mar do Norte para além do seu velho porto. Na época, o porto recebia um fluxo constante de pequenos cargueiros viajando entre a costa de Norfolk e os portos da Europa Ocidental, especialmente a Alemanha.

A cobertura jornalística se concentrava na cidade, com seu conselho, o tribunal, a delegacia, a câmara de comércio e praticamente qualquer atividade relacionada aos habitantes, com cobertura dos vilarejos circundantes. Como treinamento para o que viria depois, foi excelente.

Repórteres em jornais de âmbito nacional ou de agências de notícias jamais conhecem seus leitores. Em jornais locais ou regionais, eles estão logo ali, do outro lado da porta, e comparecem pessoalmente para se queixar de imprecisões. Os padrões precisam ser altos, e assim o são. Eu me lembro de um velho resmungão, vermelho de ultraje, entrando no escritório com um estardalhaço para reclamar que, nos resultados da apresentação de pássaros de gaiola na feira de grãos, a colocação do seu canário estava errada. Isso o aborreceu de verdade.

Desses três anos prazerosos, ainda que monótonos, apenas dois episódios permanecem na minha memória. Por causa do meu domínio de línguas estrangeiras, especialmente alemão, Frank pediu que eu fosse o novo "repórter do porto" e mantivesse um olho nos navios chegando e partindo. Em minhas primeiras férias de verão, como não tinha condições de pagar por uma viagem, consegui um bico de auxiliar em um cargueiro alemão chamado *Alster*, que fazia a rota entre King's Lynn e Hamburgo. Passei duas semanas a bordo.

Assim que aportamos na Alemanha, saí para explorar Hamburgo, começando com a área dos marinheiros conhecida como Sankt Pauli. Isso incluía o famoso Reeperbahn e o labirinto de ruas e vielas ao redor, que formavam a zona de meretrício. Meu salário não me permitia muito mais que algumas cervejas, entretanto algumas delas foram bebidas na velha Zillertal, uma cervejaria famosa por suas canecas de cerveja espumante e pela banda de instrumentos de sopro. Fui até lá porque meu pai tinha me falado dela.

Na primavera de 1939, quando eu ainda era bebê, ele e um amigo de Ashford tiraram breves férias em Hamburgo, vindo de carro. Ambos foram à Zillertal, mas, ao chegar, ouviram uma briga em uma viela ao lado. Espiando na noite, viram dois nazistas truculentos espancando um velho judeu.

Ele e Joe Crothall podiam ser apenas donos de lojas de uma cidadezinha e nada saber da realidade da Alemanha sob o domínio nazista, mas precisaram de apenas vinte e quatro horas para detestar aqueles jovens pomposos com braçadeiras e seu símbolo da cruz quebrada. Nenhum deles era judeu, mas interferiram mesmo assim.

Durante seu tempo na Chatham Dockyard School, meu pai tinha sido peso médio, e o pai dele fora campeão de boxe, luta livre e luta com baionetas do Comando Norte, que na época contava com cinquenta mil marinheiros. De qualquer modo, ele e Joe Crothall (que me contou a história dez anos depois) acabaram com os dois agressores. Quando pessoas começaram a se juntar, eles viram que estava na hora de dar o fora. Foram direto para o carro e correram para a Holanda antes de se meter em mais confusão.

Eu não tinha como saber, em 1959, que quatorze anos depois eu também teria de partir às pressas de Hamburgo. Parece fazer parte da nossa história familiar. Contentei-me em fazer turismo e aproveitar minha estadia.

Então, em 1960, bati o MG e tive sorte de sobreviver. Era uma da manhã, na monótona paisagem de Fenland, e eu estava voltando para casa — indo rápido demais, é claro. Estava com um amigo ao lado, no banco do passageiro; a capota estava abaixada e nós aproveitávamos o cálido ar noturno fustigando nossos cabelos ao entrarmos na curva.

Era uma curva de noventa graus para a direita. Acho que o MG conseguiu virar uns oitenta desses graus antes de perder tração e derrapar para a beira da estrada, uma ribanceira bem íngreme do lado esquerdo. A batida fez meu amigo ser lançado do banco como se fosse a rolha de uma garrafa. Teve sorte: caiu em cima de um monte de areia deixado para trás por operários. Ele ficou muito assustado, mas não se feriu. No meu caso, o volante me jogou de volta ao banco e, quando o carro capotou oito vezes, várias coisas aconteceram.

Minha mão esquerda, como estava no alto do volante, atingiu a estrada na primeira capotagem e foi esmagada. O para-brisa com moldura de aço se partiu com um estalo e atingiu minha boca. O MG parou virado para cima com o motorista jogado no banco no meio de uma bagunça.

Por sorte, o acidente aconteceu bem em frente à casa do policial do vilarejo. Ele acordou, olhou para as margens do rio, viu os destroços e chamou uma ambulância, que veio do Cottage Hospital, em King's Lynn.

Um dos paramédicos encontrou uma orelha na estrada, ergueu-a e perguntou "É sua?", como se orelhas soltas fossem encontradas por todo o estado de Norfolk. Meu amigo, ainda tonto em cima do monte de areia, disse que eu respondi calmamente:

— Sim, coloque-a em uma travessa.

Então passei três dias em coma. A ambulância me levou correndo para a emergência, onde, ao primeiro olhar, a freira de plantão achou que eu não sobreviveria até a manhã seguinte. Em seguida, ocorreu outro golpe de sorte.

O hospital não era grande. Atendia principalmente acidentes domésticos e agrícolas, além de partos e resfriados durante o inverno. Naquela noite, a chefe das enfermeiras foi tirada da cama e começou a cobrar alguns favores. O quase cadáver na emergência foi despido e passou por uma radiografia enquanto uma equipe de quatro pessoas era reunida.

Havia um buraco triangular do lado esquerdo do meu crânio e o fragmento tinha afundado. Um cirurgião júnior conseguiu resgatar o pedaço de osso e colocá-lo de volta na abertura onde deveria estar. Então passou bandagens e torceu para que cicatrizasse. Cicatrizou.

Um tal de Dr. Bannerjee cuidou da orelha. Isso foi muito antes das microcirurgias. Ele colocou a orelha de volta onde ela deveria estar, costurou e esperou que os vasos sanguíneos e os nervos se reencontrassem e se reconectassem. Milagrosamente, isso aconteceu. Com exceção de algumas rugas, a orelha funcionou perfeitamente bem desde então.

Um tal de Sr. Laing, um cirurgião-dentista tirado da cama, cuidou da boca. Todos os cinco dentes frontais superiores tinham quebrado e até mesmo as raízes estavam em pedaços. Ele retirou todos os fragmentos e costurou a gengiva, deixando pedaços de fio pendurados, como algo saído de um filme de terror. O grande problema, no entanto, era a mão esquerda: ela tinha virado uma massa disforme.

Acontece que, por coincidência, dois anos antes, um dos melhores cirurgiões ortopedistas da Inglaterra, após uma longa e prestigiosa carreira nos hospitais-escola de Londres, havia se aposentado e voltado para Norfolk, morando em um vilarejo a alguns quilômetros dali. Ele conhecia a chefe das enfermeiras e certa vez sugerira que, embora estivesse aposentado, ela poderia chamá-lo se surgisse um caso realmente ruim. Naquela noite, ela o chamou. Acho que se chamava Sr. North. Ele também saiu da cama e se dirigiu à ala de emergência.

Como me disseram mais tarde, ninguém poderia censurá-lo caso decidisse amputar a mão na altura do punho. Outro cirurgião me disse, depois de ver a radiografia, que era isso que teria feito. Ninguém questionaria essa decisão — uma remoção limpa de meia hora do que restara da mão esquerda. A alternativa era arriscada. O trauma era tão grande que o jovem motorista poderia facilmente morrer durante a cirurgia de seis horas. Mas ele resolveu correr o risco.

Durante a noite, com um anestesista verificando meus sinais vitais constantemente, o cirurgião retirou os minúsculos fragmentos e as lascas de osso e reconstruiu as articulações e os metacarpos. Terminou por volta do amanhecer. Seu paciente ainda respirava. Então ele tomou uma xícara de chá e voltou para casa.

Só saí do coma três dias depois. Minha cabeça era uma grande bola de ataduras, e minha boca, um buraco sem os dentes da frente. A mão esquerda era uma bola de gesso de paris. Meus pais, exaustos, estavam ao lado da cama, onde haviam passado os dois dias anteriores. A chefe das enfermeiras estava do outro lado.

A grande preocupação era que danos cerebrais tivessem me reduzido a um vegetal. Mas parece que respondi a algumas perguntas simples de maneira lógica e então desmaiei por mais dois dias.

Jovens em boas condições físicas têm poderes de recuperação espantosos. Fiquei fora de combate por cerca de três semanas. Os hematomas diminuíram, o fragmento de osso na lateral do crânio cicatrizou e o cabelo começou a crescer no trecho operado. Os pontos foram retirados das gengivas, e a orelha se reconectou. Por fim, o Sr. North voltou e o gesso foi removido.

A mão ainda estava lá, livre de infecções, movendo-se muito lentamente quando comandada. Enfim, sob as cicatrizes, a força retornaria, porém nunca o bastante para voltar a segurar um taco de golfe. Mas era muito melhor que um toco. O Sr. Laing voltou e me assegurou de que uma ponte dentária me daria um sorriso ainda mais bonito que o anterior. O Dr. Bannerjee era tímido demais para retornar e receber os agradecimentos pelo seu trabalho espetacular na minha orelha. O Sr. North se recusou a aceitar qualquer coisa do meu pai, com exceção de uma redecoração do alojamento das enfermeiras, que foi providenciada. Ainda sou grato a todos os quatro, embora, como eu tinha 21 anos na época, duvido que algum deles ainda esteja vivo.

Enquanto convalescia, fui movido da UTI para uma ala geral e me vi ao lado de um homem de meia-idade se recuperando de uma cirurgia menor. Começamos a conversar, como os pacientes fazem, e algo muito estranho aconteceu.

Ele me disse que era alfaiate e, bastante constrangido, mencionou que "costumava ler mãos". Eu não acreditava nesse tipo de coisa, mas fiquei intrigado quando ele disse "costumava". Explicou que tinha parado de fazer isso depois de uma experiência assustadora. Ele havia concordado em ler a sorte das pessoas durante uma festa do vilarejo.

Um dos seus visitantes fora uma importante figura local: rico, casado, saudável, feliz e livre de preocupações. Contudo, sua mão havia mostrado sinais inconfundíveis de uma morte iminente. O quiromante ficara tão horrorizado que inventara uma leitura para o homem, que saíra da tenda de bom humor.

Mas ele mesmo tinha ficado suficientemente perturbado pelo que vira e decidiu procurar o vigário e contar a história. O padre tinha ficado tanto horrorizado quanto ofendido e lhe dissera que jamais fizesse algo assim outra vez. Dois dias depois, o notável local fora até a sala de armas da sua grande casa de campo, pegara uma espingarda calibre 12 e estourara os miolos. O quiromante ao meu lado disse que nunca mais lera mãos.

Evidentemente, isso era como agitar um trapo vermelho para um touro. Eu o importunei até ele ceder. O sujeito queria minha mão esquerda, mas ela ainda estava envolta em ataduras. Assim, analisou a direita, menos adequada. E me disse o que viu.

Ainda não estou convencido sobre esse tipo de coisa. Um jornalista deve ser naturalmente cético. Posso apenas relatar o que ele disse.

Ele começou com meu passado: nascimento, família, profissão do pai, formação acadêmica, línguas, viagens até então, voos, o desejo de ver o mundo; tudo, na verdade. Mas me convenci de que poderia ter descoberto essas coisas ao conversar com a equipe do hospital. Então ele embarcou no futuro, de 1960 em diante.

Ele contou de sucessos e perigos, triunfos e fracassos, avanços e recuos, guerras e horrores, sucesso material e riqueza, casamentos e filhos. E mais ou menos quando e como devo deixar este mundo.

E, até agora, 55 anos depois, foi quase completamente acertado. É claro que estou muito curioso sobre os próximos dez anos.

Dois anos depois, fiz minha prova final. Acho que fiquei em segundo lugar em toda Inglaterra naquele ano. Sei pouco sobre o camarada que ficou em primeiro lugar, exceto que era do norte e escolheu permanecer em seu jornal provinciano. Eu tinha outros planos.

Havia acabado de fazer 23 anos; estávamos no outono de 1961. Eu estava indo para Londres, para a Fleet Street, a capital do jornalismo inglês, e ainda pretendia me tornar correspondente estrangeiro e conhecer o mundo.

Fleet Street

E U NÃO FAZIA A MENOR IDEIA sobre em qual jornal queria trabalhar ao pegar o trem de King's Lynn para Londres em outubro de 1961. Brinquei com a ideia de trabalhar no *Daily Express* porque meu pai o havia assinado quando eu era criança, mas não tinha contatos nem ninguém que me recomendasse. Assim, fui até o alto da Fleet Street, perto dos tribunais, e comecei a andar. Entrei e me candidatei a uma vaga de emprego em todos os órgãos de imprensa que encontrei.

Foi então que descobri que a Fleet Street era uma fortaleza. Parecia não querer nenhum repórter extra; certamente não este aqui. Caminhar até a recepção e pedir para ver o editor era uma tática completamente equivocada. A própria ideia de entrar no hall sem ter hora marcada estava fora de cogitação.

Havia formulários a preencher, mas era muito óbvio que eles seriam descartados assim que eu saísse pela porta e voltasse à rua. Eu tinha chegado ao grande edifício preto e cromado do *Daily Express* na hora do almoço. Não fazia sentido entrar até que a equipe editorial retornasse de seu "almoço líquido". Na época, os jornalistas tinham a reputação de consumir muito álcool e muitos cigarros. Parei para comer um sanduíche e tomar uma cerveja no pub Cheshire Cheese. Só havia lugar em pé.

Quando a multidão diminuiu um pouco, consegui um lugar no balcão e me pus a pensar. Eu ainda fazia parte da equipe do *Eastern*

Daily Press e continuava com meu apartamento minúsculo. Tinha minha passagem de volta. E então a velha e boa sorte veio ao meu auxílio outra vez.

Ele estava sentado ao balcão do pub quase vazio, um homem de meia-idade segurando uma caneca de cerveja, fumando e me encarando com uma expressão gentil.

— Você parece pra baixo, companheiro — comentou ele.

Dei de ombros.

— Estou tentando conseguir um emprego — expliquei.

— Algum contato?

— Não.

Ele assobiou.

— Nesta rua? Sem chance. Eles não aceitam ninguém sem indicação. Já conseguiu alguma entrevista?

— Não.

— Você tem alguma experiência?

— Três anos no *Eastern Daily Express* — respondi. — Em Norfolk — acrescentei, para o caso de ele não conhecer o jornal, mas eu havia acertado um tiro em um milhão.

— Fiz um estágio no EDP — disse ele. — Há muito tempo. Que escritório? Norwich?

— King's Lynn. Meu chefe é Frank Keeler.

Ele quase derrubou sua caneca.

— Frank? Ele ainda está lá? Nós entramos juntos. Logo depois da guerra.

Ele estendeu a mão. Eu o cumprimentei e nos apresentamos. Ele trabalhava do outro lado da rua, um veterano da PA prestes a se aposentar. A Press Association era e ainda é a principal agência de notícias de Londres. Eu não pensara em uma agência, mas e daí? Ele me conduziu até o grande edifício de granito cinza do outro lado da rua, sede da PA e de várias outras empresas. Sem nenhuma cerimônia, entramos no escritório do editor-chefe.

O Sr. Jarvis se recostou em sua cadeira giratória e observou o candidato que seu colega havia trazido. Era difícil fazer contato visual, porque as lentes dos óculos dele pareciam retiradas do fundo de uma garrafa. Havia dois olhos lá em algum lugar e um sotaque muito forte de Lancashire. Ele fez as mesmas perguntas que seu colega fizera no pub.

Idade? De onde? Serviço militar? Treinamento em jornalismo? Alguma outra qualificação útil? Mencionei quatro línguas. Ele me encarou fixamente e disse:

— Andar errado, camarada.

Ele pegou o telefone, discou e falou com quem quer que tivesse atendido.

— Doon? Acho que tenho alguém aqui. Ele não serve para mim, não tenho vagas. Mas pode servir para você. Quatro línguas. Vou enviá-lo até aí.

Fui conduzido ao elevador, disse adeus e obrigado ao homem que tinha conhecido uma hora antes e, como instruído, subi dois andares. Havia um homem não muito mais velho que eu me esperando. Ele me conduziu através de portas vaivém e corredores, bateu e me fez entrar.

Doon Campbell era o editor de notícias da Reuters, um nome tão prestigiado que eu sequer o cogitara. Não apenas alguns correspondentes internacionais, mas uma agência inteira dedicada a notícias internacionais, coletadas por inúmeros escritórios no mundo todo. Ele era na verdade um homem muito gentil, mas a primeira e deliberada impressão que causava era a de um sargento-mor sem tempo para baboseiras. Embora tivesse vivido e trabalhado em Londres durante muitos anos, seu sotaque era o de alguém que saíra das Highlands escocesas na semana anterior. A entrevista foi como enfrentar uma metralhadora. Por fim, ele perguntou:

— Relações exteriores. Você entende de relações exteriores?

Respondi que fazia o que podia com jornais, o rádio e a TV. E que conhecia a França, a Alemanha e a Espanha, com visitas a Malta,

Chipre e Líbano. Ele se inclinou para a frente, com o rosto bem próximo do meu, e rosnou:

— Onde fica Bujumbura?

Um dia antes, eu não faria a menor ideia. Mas, no trem vindo de King's Lynn, eu havia terminado ambos os jornais que comprara na estação e vira uma revista dobrada no assento em frente ao meu, abandonada pelo viajante anterior. Era a revista americana *Time*.

Tinha dado uma folheada. Nas páginas centrais, havia uma matéria sobre os protetorados belgas de Ruanda e Burundi, na África Central. Sorte de novo. Também me inclinei para a frente, até nossos narizes quase se tocarem.

— Ora, Sr. Campbell, é a capital do Burundi.

Ele se afastou lentamente. Fiz o mesmo.

— *Aye, aye*. Sim, é. Muito bem, darei a você um período de experiência de três meses. Quando você pode começar?

Eu sabia que me queimaria se saísse do EDP sem aviso prévio, então respondi que precisaria trabalhar por um mês e poderia começar na Reuters em dezembro. Ele assentiu com a cabeça e isso foi tudo. Eu tinha conseguido um lugar na mais respeitada agência internacional do mundo, graças a uma sucessão de acasos. Parti de King's Lynn no mês seguinte e me mudei para um apartamento minúsculo em Shepherd Market, de onde o ônibus número 9 poderia me levar até a Fleet Street em vinte minutos.

Comecei na editoria de Londres, encarregado de cobrir histórias que interessavam apenas a jornais estrangeiros de lugares muito distantes. Em maio, tive minha chance.

O vice-chefe do escritório de Paris teve um problema cardíaco e precisou voltar para a Inglaterra imediatamente. O serviço de saúde inglês era gratuito; o francês, não. Uma cabeça surgiu na porta da sala dos repórteres domésticos e perguntou:

— Alguém aqui fala francês?

Fui encaminhado ao serviço francês, cujo chefe era um francês legítimo chamado Maurice. Meu guia perguntou:

— Esse cara realmente fala francês?

Maurice estava inclinado sobre sua máquina de escrever e, sem desviar os olhos dela, perguntou em francês:

— O que você acha da situação em Paris?

Na época, a cidade estava em crise. Acabara de ser revelado que, durante meses, o presidente de Gaulle havia negociado em segredo com a resistência argelina em Vichy e fixara a data de 1º de julho de 1963 para a retirada francesa da desastrosa guerra de independência da Argélia e para a concessão da dita independência. A extrema--direita francesa e elementos da elite do Exército declararam uma guerra pessoal contra de Gaulle. A França estava à beira de um golpe de Estado ou de uma revolução.

Despejei sobre Maurice uma torrente de francês, além de várias gírias que um falso falante jamais conheceria. Ele servira com os Franceses Livres durante a guerra, baseado primeiro em Londres com de Gaulle e então lutando na pátria quando ela fora libertada sob o marechal Juin. Mas tinha se casado com uma inglesa e se estabelecera em Londres. Ele parou de datilografar e olhou para mim.

— Você nasceu na França?

— *Non, monsieur*. Sou completamente inglês.

Maurice olhou para o homem ao meu lado e voltou para o inglês.

— Melhor mandá-lo para lá. Nunca encontrei um *rosbif* que falasse tão bem.

Meu aluguel era semanal. Vivendo em Londres, eu abrira mão do carro. Minhas posses se resumiam a uma mala e uma mochila. Liguei para meus pais em Kent e peguei o voo matinal para Paris. Iniciava-se um capítulo que, no fim e de maneira totalmente imprevista, levaria a um livro chamado *O dia do Chacal*.

Paris em chamas

A SITUAÇÃO QUE EU tentara analisar para Maurice em Londres não era exagero: o levante contra o autoritário Charles de Gaulle era bastante perigoso.

Durante seis anos, os argelinos liderados pela FLN haviam lutado pela independência, ficando cada vez mais fortes e perigosos. Sucessivos governos franceses despejaram homens, armas e dinheiro na guerra, e crueldades eram cometidas por ambos os lados. Muitos soldados franceses morreram, e a opinião pública estava dividida.

Em 1958, de Gaulle, que se aposentara em 1947, ou era o que se presumia, fora chamado de volta como primeiro-ministro e, no ano seguinte, eleito presidente. Em sua campanha, usara as palavras mágicas: *"Algérie Française"*, a Argélia é francesa. Portanto, o Exército e a direita o idolatravam. Algumas semanas depois, ele percebeu que a situação era desesperadora. A França estava sangrando em uma guerra que não tinha como vencer. Como presidente, começou a realizar negociações secretas para encerrá-la. Quando a notícia vazou, foi como uma explosão nuclear.

Na Argélia, setores vitais do Exército se amotinaram e marcharam para o exílio, levando suas armas consigo. Cinco generais partiram com esse movimento. Não eram recrutas, mas integrantes da Legião Estrangeira e paraquedistas, os melhores entre os melhores. O grosso das Forças Armadas, os convocados ao serviço militar, queriam

110

voltar para casa, de modo que permaneceram leais a Paris. Já centenas de civis franceses assentados na Argélia, percebendo que seriam expulsos ou no mínimo destituídos por um novo governo argelino, uniram-se aos rebeldes, que chamavam a si mesmos de Organização Armada Secreta ou OAS. Seu objetivo: assassinar de Gaulle, derrubar seu regime e instalar a extrema-direita no poder.

A Paris em que aterrissei em maio de 1962 estava em polvorosa. O maior partido comunista da Europa a oeste da Cortina de Ferro era francês e completamente leal a Moscou, que vinha armando e financiando os argelinos. Estudantes de esquerda marchavam e entravam em conflitos violentos nas ruas de Paris com os apoiadores da direita. Explosivos plásticos eram detonados em cafés e restaurantes.

Entre os lados em conflito, ficava a recém-formada polícia antimotim, a CRS, cujos métodos não eram nada gentis. Quase toda esquina contava com uma dupla de policiais exigindo documentos de identificação, como em uma cidade ocupada. Cercando o próprio de Gaulle e mantendo-o protegido havia duas forças: o braço armado da contrainteligência e seu esquadrão pessoal de quatro guarda-costas, provindos da Gendarmerie Nationale. Para um jovem correspondente estrangeiro, foi um batismo de fogo e o melhor posto possível.

Ao chegar, reportei-me ao chefe do escritório, o formidável Harold King. Ele era uma lenda. Nascido alemão, lutara na Primeira Guerra Mundial, mas pelo *kaiser*. Emigrara para a Inglaterra e se naturalizara. Em 1940, fora o homem da Reuters em Moscou, seguindo o Exército Vermelho até o interior da Polônia antes de ser repatriado para Londres. Então seguira os Franceses Livres até a França e passara a acreditar profundamente nas alegações e nas políticas de Charles de Gaulle. Após a libertação, tinha dito à Reuters que encabeçaria o escritório de Paris ou sairia da agência. Conseguira Paris.

Quando de Gaulle renunciara em sinal de desgosto em 1947, presumira-se que seria para sempre. Apenas Harold King, como um jacobita à espera do retorno do rei, insistira que um dia de Gaulle retornaria para fazer a França voltar aos seus tempos de glória e, até isso se revelar verdade, em 1958, foi indulgentemente visto como alguém um tanto fora da realidade. Em 1962, por outro lado, ele era literalmente o "rei" da imprensa estrangeira em Paris. Sua lealdade a de Gaulle era discretamente recompensada com dica após dica de furos jornalísticos.

Quando entrei em seu escritório, me deparei com um homem corpulento de uns 60 anos, com os óculos no alto da testa como faróis acusadores. Ele estava escrevendo e, com um gesto, indicou que eu deveria me sentar e esperar que terminasse. Tinham me falado dele em Londres. Harold King era apreciado por alguns e temido por muitos; tinha a reputação de devorar jovens jornalistas no café da manhã e cuspir os caroços. Vários em Londres foram enviados de volta após alguns dias e o odiavam.

Ele terminou de escrever, gritou para que um copista aparecesse e levasse as páginas para a máquina de telex, virou a cadeira para ficar de frente para mim, empurrou os óculos ainda mais para o alto da testa, onde os usava na maior parte do tempo, e me encarou. Então o interrogatório começou. Era o ritual que poderia levar à rejeição e a um voo de volta a Londres. Estranhamente, ele gostou de mim e me tornei seu protegido.

Acho que essa reação incomum se baseou em dois fatores. Ele gostou de saber que eu havia me voluntariado para a RAF, em vez de fazer de tudo para evitar o serviço militar, e então conseguira minhas asas em um Vampire. O outro fator foi que, embora jamais fosse desrespeitoso, eu me recusei a ser intimidado. Por baixo do exterior rude, ele odiava bajuladores.

Após uma hora, Harold King olhou para o relógio e perguntou:

— Você come?

— Sim, Sr. King, eu como.

Sem dizer mais nada, ele se levantou e saiu do escritório. Eu o segui. Havia um Citroën à porta, com o leal motorista ao volante, um benefício que ele insistia em ter, sob pena de pedir demissão. King grunhiu "André" ou algo assim para o motorista, que arrancou e nos deixou em um restaurante chamado Chez André, claramente um de seus favoritos. Ele foi recebido com mesuras e conduzido a sua mesa de sempre.

Um novo *sommelier* apareceu e propôs uma garrafa de vinho branco para começar. Ele subiu os óculos para a testa, encarou o garçom como se contemplasse um inseto e vociferou:

— *Jeune homme, le vin est rouge.* [Meu jovem, vinho é tinto.]

E estava certo, é claro. O vinho deve ser tinto; os outros são suco com ou sem bolhas.

King não fez pedido, pois o pessoal do restaurante já sabia o que servir. Ele me ouviu pedir em francês e então perguntou como eu havia aprendido o idioma. Ter passado férias escolares nas profundezas de Limousin, em *La France profonde*, ou França profunda, parece tê-lo agradado.

Naquela época, os almoços franceses duravam quase três horas. Voltamos para o escritório por volta das quatro. Eu não sabia, mas tinha sido de certo modo adotado, e nossa amizade durou até a morte dele. A educação que Frank Keeler começara em King's Lynn foi completada por Harold King em Paris, mantendo o estilo da Reuters de rigorosa exatidão e completa imparcialidade — embora ele fosse muito parcial em relação a de Gaulle, e essa gentileza fosse constantemente recompensada. Harold King era o único cidadão britânico para quem o autocrata francês encontrava tempo.

Como eu era a pessoa mais jovem e com menos tempo de casa, além de ser solteiro e não ter família à minha espera em casa, Harold King me deu uma tarefa bastante incomum: seguir Charles de Gaulle todas as vezes em que ele saísse do Palácio do Eliseu. Eu não era o único.

Havia um corpo internacional de jornalistas em guarda constante, seguindo seu DS 19 Citroën sempre que ele tinha de sair da mansão presidencial na Faubourg-Saint-Honoré. De Gaulle sabia exatamente por que estávamos lá. Não era para cobrir suas visitas ao Senado ou algo assim, mas para o cataclísmico momento em que fosse assassinado. Ele sabia e não dava a mínima. Desprezava seus inimigos e o perigo. Apenas empinava ainda mais o nariz adunco e seguia em frente.

Sempre que seu comboio parava para o que quer que de Gaulle precisasse fazer, os jornalistas se dividiam em dois grupos e procuravam cafés para ficar aguardando. Um grupo era de britânicos, americanos, canadenses, nórdicos, alemães e todos os outros cuja língua comum era o inglês.

No outro grupo estavam os falantes de francês — franceses, belgas, suíços e uma dupla de quebequenses. E eu. Frequentemente se uniam a nós seus guarda-costas pessoais trabalhando naquele dia. Foi assim que conheci Roger Tessier, o parisiense; Henri D'Jouder, o cabila da Argélia; e Paul Comiti, o corso. Esqueci quem era o quarto.

Ouvindo suas conversas e observando os anéis concêntricos de segurança em torno do presidente da França, fiquei cada vez mais convencido de que a OAS não seria capaz de levar seus objetivos a cabo. Havia um grosso arquivo sobre cada um deles — amotinados do Exército e *pieds-noirs* civis da Argélia. O rosto, as impressões digitais e os registros de cada um eram intimamente conhecidos.

Também ficou claro — e os responsáveis pela segurança eram extraordinariamente loquazes — que a OAS tinha tantos agentes de contrainteligência infiltrados que era difícil haver uma conferência de quatro homens sem que toda a conspiração fosse rapidamente descoberta, porque pelo menos um dos presentes seria um espião.

Parecia-me que a única maneira de a OAS fazer atravessar uma bala por aqueles anéis de proteção seria encontrar alguém de fora e desconhecido, um assassino profissional sem registros em Paris. Mais tarde, eu criaria tal homem e o chamaria de Chacal. Mas, naquela época, nunca pensei de fato em escrever tal história. E, assim, jamais conversei com ninguém a respeito. Era só uma ideia.

O pequeno apartamento que eu alugara com meu salário modesto ficava a uma curta distância a pé do escritório, mas no 9º *arrondissement*, lar do Moulin Rouge, do Folies Bergère, do Place Blanche, do Montmartre e um labirinto de ruas contendo centenas de pequenos cabarés e bares. O 9º era uma zona de meretrício e lar de grande parte do *milieu*, o submundo criminoso da cidade. Ficar acordado por causa das sirenes policiais era algo muito comum.

Simpatizantes da OAS frequentavam os bares da região, assim como eu. Isso acontecia principalmente porque o segundo turno do escritório terminava às dez e eu não precisava nem desejava dormir até bem depois da meia-noite. Assim, pedia uma cerveja, olhava para o nada e escutava. Isso me deu algum conhecimento sobre os inimigos mortais do general de Gaulle.

Também desenvolvi meu "modo Bertie Wooster", uma *persona* baseada no herói desmiolado de P. G. Wodehouse: desastrado, bem--intencionado e afável, mas burro feito uma porta. Fingindo falar pouco francês e com um sotaque inglês carregadíssimo, tanto os funcionários do bar quanto os clientes achavam que eu não entendia suas conversas. Era exatamente o contrário. Em anos futuros, Bertie me tiraria de uma porção de problemas. Isso porque o sujeito tolo e inofensivo com um passaporte inglês é o que os europeus querem ver e no que querem acreditar.

Foi na noite de uma sexta-feira de agosto que a OAS chegou perto de matar de Gaulle em uma rotatória no subúrbio de Petit Clamart. Ele estava indo do Palácio do Eliseu até uma base aérea chamada Villacoublay, onde um helicóptero aguardava para levá-lo, juntamente com madame Yvonne de Gaulle, até sua casa de campo no leste: uma mansão chamada La Boisserie no vilarejo Colombey-les-Deux-Églises.

O casal estava no banco de trás do DS 19 em alta velocidade. Na frente, estavam o motorista da Gendarmerie, Francis Marroux, e o genro do presidente. Os doze assassinos descobriram a rota que seguiriam e aguardavam em uma rua lateral. Erraram porque de Gaulle estava atrasado, o crepúsculo chegara mais cedo naquele 22 de agosto, o comboio estava a quase cento e quarenta e cinco quilômetros por hora e os assassinos o avistaram tarde demais. Eles pretendiam surgir da rua lateral, tirar a limusine da estrada e matar os passageiros com submetralhadoras.

Agiram tarde demais. Quando os dois motociclistas ultrapassaram o comboio, eles abriram fogo contra o alvo em movimento, dando cento e vinte tiros no total. Doze atravessaram o carro, mas não conseguiram pará-lo. Um passou a centímetros do famoso nariz.

De Gaulle puxou a cabeça da esposa para o próprio colo, mas não se mexeu. Marroux quase perdeu o controle. O carro derrapou, recuperou-se e seguiu em frente. O carro que os seguia, repleto de guardas armados, fez o mesmo. Em Villacoublay, o DS 19 derrapou com os pneus destruídos até parar ao lado do helicóptero presidencial, em meio a um grupo de oficiais da Força Aérea em pânico — as notícias haviam chegado via rádio.

Madame de Gaulle, bastante abalada, foi auxiliada a entrar no helicóptero. O presidente saiu do carro, limpou os cacos de vidro da lapela do terno Savile Row (a única coisa inglesa que usava) e deu seu veredicto.

— *Ils ne savent pas tirer* — desdenhou. "Eles não sabem atirar."

As notícias chegaram ao centro de Paris por volta da meia-noite. Eu e toda a horda da imprensa fomos até lá e passamos o restante da noite entrevistando, observando e reportando dos telefones públicos locais. Os jornais europeus já haviam "ido para a cama", mas uma agência de notícias funciona vinte e quatro horas por dia e não havia descanso para a AP, para a UPI, para a AFP ou para a Reuters.

Em outubro, houve a crise dos mísseis em Cuba, quatro dias hipertensos que realmente fizeram parecer que o mundo chegaria a uma guerra termonuclear e seria destruído. Para ser justo com de Gaulle, corretamente descrito como pouco admirador dos Estados Unidos desde suas inflamadas discussões com o general Eisenhower durante a guerra, ele foi o primeiro na Europa a ligar para Washington e garantir seu total apoio a John F. Kennedy.

Eu tinha completado 24 anos, e em janeiro compareci à agora famosa coletiva de imprensa no Palácio do Eliseu na ocasião em que de Gaulle vetou a candidatura britânica para se unir à Comunidade Econômica Europeia. Foi um grande tapa na cara do premiê britânico Harold Macmillan, que, na Argélia durante a Segunda Guerra Mundial, apoiara as alegações de de Gaulle sobre ser o único líder da França Livre.

Suas coletivas não eram de fato entrevistas. Ele simplesmente plantava cinco perguntas com cinco jornalistas ultraleais na audiência, memorizava o discurso que pretendia fazer em resposta e também a localização dos jornalistas, já que não conseguia vê-los.

Harold King estava na frente, tendo recebido uma pergunta para fazer. Não havia laptops ou celulares, é claro. O chefe da Reuters rabiscava sua história em um bloco apoiado nos joelhos, arrancava as folhas e as entregava a um mensageiro. O trabalho desse rapaz era correr até os fundos do salão e entregar as folhas a outro colega, que mantinha uma linha telefônica aberta com o escritório.

O tal colega ditava a matéria para um outro de fones de ouvido no escritório, que datilografava freneticamente e entregava tudo para o operador de telex, que, por sua vez, enviava a matéria para Londres. Eu era o mensageiro.

Eu me lembro do velho urubu espiando com curiosidade o jovem inglês agachado debaixo de seu púlpito. Por causa da miopia extrema, eu era a única pessoa do salão que ele conseguia ver com clareza, mas não sabia o que eu fazia ali. Era vaidoso demais para usar óculos em público.

Seu problema de visão o levou a muitos incidentes divertidos, um dos quais testemunhei. Ele estava em uma turnê pelas províncias, sempre contrariando os conselhos frenéticos de sua equipe de segurança, e tinha um hábito que deixava todos mortos de preocupação.

Todos os estadistas fazem isso hoje em dia, mas, naquela época, acho que ele foi o primeiro.

De Gaulle subitamente se inclinava para a frente, dava um tapinha no ombro do motorista e mandava que ele parasse. Então saía do carro e caminhava pela multidão, trocando apertos de mão e bancando o amigo do povo. Ele chamava isso de *bain de foule*, um banho de multidão.

Em certa ocasião, enquanto seus guarda-costas tentavam desesperadamente acompanhá-lo, de Gaulle mergulhou cada vez mais fundo na multidão, até ver um homem baixo e impassível a sua frente. Ele agarrou a mão do sujeito e a apertou com firmeza. Então continuou em frente. Alguns metros depois, o mesmo homem. De Gaulle repetiu o gesto. O problema era que, a quase um metro de distância, os rostos se tornavam um borrão para ele. Na terceira vez em que fez isso, o homem se aproximou e sibilou em seu ouvido:

— *Monsieur le Président*, por favor, pare com isso. Essa é a m... da mão que eu uso para atirar.

Era Paul Comiti, seu guarda-costas corso, que seria incapaz de pegar a arma no coldre de ombro esquerdo se algo acontecesse.

No mês de março ocorreu a execução por fuzilamento do coronel Jean-Marie Bastien-Thiry, líder do atentado de Petit Clamart, mas nem por isso a OAS havia desistido. Houve pelo menos três outros atentados, todos fracassados. Um deles envolveu uma bomba sob um monte de areia no acostamento de uma estrada do interior. Ela não explodiu porque tinha chovido na noite anterior e os assassinos não pensaram em enrolá-la em uma lona.

Um segundo atentado envolveu um atirador na École Militaire, onde de Gaulle presidia uma parada. O pessoal da Serviço Secreto foi avisado. O franco-atirador, Georges Watin, o Coxo, fugiu para a América do Sul.

O atentado final consistia em um vaso de gerânios contendo uma bomba perto de um memorial de guerra que de Gaulle deveria inaugurar. Em uma cena digna de um filme da Pantera Cor-de-Rosa, um gentil jardineiro, temendo que murchassem, regou generosamente os gerânios e, assim, fundiu o detonador.

No fim do verão de 1963, Harold King me chamou, claramente de mau humor. O que eu tinha feito de errado? Nada.

— Os idiotas querem te dar Berlim Oriental — vociferou.

Com "os idiotas", ele queria dizer o escritório central, em Londres. Berlim Oriental era uma joia: um escritório de um único homem cobrindo toda a Alemanha Oriental, a Tchecoslováquia e a Hungria.

Desde a construção do agora infame Muro de Berlim, em 1961, a Alemanha Oriental se tornara um Estado pária, um excomungado do Ocidente. Não havia embaixadas, consulados ou missões comerciais. Se algo desse errado no mais severo dos satélites soviéticos, não haveria nenhum tipo de apoio.

Após a construção do muro, toda presença alemã-oriental no Ocidente fora expulsa, incluindo a agência de notícias ADN, que tivera um escritório no prédio da Reuters. Berlim Oriental respondera fazendo o mesmo, expulsando todos os jornais ocidentais e todas as agências — com exceção de uma. O Politburo podia muito bem alimentar seu povo com mentiras, mas, no topo da hierarquia, eles queriam saber o que de fato estava acontecendo. Assim, mantiveram um homem da Reuters, com a condição de que vivesse em Berlim Oriental e, se visitasse o Ocidente, voltasse por Checkpoint Charlie antes da meia-noite. Eles não admitiam que ele fosse trabalhar e então voltasse a Berlim Ocidental para passar a noite.

— Suponho que você vá aceitar — resmungou o Sr. King.

— Se o senhor tivesse acabado de fazer 25 anos, não aceitaria? — perguntei.

— Pode apostar que sim — respondeu ele, e me levou para um almoço de primeira classe.

No fim de setembro, fiz minhas malas, tirei uma semana de férias com meus pais em Kent e peguei o trem que vai de Paris a Berlim.

119

A maior parte dos passageiros desembarcou em Berlim Ocidental. Eu permaneci sentado e observei o muro passar abaixo de nós conforme o trem entrava no leste comunista.

Quando desembarquei na estação Ostbahnhof, encontrei à minha espera o homem que eu deveria substituir, Jack Altman. Ele havia passado um ano na cidade e estava desesperado para dar o fora.

Altman tinha um carro, que ficaria comigo, e um espaçoso apartamento que usava como escritório na Schönhauser Allee, que também seria meu. Depois do almoço, ele me levou para conhecer os oficiais de expressão hostil com quem eu teria de lidar. Notei que seu alemão era bom, mas ele jamais passaria por um. Na frente dos oficiais, cometi erros de vocabulário e gramática e fingi ter um sotaque carregado. Observei que eles relaxaram com isso. "Esse aí não vai ser um problema."

Altman me apresentou à secretária do escritório, Fräulein Erdmute Behrendt, uma dama alemã-oriental que claramente também estaria sob constante vigilância da polícia e da ssd, a formidável Stasi. Dois dias depois, meu predecessor partiu.

Grande Irmão

L EVA-SE TEMPO ATÉ SE ACOSTUMAR a passar manhã, tarde e noite sob vigilância. Algumas pessoas ficam bastante perturbadas quando descobrem que seu escritório e apartamento estão cheios de escutas; quando veem figuras com capas de chuva compridas fingindo observar vitrines enquanto as seguem pelas ruas; quando olham pelo retrovisor e se deparam com um carro preto com vidros escurecidos as seguindo nas rodovias.

Para lidar com a situação, eu tentava encará-la com o máximo de leveza possível, lembrando-me de que os agentes que me seguiam eram seres humanos, embora não parecessem, e que todo mundo tem um trabalho a fazer.

Não levou muito tempo para que eu encontrasse a escuta principal no escritório. Havia uma televisão, um modelo de quatro válvulas que, por acaso, tinha cinco. Quando removi a quinta, em menos de uma hora apareceu um técnico. Antes de atender a campainha, recoloquei a quinta válvula e fui à cozinha fazer café enquanto ele remexia o interior do gabinete. Ele foi embora, bastante confuso, uma hora depois, pedindo muitas desculpas pelo incômodo.

Em frente ao escritório ficava um prédio de apartamentos e, bem em frente à minha própria janela, uma única abertura escura, que jamais era fechada e cujas luzes jamais se acendiam. Os pobres coitados sentados atrás do telescópio devem quase ter morrido de frio no inverno, quando a temperatura à noite chegava a dez graus negativos. No Natal, comprei uma garrafa de um bom uísque e um pacote de Rothman, então pedi ao zelador que os enviasse ao que imaginava ser o apartamento correspondente à janela. Naquela noite, houve um breve clarão de um isqueiro de butano, e isso foi tudo. Mas nem sempre era diversão, e cutucar a onça com vara curta exigia um pouco de cautela.

Uma das piores figuras do regime era o secretário de imprensa do Politburo, um tal de Kurt Blecha. Ele tinha o que talvez fosse o sorriso mais falso do mundo. Mas eu sabia algumas coisas a respeito do mestre Blecha. Uma delas era seu aniversário; a outra, que, nos anos trinta, ele era um membro fervoroso do Partido Nazista.

Capturado em 1943 na Frente Oriental, Kurt Blecha não perdeu tempo em se converter ao comunismo e acabou sendo retirado de um congelante campo de prisioneiros de guerra e instalado no séquito do líder comunista alemão exilado Walter Ulbricht. Blecha retornou com um veterano comunista por trás do Exército Vermelho em 1945 para se tornar parte do governo fantoche, o mais servil de todos os regimes-satélite.

No Natal, na Páscoa e em seu aniversário, eu enviava um cartão anônimo para seu escritório. Era comprado em Berlim Oriental, mas datilografado em uma máquina no escritório da Reuters em Berlim Ocidental para o caso de a minha própria máquina ser investigada. O cartão lhe desejava o melhor, com seu número de afiliação ao Partido Nazista estampado bem grande e assinado pelos "seus velhos e fiéis *Kamaraden*". Nunca o vi abrir os cartões, mas espero que o tenham deixado louco de preocupação.

Também aprendi como me livrar da sombra da Stasi. Como correspondente da Reuters, eu tinha permissão para atravessar Checkpoint Charlie e ir a Berlim Ocidental, mas a polícia secreta, não. Eles sempre paravam quando eu me aproximava da barreira. Depois de atravessá--la, eu corria pela Kurfürstendamm, de lá ia até a Heerstraße e seguia para a fronteira, voltando à Alemanha Oriental em Dreilinden.

Algumas pessoas no Ocidente achavam que Berlim era uma cidade fronteiriça entre Leste e Oeste. Não era o caso: ela ficava enterrada a cento e trinta quilômetros da fronteira, dentro da Alemanha Oriental, e Berlim Ocidental era cercada por todos os lados. Se eu seguisse para o oeste, saindo de Berlim Ocidental, e atravessasse a fronteira em Dreilinden, estaria na *autobahn* rumo à Alemanha Ocidental, o que também era permitido. Uma vez nela, poderia deixar a rodovia na primeira saída e desaparecer no interior do país. Com uma muda de roupas surradas e um Wartburg registrado em Berlim Oriental, comendo em restaurantes de beira de estrada e dormindo no carro, eu conseguia ficar fora do radar por alguns dias.

Havia boas histórias para se ouvir e reportar, uma vez fora daquela gaiola. Em teoria, todo mundo estava tão feliz no paraíso dos trabalhadores que não havia dissensões a relatar. A verdade era que o ressentimento de trabalhadores e estudantes fervilhava sob a superfície, ocasionalmente emergindo em greves e marchas estudantis — sempre de curta duração e punidas pela Volkspolizei, a Polícia do Povo, conhecida como VoPos.

Ao retornar, eu era imediatamente convocado ao escritório de Kurt Blecha, que escondia a raiva atrás de um sorriso.

— Por onde andou, Herr Forsyth? Estávamos preocupados — dizia ele, em uma farsa pouco convincente.

Eles se sentiam forçados a manter a ficção de que eu era livre para ir aonde quisesse em seu Estado livre e amante da paz e de que ser seguido estava fora de cogitação.

Quando ele pediu a mim uma explicação, afirmei ser um fervoroso admirador da arquitetura religiosa e disse ter visitado algumas pérolas eclesiásticas da Alemanha Oriental. No meu apartamento, eu tinha livros sobre o tema para servir de prova do meu interesse. Blecha me assegurou de que esse era um passatempo muito louvável, mas que, da próxima vez, será que eu poderia avisá-los para que pudessem me apresentar às pessoas certas?

Nenhum de nós acreditava em uma palavra, mas eu interpretei meu papel de tolo desajeitado e ele manteve seu brilhante sorriso falso. Quanto a minhas matérias sobre a inquietação entre o supostamente satisfeito proletariado, eu deixava que o regime se perguntasse onde eu as conseguira.

Cheguei a Berlim Oriental no início de outubro. No fim de novembro, o mundo foi atingido por um raio.

A morte de Kennedy

DIZEM QUE TODOS os que estavam vivos na época se lembram de onde estavam e o que estavam fazendo quando ficaram sabendo do assassinato do presidente John F. Kennedy.

Eu estava jantando em Berlim Ocidental com uma deslumbrante garota alemã chamada Annette. Estávamos no Paris Bar, na esquina do escritório da Reuters. O lugar estava lotado e, por trás do barulho e das conversas, havia música ambiente tocando. De repente, a música parou e uma voz gritou, em tom urgente:

— *Wir unterbrechen unser Programm für eine wichtige Meldung: auf den Präsidenten Kennedy wurde geschossen.*

Houve uma breve pausa nas conversas enquanto a música ambiente voltava a tocar. Devia ter sido uma falha no sistema de som. Um erro, uma piada. Então a voz retornou.

— *Wir unterbrechen unser Programm für eine wichtige Meldung: auf den Präsidenten Kennedy wurde geschossen.*

E o mundo enlouqueceu.

Alguns homens se levantaram e xingaram várias vezes; mulheres gritaram. Mesas foram viradas. Kennedy estivera lá em junho, fazendo um discurso no Muro. É difícil descrever, para os que vieram depois, como ele era idolatrado, especialmente naquela cidade. Para mim, a prioridade era retornar ao escritório e tentar descobrir a reação oficial da Alemanha Oriental. Joguei um punhado de marcos ocidentais na mesa, corri para o carro e dirigi por uma cidade em pânico, atravessando o Muro em Checkpoint Charlie.

O posto militar ficava no setor americano da cidade dividida entre quatro poderes e, no interior da guarita de vidro, os soldados estavam reclinados em cima do rádio. Teria sido possível fazer uma manada de búfalos atravessar o posto sem que eles tivessem notado. A barreira americana estava erguida como sempre. Passei por ela e serpenteei até os controles da Alemanha Oriental. Eles também tinham ouvido.

Os guardas de fronteira da Alemanha Oriental eram os mais rígidos e politicamente confiáveis. Se necessário, metralhariam qualquer um que tentasse escalar o Muro para escapar para o Ocidente.

Ainda era recente a história de Peter Fechter, um estudante de 18 anos que atravessou o campo minado e chegou a escalar metade do Muro quando os holofotes o descobriram. Foi atingido por uma rajada disparada de uma das torres de vigilância. Ninguém quis passar pelas minas para tirá-lo de lá. Sob o olhar dos berlinenses ocidentais, ele ficou pendurado no arame farpado, gritando e sangrando até a morte.

A única coisa boa daquela noite terrível de 1963 foi ver esses brutamontes berrando em pânico. Eles cercaram meu carro, perguntando:

— *Herr Forsyth, wird das Krieg bedeuten?* — "Isso significa que haverá guerra?"

Eram duas da tarde em Dallas, oito da noite em Londres e nove da noite em Berlim quando as notícias chegaram, dez da noite quando passei por Checkpoint Charlie. Acenaram para que eu passasse, sem verificar o carro ou os documentos. Cheguei ao escritório em tempo recorde e analisei as fitas de telex que chegavam. Aquilo provavelmente me transformou na pessoa mais bem-informada de Berlim Oriental.

A mídia se concentrava no pânico que assolava os Estados Unidos, mas esse medo não era nada comparado à situação na Cortina de Ferro. Liguei para o ministro das Relações Exteriores da Alemanha Oriental, pedindo um comentário. Eles estavam acordados e com toda a equipe presente, mas não sabiam o que dizer até receberem orientações de Moscou. Assim, vozes aterrorizadas me faziam perguntas, em vez de responder às minhas.

A questão é que, em um Estado comunista ou em qualquer outra ditadura, uma mídia independente está fora de cogitação. Assim, a despeito de todas as minhas negativas, as autoridades insistiam no mito de que o homem da Reuters em seu meio tinha algum tipo de linha direta com o governo britânico. Nas duas ocasiões em que voltei ao Reino Unido durante meu ano em Berlim Oriental, recebi mensagens solenes para o ministro das Relações Exteriores do Reino Unido, uma pessoa que eu não tinha a menor intenção de visitar, nem ele a mim. Quando respondi que a viagem era apenas para visitar meus pais, eles deram batidinhas com o dedo na lateral do nariz e disseram *ja, ja*, somos homens do mundo. Piscadela, piscadela.

No meio da manhã, chegaram notícias de que o assassino de Dallas estava preso e era um comunista americano. O pânico aumentou. Nas ruas, pessoas aterrorizadas olhavam para o céu, esperando ver os bombardeiros do Comando Aéreo Estratégico rumando para o leste com suas bombas. Então Jack Ruby atirou e matou Lee Harvey Oswald bem no meio de uma delegacia. Se havia algo capaz de alimentar o fogo das teorias da conspiração, era isso. E, de fato, era bem difícil acreditar nesse grau de incompetência.

Mas os Estados Unidos mantiveram a calma. O vice-presidente prestou juramento e assumiu o poder. Os bombardeiros permaneceram no solo. O pânico lentamente diminuiu e foi substituído pelo luto quando a TV mostrou imagens do cavalo sem cavaleiro durante o funeral. Quando outro jornal mostrou um garotinho saudando o caixão do pai, Berlim inteira, Oriental e Ocidental, se desfez em lágrimas. Tempos extraordinários.

O Natal chegou. As duas Berlins sempre me fizeram pensar no conto de fadas sobre as duas hospedarias: uma repleta de luz, com os hóspedes festejando, dançando e rindo; a outra, logo em frente, sempre escura e sombria. Foi assim meu primeiro e único Natal em Berlim.

Berlim Ocidental viveu em um humor ligeiramente histérico durante todos os anos de existência do Muro, consciente de que poderia ser destruída da noite para o dia caso a ordem fosse dada em Moscou, como um boêmio bebendo no último bar da região. Naquele Natal, ela se esbaldou. Os berlinenses orientais fizeram seu melhor, mas o contraste de prosperidade entre os dois sistemas políticos e econômicos era extremo.

Ainda se passariam vinte e seis anos até que o Muro finalmente fosse derrubado, e mais dois até que a União Soviética simplesmente implodisse. Naquela época, porém, ambos os eventos eram inconcebíveis. Contudo, com todo aquele cinza e toda aquela melancolia, para além de todos os apartamentos e ligações grampeados e dos faróis no retrovisor, houve um golpe de sorte para o homem da Reuters, do qual tirei o máximo de vantagem.

Quando Berlim Oriental insistira em manter o serviço de notícias da Reuters, fora feito um acordo: a Alemanha Oriental teria de pagar vinte por cento da taxa de subscrição em dinheiro ocidental, difícil de conseguir e desesperadoramente raro, e oitenta por cento em marcos orientais, praticamente sem nenhum valor. Estes seriam depositados em um banco em Berlim Oriental. O problema é que não podiam ser exportados nem convertidos — qualquer que fosse o câmbio. Mas ninguém podia impedir que fossem gastos, desde que localmente.

Antes que deixasse Londres para assumir o cargo, Jerry Long, o chefe da Reuters, havia me explicado tudo isso e perguntara, com ar grave, se eu poderia tentar reduzir a conta bloqueada, que chegava a mais de um milhão de marcos orientais. Mesmo com os custos do escritório e o salário da Srta. Behrendt, o saldo continuava crescendo. Com ar igualmente grave, prometi fazer o possível.

O problema era que não havia quase nada para comprar. Em solidariedade comunista, Cuba mantinha uma loja que vendia charutos magníficos por marcos orientais. Os produtos cubanos eram proibidos nos Estados Unidos, mas bastante aceitos como oferta de boa vontade para um oficial americano na guarnição de Berlim Ocidental.

A Tchecoslováquia produzia discos de música clássica de alta qualidade, e a Hungria fabricava malas de couro suíno muito boas. Ambas mantinham uma deficitária loja de "prestígio" em Berlim Oriental. Em certo ponto, mesmo os guardas da fronteira se beneficiavam. Eles não diziam nada a respeito dos produtos que iam para oeste no porta-malas do Wartburg, e eu não comentava quando um saco de laranjas frescas desaparecia enquanto eu estava na guarita alfandegária no meu caminho de volta. Além disso, havia o caviar.

Cada país-satélite soviético mantinha um restaurante de prestígio em Berlim Oriental. Havia uma Haus Budapeste com cozinha húngara, uma Haus Sofia com comida búlgara e assim por diante. A Haus Moscou servia *borscht*, vodca Stolichnaya... e caviar. Naquele primeiro Natal, realmente ajudei a Reuters a reduzir seu excedente de marcos com uma montanha de Beluga e Stolichnaya suficiente para assegurar que tudo o que os grampos no meu quarto pudessem registrar fossem os roncos.

Ajudando os primos

As FORÇAS POLICIAIS SECRETAS sabem que duas ou três da manhã são o momento mais baixo do espírito humano, a hora em que as reações são mais lentas. Foi mais ou menos nesse horário que um alarme disparou em um dia de março de 1964.

Era proibido que houvesse uma linha direta entre o escritório da Reuters em Berlim Oriental e os escritórios de Berlim Ocidental ou Bonn. Meus colegas só podiam me contatar por telex, evidentemente monitorado pela Stasi e que deixava um registro escrito que poderia ser lido mais tarde, para evitar que uma ligação breve fosse encerrada antes de os oficiais acordarem.

No meu escritório, porém, havia um alarme para me tirar da cama e me levar até a máquina de telex em caso de emergência. Aquela definitivamente era uma. Os soviéticos haviam derrubado um avião americano nos arredores de Magdeburg.

As Forças Armadas odeiam pedir ajuda à mídia, mas o quartel--general da Força Aérea americana em Wiesbaden, na Alemanha Ocidental, estava em apuros. Enviei rapidamente uma fita pedindo mais detalhes. Enquanto aguardava a resposta, aproveitei para me vestir. No que dizia respeito ao sono, a noite havia acabado.

O que voltou meia hora depois fez mais sentido. O avião derrubado era um RB66, que, da minha própria época na Força Aérea, eu sabia ser um bombardeiro leve com dois motores a jato, convertido para realizar reconhecimento aéreo. Sendo direto, era um avião espião, equipado com câmeras de longo alcance apontando para baixo e para os lados.

Sua missão era patrulhar a fronteira, apontando suas câmeras para algo a leste, no interior da Alemanha Oriental. Mas, daquela vez, ele ultrapassara a fronteira. Seria bem difícil que o navegador conseguisse uma promoção agora, embora esse não fosse seu problema mais imediato.

Tinha havido uma breve chamada de socorro e então silêncio. Segundos depois, o ponto do avião no radar da Força Aérea americana desaparecera, por volta das dez da noite. À uma e meia, Wiesbaden perguntou a Reuters se seu homem em Berlim Oriental poderia encontrar o avião. A razão pela qual precisavam saber era o Tratado dos Quatro Poderes.

Sob os termos do tratado, os Aliados baseados em Berlim Ocidental tinham o direito de enviar uma viatura para a zona soviética (na Alemanha Oriental), desde que declarassem o destino exato. Não podiam simplesmente partir em uma busca aleatória. Sem uma localização precisa do avião desaparecido, não podiam deixar Berlim Ocidental. Também queriam notícias da tripulação: se estava viva, ferida, morta ou certamente em mãos soviéticas.

Era como procurar uma agulha em um palheiro, mas as ordens eram claras. Vá lá fora e encontre-os. Enquanto esperava por mais detalhes, eu preparara uma mochila com pão, queijo e duas garrafas térmicas de café e escrevera uma mensagem apressada para Fräulein Behrendt. Então parti com o Wartburg para Checkpoint Charlie. Como sempre, ao lidar com alemães-orientais, a rapidez era essencial.

Eles eram metódicos e laboriosos. No fim das contas eles chegavam lá, mas, ao contrário da ficção de espionagem, moviam-se como lesmas. Suspeito que eu tenha chegado a Berlim Ocidental antes que o carro que me seguia voltasse ao quartel-geral em Normannenstraße para acordar o oficial de plantão. Trinta minutos depois, eu estava do outro lado de Berlim Ocidental, na *autobahn* para oeste, e saí dela na placa que indicava Dessau. Dali em diante, tudo o que podia ver era a região agrícola, escura como a noite. Usei minha bússola de bolso para me manter no sentido oeste por estradas secundárias e pistas sinuosas.

A alvorada chegou e o povo do campo acordou, enquanto seus mestres ainda dormiam na cidade. Os primeiros a aparecer foram os fazendeiros. Parei para perguntar se alguém tinha ouvido falar de um avião dos "Amis" (americanos) caindo ali por perto. Fui completamente ignorado. Na terceira parada, em vez de dizer que era da imprensa de Berlim (oficial e, portanto, governamental), disse que era "de Londres". Houve cooperação irrestrita imediatamente. Quando eu mostrava meu passaporte britânico para comprovar a afirmação, todos tentavam ajudar. Os cidadãos do paraíso dos trabalhadores odiavam mesmo aquele lugar.

A princípio, ninguém sabia de nada, então alguém disse que ficava "para lá" — apontando para oeste na direção de Magdeburg. Um grupo de trabalhadores rodoviários me disse ter visto chamas no céu seguindo para oeste e mencionou um pequeno vilarejo, que encontrei no meu mapa.

Quando um sol pálido se ergueu sobre Potsdam, atrás de mim, ficou claro o que o RB66 estivera tentando fotografar. O Exército soviético montara um grande campo de manobras de jogos de guerra perto de Magdeburg. Encontrei-me ziguezagueando entre colunas de tanques, semilagartas, jipes e caminhões de infantaria russos. Dirigindo um carro registrado na Alemanha Oriental, inclinei-me para fora, dei um sorriso largo e mostrei os dedos em v com as costas da mão voltadas para os soldados. Eles responderam fazendo o mesmo.

O que aqueles soldados não sabiam era que, quando os dois primeiros dedos da mão direita são erguidos com a palma voltada na direção do interlocutor, formam o sinal da vitória de Churchill. Para os ingleses, quando a palma está voltada para o outro lado, o sinal significa "Vai tomar no..." Finalmente, estacionei o Wartburg em um banco de areia ao lado da estrada e me dirigi a pé para a floresta de pinheiros. Foi quando encontrei meu carvoeiro.

Era um velho que parecia ter saído dos contos de fada dos irmãos Grimm. Achei que poderia ter uma casa de gengibre em algum lugar perto dali. Ele pensou cuidadosamente sobre minha pergunta e assentiu.

— *Ja*, caiu lá embaixo.

Fui andando até o lugar indicado e lá estava o avião. Com o nariz para baixo e a cauda para cima, a maior parte da fuselagem tinha sido escondida pelos pinheiros, mas o estabilizador vertical apontava para o céu. Fora claramente atingido por mísseis ar-ar, e todos os assentos ejetáveis haviam sido utilizados; talvez a tripulação ainda estivesse viva. Marquei a posição exata e retornei ao carvoeiro, que cuidava de suas brasas. Ele estava perfeitamente calmo, como alguém que passara por duas guerras e podia lidar com o ocasional bombardeiro abatido. Não se mostrou nervoso a respeito das autoridades, mas quis ver meu passaporte. Indiquei e traduzi o trecho na folha de rosto onde Sua Majestade "solicita e requer" que todos auxiliem seus súditos da melhor maneira possível. Depois disso, ele soltou a língua.

Havia três tripulantes, contou, embora não tivesse visto os dois primeiros pousarem de paraquedas na floresta. Ambos foram aprisionados por russos em jipes, alojados no quartel-general do Exército soviético em Magdeburg. Seu genro, um padeiro fazendo entregas no início da manhã, vira os prisioneiros nos veículos.

O terceiro e último aterrissara perto dele e quebrara a perna. Era holandês.

— Não — retruquei —, era americano.

O velho bateu no lado esquerdo do peito e falou que tinha visto uma etiqueta com "Holland" escrito e duas faixas prateadas na dragona. Lembrei que os uniformes americanos traziam o nome do tripulante bordado em uma faixa branca no lado esquerdo superior do peito. Assim, o capitão Holland, piloto do avião abatido, havia se assegurado de que os dois tripulantes estavam a salvo antes de se ejetar no último instante; ele aterrissara a menos de duzentos metros dos destroços.

Após meia hora com meu novo amigo e o tendo deliciado com um pacote de cigarros ocidentais, uma moeda universal, eu já tinha toda a história. Foi quando minha sorte acabou. Eu abria meu caminho de volta ao local onde deixara o carro quando ouvi vozes entre os pinheiros. Ajoelhei-me rapidamente entre os arbustos. Tarde demais.

Alguém gritou *"Stoi"* e vi um par de calças de combate de sarja diante de mim. Um rosto mongol irritado me encarava lá de cima. Os regimentos mongóis vinham da extremidade oriental da Rússia e eram sempre usados como bucha de canhão. Eu me levantei. Ele era mais baixo que eu, entretanto a submetralhadora apontada para meu rosto tinha seu próprio poder de persuasão.

Cercado pelos seus colegas, fui conduzido para fora da floresta até um prado onde um grupo de oficiais cercava um coronel analisando um mapa. Um deles olhou na nossa direção, franziu o cenho e se aproximou. Falou com o soldado em uma língua que não compreendi. Certamente não era russo. Talvez um oficial da Rússia Branca de um regimento mongol, recrutado em algum lugar ao longo do rio Ussuri. Ou talvez do Amur. Muito, muito longe dali.

O soldado explicou onde eu tinha sido encontrado e o que estivera fazendo. O oficial falou em um alemão razoável e pediu meus documentos. Sabendo que meu passaporte britânico já cumprira sua função, ofereci meu cartão de acreditação da imprensa na Alemanha Oriental. Ele o analisou, mas o nome Forsyth não significava nada para o soldado e certamente não evocava a Escócia.

Ele pediu uma explicação. Entrei no modo Bertie Wooster: atrapalhado, inofensivo e muito estúpido. Disse que meu carro tinha sido jogado para fora da estrada e acabado preso em um banco de areia. Depois disso, me disseram que na floresta havia um fazendeiro que tinha um trator que poderia puxá-lo para fora. Então eu acabei deixando minhas chaves caírem e estava procurando por elas quando os gentis soldados me guiaram para fora da floresta.

Ele pegou meu cartão de imprensa e o levou até o coronel. Houve uma torrente de russo. O coronel deu de ombros e devolveu o cartão. Estava claro que ele tinha problemas mais graves que um alemão-

-oriental idiota com o carro atolado. O capitão voltou, me entregou o cartão e mandou que eu desse o fora. Eu devia estar meio atordoado pelo susto, pois disse, em um alemão hesitante:

— Herr capitão, foram os seus caminhões que me jogaram para o banco de areia. Será que os seus camaradas não poderiam tirar o meu carro de lá?

Ele cuspiu uma torrente de ordens no dialeto oriental e voltou para perto do coronel. Seis mongóis me escoltaram até o Wartburg e empurraram. Eu não estava atolado, mas mantive o pé no freio; quando o soltei, o carro deu um tranco para a frente. Agradeci aos mongóis com um aceno, fiz o sinal com os dedos em v e parti.

Eu tinha minha história, mas como fazê-la chegar ao Ocidente? Um laptop teria sido útil, mas faltavam vinte anos para ele ser inventado. Era início da noite. Eu precisava de um telefone e de uma refeição. Precisava de um hotel. Dezesseis quilômetros adiante, encontrei um *gasthof* rural, uma relíquia do passado.

Apresentando minha identificação alemã e falando como um alemão, consegui um quarto, alegando um problema com o carro para justificar a ausência de reserva, fui para o andar de cima e liguei para o escritório em Berlim Oriental. Fräulein Behrendt havia chegado ao trabalho às nove da manhã, lera minha mensagem escrita às pressas e ainda não tinha ido embora. Usando os fones de ouvido, ela datilografou as quinze páginas do relato.

Pedi a ela que transferisse tudo para uma fita de telex, mas que só se conectasse a Berlim Ocidental e Bonn quando tivesse terminado e então enviasse em velocidade máxima. Ela conseguiu passar quatorze páginas para o Ocidente antes que a linha, muito previsivelmente, ficasse muda e mostrasse a mensagem de *Linienstörung*, ou "queda na linha". Isso acontecia quando os agentes não queriam que algo passasse. Mas, como sempre, os responsáveis pelo monitoramento precisaram da autorização de algum supervisor antes de cortar a linha, isso enquanto a história era transmitida a toda a velocidade.

Soube mais tarde que meu relatório tinha "viralizado", antes de essa expressão ser inventada. Jornais de todo o mundo o utilizaram. Wiesbaden ficou bastante satisfeito, e um carro foi enviado a Magdeburg para exigir o retorno dos três tripulantes. (Eles não demoraram a voltar para casa. Parecia que a inquietação causada por Lee Harvey Oswald ainda estava muito vívida em Moscou.)

Eu devia ter voltado para Berlim Oriental na mesma noite, mas estava exausto e faminto. Comi uma generosa refeição, voltei para o quarto e dormi até a manhã seguinte. Depois do café, paguei a conta e saí do hotel.

Do lado de fora, lembrei-me daqueles casamentos da alta sociedade em que os colegas do noivo se alinham em duas colunas, formando uma passagem para ele e para a noiva.

Estavam todos lá. Polícia rural, polícia urbana, guardas-florestais, Polícia do Povo e, na ponta, os longos sobretudos de couro dos superiores.

Os quatro homens da Stasi não estavam felizes. Claramente, foram assados em fogo lento durante toda a noite por seus superiores em Berlim e agora tinham em mãos o responsável por tudo aquilo. Um deles dirigiu meu Wartburg e os outros três se apertaram comigo em um sedã tcheco e me levaram para sua fortaleza em Magdeburg.

Para ser justo, não houve tortura, apenas uma série de interrogatórios e ameaças furiosas. Nem cheguei a ficar em uma cela, mas em uma sala de interrogatório vazia, podendo ir ao banheiro sempre que pedisse. É claro que entrei em modo Bertie Wooster: "Mas, oficial, o que foi que eu fiz de errado? Eu só estava fazendo o meu trabalho. Eu, um espião? Meu Deus, não. Eu não trabalharia para aquelas pessoas; eu trabalho para a Reuters. Um correspondente alemão na Inglaterra teria feito exatamente a mesma coisa, não teria? Afinal, fazemos o que nos mandam fazer, não é? Posso ir ao banheiro?"

O guarda sênior que me encarava provavelmente não teria a menor ideia do que fazer com uma matéria quente. Como tinha bem mais de 40 anos, suspeitei que servira aos nazistas vinte anos antes e então havia passado sem problema para os comunistas. Membros da polícia secreta são assim: servem a qualquer um.

Anos depois de Berlim, a cruel DINA, a polícia secreta do não tão santo Salvador Allende, do Chile, foi transferida sem reclamar para o serviço do general Pinochet. Eles até usaram as mesmas câmaras de tortura. Só as vítimas mudaram.

Como aquele sujeito jamais vivera em um país livre, pedir que concordasse com os atos hipotéticos de um jornalista livre era simplesmente constrangedor. Eu só podia esperar que minha fachada de repórter sortudo, porém tolo — e, portanto, idiota demais para ser espião — o convencesse. Convenceu.

Passei um dia e uma noite naquela sala. Pela manhã, recebi ordens de me levantar e fui escoltado para fora. Achei que pudessem estar me levando para o paredão de fuzilamento, mas era só até o estacionamento. Eles mandaram que eu entrasse no carro e seguisse os dois motociclistas da VoPos. O Tatra preto fecharia a fila.

Alguém em Berlim decidira que todo aquele incidente infeliz (para eles) devia ser abafado. Dirigimos em alta velocidade para Berlim Oriental, mas não via Berlim Ocidental. Como os motoristas alemães-orientais se afastavam para as laterais da estrada ao ouvir as sirenes atrás de si, chegamos em tempo recorde, contornando Berlim Ocidental para entrar em Berlim Oriental pelo sul. Muitos jamais souberam que havia uma segunda fronteira separando Berlim Oriental da Alemanha Oriental propriamente dita. Ela servia para impedir que turistas que recebiam autorização para atravessar por Checkpoint Charlie dirigissem diretamente para a Alemanha Oriental sem que fossem monitorados.

Quando chegamos à barreira na rodovia, um dos motociclistas explicou aos guardas que o Wartburg passaria por ali. Eles voltariam para Magdeburg. Uma figura apareceu ao meu lado e bateu na janela. Baixei o vidro. Havia um rosto ao meu lado e ele não estava feliz.

— Herr Forsyth — disse o rosto —, jamais retorne a Magdeburg.

E quer saber a verdade? Eu jamais retornei.

137

Guerra deflagrada

POR RAZÕES QUE FICARÃO CLARAS, eu me lembro com exatidão da data em que quase iniciei a Terceira Guerra Mundial. Foi em 24 de abril de 1964, às duas da manhã. Eu estava no meu carro, tentando encontrar o caminho até meu apartamento pelas ruas escuras e sinuosas de Berlim Oriental, depois de uma visita a uma jovem e charmosa integrante do coro da Ópera Estatal.

Estava em um subúrbio da cidade adormecida que não conhecia muito bem e não tinha nenhum mapa comigo, por isso simplesmente dirigia seguindo para o brilho no céu que era Berlim Ocidental, esperando chegar a algum bulevar que eu reconhecesse e me levasse de volta ao bairro de Stadtmitte, onde ficava o escritório da Reuters.

Eu ainda estava a uns dois quilômetros de lá quando cheguei a outro entroncamento, um cruzamento que precisava atravessar. No meu caminho havia um soldado russo. Ele ouviu o motor do carro se aproximando, virou-se para mim e ergueu a mão no inconfundível sinal de "Alto". Então se virou novamente para o outro lado. Como estava frio, os vidros estavam fechados, mas baixei o da janela do motorista e coloquei a cabeça para fora. Foi quando ouvi um ruído baixo, abafado.

Enquanto eu observava, apareceram os primeiros veículos, vindo da direita — ou seja, do leste — e se dirigindo para oeste, atravessando o cruzamento. Havia caminhões cheios de soldados; era evidente que se tratava de um grande comboio. Eles continuaram passando.

Saí do carro e fiquei observando por alguns minutos. Os caminhões deram lugar a carretas carregando tanques. Nada mais se movia. Com exceção dos russos, as ruas estavam desertas.

Querendo ir para casa, dei meia-volta e retornei pelo caminho de onde tinha vindo, procurando outro modo de atravessar o bloqueio.

Dez ruas à frente, a mesma coisa. Outro soldado de chapéu de pele no cruzamento, com o braço estendido, impedindo o tráfego. Mais blindados surgiram, indo de leste para oeste, o que significa dizer na direção do Muro. Então veio a artilharia. Perturbado, recuei novamente, encontrei outra rua secundária e continuei na direção de casa. A essa altura, estava ziguezagueando pela região, tentando encontrar algum caminho.

Na terceira vez, o tráfego vagaroso e barulhento no cruzamento envolveu mais carretas, só que agora levando pontes móveis. Então mais infantaria motorizada, precedida por batedores em motocicletas. Embora não fosse especialista, calculei que tinha visto entre quatro e cinco divisões do Exército soviético, em ordem de batalha completa, movendo-se na escuridão em direção ao Muro.

Durante o outono de 1962, a atenção mundial tinha se voltado para a crise dos mísseis cubanos, mas durante anos fora consenso que, se houvesse guerra entre o Pacto de Varsóvia e a OTAN, a faísca inicial seria o sitiado enclave de Berlim Ocidental.

A meia cidade sitiada fervilhava de agências de espionagem, agentes, infiltrados e desertores. Um importante espião da Alemanha Ocidental, Otto John, já havia sido arrancado das ruas de Berlim Ocidental (ou fora isso que tinha dito ao ressurgir e tentar se explicar a um mundo bastante cético). Em 1948-1949, Berlim Ocidental quase fora destruída depois de Stalin interromper o acesso às rodovias e tentar obrigar o posto avançado ocidental a se render em função da fome. Somente uma grande operação de transporte aéreo a salvara.

Os berlinenses ocidentais temiam o dia em que as vinte e duas divisões militares soviéticas na Alemanha Oriental recebessem ordens para marchar. Por isso seu humor era sempre ligeiramente histérico e seus hábitos sociais e sexuais, agradavelmente decadentes.

E, finalmente, com Kennedy morto e Kruschev em uma luta de poder contra seus rivais no Kremlin, a primavera de 1964 foi uma época muito tensa. Não muito tempo depois, os tanques russos do general Abrassimov e os tanques americanos do general Lucius Clay estariam estacionados frente a frente em Checkpoint Charlie, com o homem da Reuters se esquivando entre eles.

O que eu tinha visto não era apenas um deslocamento — era um deslocamento em direção ao Muro. Em silêncio, com exceção do som baixo das rodas, às duas da manhã. Cada vez mais angustiado, cheguei ao escritório e apartamento da Reuters e corri para o andar de cima. A pergunta que me incomodava era simples: o que eu faço agora?

Não havia como consultar ninguém. Eu não tinha acesso telefônico a Berlim ou à Alemanha Ocidental. E todos os ministérios da Alemanha Oriental estavam fechados.

Seria melhor não fazer nada? Não reportar nada? E se meus piores medos fossem confirmados no alvorecer do dia seguinte? Enfim, decidi fazer a única coisa que achei que podia: relatar exatamente o que vira, nada mais, nada menos. Sem embelezamentos, sugestões ou especulações. Apenas os fatos.

Assim, datilografei a história, observando os centímetros de fita perfurada saindo da máquina de telex até não haver mais nada a dizer. Então apertei "transmissão rápida" e a observei desaparecer em direção a Bonn. Às quatro da manhã, eu estava na cozinha fazendo um café bem forte. Voltava ao escritório de tempos em tempos para ver se havia alguma resposta, mas não recebi nada. Presumi que a máquina de Bonn estivesse no modo de "repassagem automática" para Londres. E de fato estava. Eu não sabia o que estava acontecendo a oeste do rio Elba, então bebi meu café e esperei pelo que poderia ser o Armagedom enquanto um sol pálido se elevava sobre Pankow. Só mais tarde me disseram ao que aqueles centímetros de fita perfurada deram início.

Parece que a equipe noturna da Reuters em Londres acordou sobressaltada. Telefones tocaram nas casas suburbanas dos principais homens da agência e o despacho de Berlim Oriental foi lido para eles. A história não foi enviada para os clientes da agência ao redor do mundo, e agradeço aos céus por isso.

Oficiais de plantão nos ministérios britânicos foram avisados e acordaram seus superiores. Eram dez da noite em Washington quando as ligações criptografadas chegaram de Londres. Agências do serviço de informações foram inundadas de perguntas. Elas ficaram tão confusas quanto os políticos. Não houvera deterioração nas relações antes daquele dia.

Por fim, Moscou foi contatada e oficiais no Kremlin, surpresos, suspenderam seus cafés da manhã, enquanto contatavam seus próprios generais na Alemanha Oriental. Então o enigma foi solucionado. O alívio varreu o continente e atravessou o Atlântico. Aqueles que estavam prestes a se deitar o fizeram. Aqueles que estavam prestes a se levantar, também.

Um intrigado comandante-em-chefe soviético das forças do Pacto de Varsóvia na Alemanha Oriental explicou que se tratava apenas de um ensaio para o desfile de 1º de Maio, que seria realizado dali a exatamente uma semana.

Em uma rara demonstração de consideração pelos cidadãos de Berlim Oriental, os soviéticos decidiram fazer sua festa militar de várias divisões durante a noite, quando as ruas estavam vazias. Como eram comunistas, não lhes ocorrera avisar ninguém.

É claro que, uma vez que a explicação banal e ridícula veio a público, uma chuva de zombaria caiu sobre o escritório da Reuters em Berlim Oriental. Minha única resposta foi me desculpar, com um porém: bem, os outros escritórios também não sabiam de nada. Concederam o ponto a contragosto. Por fim, parece que os vários ministérios e agências concordaram em jamais mencionar o assunto novamente. E, até onde sei, daquela ocasião até os dias de hoje, jamais o fizeram.

Faróis

O CARGO DE CORRESPONDENTE da Reuters para a Alemanha Oriental envolvia uma área de atuação bem grande: a própria Alemanha Oriental, com residência compulsória em Berlim, além da Tchecoslováquia e da Hungria. Visitas a Praga e Budapeste não eram frequentes, mas mandatórias. Para Budapeste eu sempre ia de avião, mas Praga era próxima o suficiente para que eu fosse dirigindo meu medonho Wartburg cor-de-rosa pela Alemanha Oriental. Foi o que fiz no verão de 1964.

Como de costume, eu me hospedei no Hotel Jalta, na praça Wenceslas, e saudei as escutas que sabia estarem em algum lugar da suíte. Em algum outro lugar, agachados sobre as bobinas em movimento, estariam os agentes da stb, a polícia secreta tcheca. Eu podia confiar no Sr. Stanley Vaterlé, o sempre cordial chefe da recepção, para fazer uma ligação para as pessoas certas quando eu entregasse a chave do quarto e pedisse a do carro. Quando saísse do estacionamento do hotel, o carro da stb estaria logo atrás. Era um procedimento de rotina que ambas as partes alegremente fingiam não perceber.

Julho trouxera uma onda de calor sufocante e o Jalta tinha ar-condicionado; assim, após o jantar, desci até o porão, onde o regime havia permitido que fosse instalada uma discoteca em estilo ocidental, que aceitava apenas moedas ocidentais e era frequentada por executivos também ocidentais. Havia ainda garotas que trabalhavam como hostess, normalmente universitárias ganhando algum dinheiro com gorjetas para ajudar a pagar os estudos. Naquela noite, conheci Jana.

Ela era linda e, aos 21 anos, poderia parar o trânsito de uma estrada. Sua taça de champanhe foi devidamente preenchida, nós conversamos e, então, já estávamos dançando. Enquanto eu tinha 25 anos, a maioria dos homens do lugar era de meia-idade e estava acima do peso. Eles estavam cobertos de suor, a despeito do ar-condicionado, embora fosse difícil dizer se por causa da luxúria ou do exercício.

Dançar até o amanhecer não era do feitio dos comunistas, de modo que, por volta da meia-noite, uma voz anunciou que o lugar fecharia em alguns minutos. Paguei a conta e fomos para o lobby. Se as coisas fossem avançar, o que eu queria muito, minha suíte no andar de cima estava fora de cogitação. Cada andar tinha uma górgona atrás de uma escrivaninha que ficava de frente para o elevador, anotando quem chegava e quem saía. A decadência ocidental não estava no cardápio. Mas eu tinha um carro, mesmo que fosse um horror da Alemanha Oriental. E conhecia alguns lagos nos limites da cidade. Para minha surpresa, a sugestão de um passeio noturno foi aceita.

Busquei as chaves do carro, pisquei para Stanley, que sorriu para mim, radiante, acompanhei Jana até o Wartburg e partimos. Eu conhecia Praga bem o suficiente para sair do centro, dar voltas pelos subúrbios e chegar ao campo. Após trinta minutos, encontrei o lago. Tirando uma manta xadrez do porta-malas, caminhamos até a margem. Eram duas da manhã, mas o calor ainda era insuportável. Assim, nos despimos e entramos nus na água fria.

Nadamos por meia hora antes de sair do lago e estender a manta sobre a relva morna e alta. Então, como animais jovens e saudáveis, fizemos amor; por bastante tempo, pelo que me lembro. Eu fumava naquela época e, depois de ficarmos exaustos, eu me deitei de costas, com Jana meio dormindo no meu ombro esquerdo, observando as nuvens de fumaça azul flutuarem pelo céu estrelado. Então um pensamento extraordinário me ocorreu.

Com exceção daquelas vezes na Alemanha Oriental em que eu deliberadamente me livrara das minhas sombras da Stasi apenas para irritá-las, eu jamais havia dirigido por terras comunistas sem um Tatra com vidros escurecidos atrás de mim. Mesmo à noite, se não houvesse carros suficientes para permitir que os agentes fossem discretos, fingindo que não estavam lá, era sempre possível ver seus faróis no retrovisor. Com exceção daquela noite: eu não tinha visto nenhum farol.

Minha surpresa deve ter feito com que eu me mexesse, pois uma voz sonolenta na curva do meu braço esquerdo perguntou:

— O que aconteceu?

Expliquei, perguntando:

— O que aconteceu com a stb?

E a voz sonolenta respondeu:

— Você acaba de fazer amor com ela.

Enquanto adormecia, eu me lembro de ter pensado: "Se essa é a polícia secreta tcheca, pode vir." Bem, todos temos de ganhar a vida de algum modo.

144

Cerveja com um guarda de campo

WEIMAR É UMA CIDADEZINHA CHARMOSA, repleta de cultura. Compositores e escritores de renome mundial trabalharam lá séculos atrás. Perto de Weimar há uma colina, e, no topo da colina, uma floresta. A menos que as coisas tenham mudado, as árvores que compõem a floresta são faias.

Faia em alemão é *Buchen*, e uma floresta é chamada de *Wald*. Assim, quando os nazistas construíram um campo de concentração no meio dessa floresta, eles o chamaram de Buchenwald, um lugar de horror inenarrável. Após 1949, o governo da Alemanha Oriental decidiu preservá-lo e transformá-lo em local de visitação pública. Durante meu tempo como correspondente em Berlim, eu o visitei.

É claro que foi uma estranha e horrível maneira de passar o dia. Havia um estacionamento na área externa e um local para pagar a entrada ao lado do portão principal. Quase todos atravessando o portão encimado pela suástica faziam parte de um grupo organizado, conduzido às pressas por guias profissionais. Era raro ver visitantes a sós, pois muita coisa ficaria sem explicação.

Havia um grupo escolar logo à minha frente. Uni-me a ele e ninguém pareceu notar. Talvez os oficiais tenham pensado que eu era professor, e os professores, que eu pertencia à equipe do campo. Eu conseguia ouvir — e, é claro, compreender — o que era dito com bastante clareza. Tudo havia sido minuciosamente organizado em torno dos caminhos permitidos que compunham o passeio.

Fomos conduzidos até uma praça com seus postes de açoitamento e forcas e passamos por um modelo de cabana (as forças de libertação aliadas haviam queimado a maioria delas em 1945, pois estavam infectadas com várias doenças). Fomos levados até o crematório, onde o fluxo constante de corpos fora disposto, e até o laboratório "clínico" em que os pseudomédicos nazistas fizeram experiências com vítimas vivas. Acima de nós, as torres de vigia observavam, com apenas as metralhadoras removidas.

Por causa da repetição, os comentários haviam sido perfeitamente memorizados pelos guias e logo se tornaram apenas um zumbido sem inflexão ou expressão. As crianças, impressionadas, permaneciam em silêncio enquanto ouviam a explicação do que tinha sido feito ali.

Notei que os guias não usavam a palavra "nazista" e nunca, jamais, a palavra "alemão". Os responsáveis haviam sido os "fascistas", embora os fascistas tivessem sido os italianos. A forte impressão que martelava no cérebro das crianças era de que os fascistas, como se tivessem vindo do espaço, simplesmente chegaram, realizaram seus atos desumanos e então foram acossados até sua nova residência natural, Bonn, a capital da Alemanha Ocidental. Ninguém questionava isso ou mencionava que foram os americanos que libertaram Buchenwald, não os russos. Todo o passeio era, na verdade, uma façanha comunista.

Quando enfim terminou e pude escapar, deprimido, de volta ao meu carro, o sol já estava se pondo. Ao pé da colina, em uma estrada secundária, havia um *gasthof*. Estacionei, fui até o bar e pedi uma cerveja. Sentei-me sozinho, pois queria pensar sobre o que tinha visto. Era provável que fosse algo similar àquele filme tremido ao qual meu pai havia assistido no Departamento de Guerra em 1945. Ele me contara a respeito dos campos e eu havia lido sobre eles, mas nunca tinha visto um (ou o que restava de um). Até aquele momento. Então houve uma queda de energia, algo comum na área rural da Alemanha Oriental.

O dono da hospedaria chegou com uma vela. Havia apenas mais um cliente no bar, um homem de meia-idade a algumas mesas de distância. O dono me perguntou se eu me importaria se ele se sentasse comigo, para evitar a necessidade de duas velas. Dei de ombros, e o outro cliente se sentou diante de mim. A atmosfera à luz de velas, com o campo de concentração assomando na colina acima, era obviamente sombria, como algo saído de um velho filme do Drácula.

Meu novo companheiro não parecia um membro das classes profissionais: roupas grosseiras de operário, rosto inchado com pele áspera. Após um momento de silêncio, ele me perguntou:

— *Wo kommst du her?* — De onde você é?

Ele tinha usado a forma *"du"*, uma familiaridade que poderia ser tanto uma grosseria quanto uma tentativa de camaradagem. Ele me ouvira fazer o pedido em alemão e, assim, supus que queria saber de que cidade da Alemanha Oriental eu tinha vindo. Mas eu não queria ser alemão naquele momento e respondi:

— *Aus London.*

Ele me encarou por cima das canecas de cerveja e sacudiu a cabeça. Eu devia estar brincando ou tentando impressioná-lo.

— *Glaub' ich nicht* — disse ele. Não acredito.

Irritado o suficiente, joguei meu passaporte azul britânico em cima da mesa. Ele o examinou, comparou a foto com o rosto e o empurrou de volta, com um sorriso entre zombeteiro e desdenhoso. E inclinou a cabeça em direção ao que jazia lá fora no escuro, no alto da colina.

— *Und was denkst du?* — E então, o que achou?

Ambos continuamos em alemão. Havia algo que eu começava a não gostar.

— O que você acha que eu achei?

Ele deu de ombros novamente, indiferente.

— O que aconteceu, aconteceu.

Era um tiro no escuro, mas perguntei de qualquer maneira.

— Você esteve lá? Naqueles dias?

Eu não queria dizer como prisioneiro, mas como parte da equipe do campo. Ele meneou a cabeça e então confirmou minha suspeita.

— Não nesse.

Então, ele havia sido guarda, mas em outro campo de concentração. E eu estava sentado a sua frente, bebendo cerveja na penumbra.

Isso sempre foi um enigma para mim, um que nunca consegui solucionar. Considere um bebê recém-nascido, trinta centímetros de uma inocência desamparada e gorducha. Ou uma criança de 3 anos, um pacotinho de afeto. Um garoto de coral, de 10 anos e voz de soprano, um anjo de cachos loiros, cantando o "Te Deum" na missa de domingo ou ajudando o pai na fazenda. Um adolescente de 15 anos estudando para ser contador ou arquiteto.

Como, em nome de Deus, em alguns poucos anos se transforma essa criança em um monstro selvagem e cruel, capaz de açoitar um sujeito amarrado até a morte, jogar uma criança ainda viva no incinerador ou conduzir famílias inteiras para a câmara de gás? Que tipo de metamorfose satânica é capaz de conseguir isso?

Mas aconteceu, e não apenas na Alemanha, mas em todo o mundo, geração após geração. Cada câmara de tortura de cada ditadura do mundo foi ocupada por animais assim. E todos eles já foram bebezinhos que só sabiam balbuciar.

A luz voltou. O dono da hospedaria apagou a vela. Não havia necessidade de desperdiçar cera. Empurrei sobre a mesa uma quantia suficiente de marcos orientais para pagar uma cerveja, a minha, e me levantei. O homem do outro lado da mesa estendeu a mão. Eu a deixei no ar. Já havia chegado à porta quando seu grito de despedida veiou até mim.

— Matar é fácil, *Engländer*. Fácil demais.

Anos depois, eu descobriria quão certo ele estava.

Uma escolha muito imprudente

MINHA PARTIDA DE BERLIM ORIENTAL não estava prevista, mas era aconselhável. Havia pouquíssimos lugares dignos de uma visita após o anoitecer. Eu podia ficar em casa, mas a televisão era ruim, embora desse para captar o sinal de Berlim Ocidental.

Isso era estritamente proibido para os moradores da cidade, e os aparelhos vendidos localmente eram alterados para impedir a recepção de programas do Ocidente. Mas milhares pediam a um "amigo" freelance bem-pago que os restaurasse. Era melhor não ser flagrado assistindo a programas proibidos, mas, no meu caso, eles sequer se preocupavam em verificar.

Ou eu podia ler, o que fiz muito. Quase toda a minha educação literária, por assim dizer, veio daquele ano. Ou também podia ajudar a Reuters com seu terrível excedente de dinheiro bloqueado, consumindo caviar na Haus Moscou. E havia a ópera.

Uma das poucas coisas civilizadas a respeito do governo da Alemanha Oriental que não se tratava de mera afetação era seu amor pela música, pelo teatro e pela ópera. O Teatro Brecht era famoso, merecidamente, mas mestre Bertolt Brecht era de esquerda convicto e eu já tinha o suficiente disso durante o expediente. A Ópera Estatal, por sua vez, era famosa o bastante para atrair cantores e maestros internacionais, e o Politburo gastava moeda internacional com generosidade suficiente para se permitir esse luxo. É claro, havia um ocasional deslize.

Um deles ocorreu durante a ópera *Nabucco*, que era bastante popular e sempre era pedida. Durante o Coro dos Escravos, os prisioneiros cantavam *"Teure Heimat, wann seh' ich dich wieder?"* ["Pátria amada, quando a verei de novo?"]. Sempre que o faziam, o público inteiro se levantava e cantava junto. Os membros do Politburo presentes ficavam gratos pelo entusiasmo, mas confusos pelo fato de jamais cantarem qualquer outra ária. Então alguém explicou que, para aqueles espectadores, "pátria amada" não era a Alemanha Oriental, mas a Ocidental. Essa era a única maneira que eles encontravam de expressar sua opinião política. Depois disso, as autoridades suspenderam as apresentações de *Nabucco*.

E a ópera também contava com o Opera Café, um estabelecimento muito elegante, para bebidas após as apresentações. Foi lá que conheci Sigrid, que era chamada de Sigi. Ela era deslumbrante e estava sozinha. Procurei um acompanhante. Não havia nenhum. Hora de agir.

Um alemão-oriental tinha de ser extremamente cuidadoso mesmo ao beber com um ocidental, mas Sigi era sofisticada o bastante para saber o que estava fazendo. Mesmo descobrir que eu era um ocidental vivendo em Berlim Oriental não a deteve. Após um drinque, jantamos e acabamos no meu apartamento. Ela se revelou uma figura notável e bastante voraz na hora do amor. No entanto, no nosso segundo encontro, notei algo estranho a respeito dela.

Sigi afirmava ser casada com um soldado do Exército da Alemanha Oriental, mas um mero praça não teria renda suficiente para bancar suas roupas e seu estilo de vida. Além disso, ele estaria permanentemente com a guarnição em Cottbus, muito longe dali, na fronteira tcheca, e nunca teria uma licença para deixar o posto. Por fim, ela se recusava a permitir que eu a levasse para casa. Após horas de diversão na cama, Sigi insistia que eu chamasse um táxi da estação Frankfurter Straße.

Certo dia, vi o mesmo taxista na estação e, por uma generosa gorjeta em marcos ocidentais, obtive dele o endereço ao qual a levara.

Era em Pankow, o subúrbio bastante exclusivo onde ficavam as residências da elite da Alemanha Oriental. Outras perguntas discretas a alguns dos meus contatos em Berlim Ocidental revelaram de quem era o endereço.

Eu me lembro de voltar a Berlim Oriental depois de atravessar o Checkpoint Charlie naquela noite com um trecho de uma música popular ecoando na cabeça. O primeiro verso dizia: "A festa acabou, é hora de encerrar o dia."* Eu estivera dormindo com a amante do ministro da Defesa da Alemanha Oriental, o general Karl-Heinz Hoffmann.

O general Hoffmann não era famoso pelo seu senso de humor. Eu tinha acabado de fazer 26 anos, em outubro de 1964, e esperava comemorar alguns outros aniversários. Longe de uma cela da prisão, se possível.

Eu disse à Reuters que estava estressado e desejava partir bem depressa. O escritório central foi muito compreensivo: poucos ficavam mais de um ano naquele lugar, e eu tinha acabado de completar doze meses. Uma semana depois, pouco antes de o general retornar das manobras do Pacto de Varsóvia na Polônia, eu devolvera o cargo, o escritório, a secretária e o carro e estava no Aeroporto Tempelhof, em Berlim Ocidental, embarcando no voo direto da British Airways para o Aeroporto de Heathrow, em Londres.

Quando o avião decolou e ambas as Berlins se afastaram sob as asas, olhei para baixo e avistei a cidade dividida, convencido de que jamais retornaria à Alemanha Oriental. Mais tarde, eu descobriria que estava errado a respeito disso.

---

* "The Party's Over", letra de Betty Comden e Adolph Green e música de Jule Styne.

Um erro com a BBC

A REUTERS SIMPLESMENTE ME ENVIOU de volta a Paris para que eu me encontrasse com Harold King, e foi em um silencioso café da cidade, no início da primavera de 1965, que vi pela TV o funeral de Winston Churchill.

Devia haver umas cem pessoas ao meu redor, todas parisienses e não conhecidas por sua admiração pelas coisas britânicas, mas, impressionadas, elas se sentaram em silêncio enquanto o caixão de bronze do velho Buldogue era levado ao seu local de descanso final em um cemitério do interior do país.

Eu já havia chegado à conclusão de que o futuro do jornalismo com fontes estrangeiras estava no rádio e na televisão, e isso significava a BBC. Consegui uma transferência de volta a Londres em abril, candidatei-me a uma vaga de emprego na BBC, compareci às entrevistas necessárias, fui aceito e me juntei à equipe responsável por notícias da própria Inglaterra naquele outubro. Isso provavelmente foi um erro.

Logo aprendi que a BBC não é uma criadora de conteúdo de entretenimento nem uma disseminadora de *hard news*, como a Reuters. Isso vem em segundo lugar. A BBC é primariamente uma vasta burocracia, com suas três desvantagens típicas: inércia, obsessão com a hierarquia acima do mérito e uma equivalente obsessão com o conformismo.

Vasta e multitarefa, a BBC tinha mais de vinte divisões principais, das quais apenas uma era a de notícias e atualidades, à qual havia me unido. Esta, por sua vez, era dividida em rádio e TV e assuntos internos e internacionais. Todos os iniciantes começavam na rádio de assuntos domésticos, o que significava a Broadcasting House em Portland Place, Londres.

E havia mais. Ela também estava, e ainda está, na essência do *establishment*. O dever de uma verdadeira organização de notícias e atualidades é questionar o *establishment* de qualquer governo, jamais se unir a ele.

Pior: os escalões superiores da burocracia favoreciam um devotado servilismo ao regime do governo em exercício, desde que fosse do Partido Trabalhista, como era.

A cereja do bolo era que, naquela época, a liderança da BBC estava tumultuada, situação que não mudou durante a maior parte do meu tempo por lá. O ex-presidente do conselho de administradores tinha morrido no cargo. Seu vice, Sir Robert Lusty, supôs que o sucederia. Mas o primeiro-ministro do Partido Trabalhista, Harold Wilson, tinha outros planos. Ele queria uma rede nacional ainda mais inofensiva.

Em vez de confirmar a sucessão de Sir Robert, Wilson transferiu seu amigo e admirador, Sir Charles Hill, que quase imediatamente se tornou lorde Hill, do topo da selvagem rival Independent TV para a presidência do conselho da BBC. Foi o caos.

Sir Robert Lusty pediu demissão. Muitos veteranos que haviam passado a carreira toda na BBC fizeram o mesmo. O poderoso cargo de diretor-geral foi ocupado por um antigo gigante do jornalismo, Sir Hugh Carleton-Greene, irmão do escritor Graham Greene, que tinha criado a Nordwestdeutscher Rundfunk, em 1945, para ensinar os velhos princípios do rigor, da integridade e da imparcialidade. Ele foi o último jornalista a ocupar a direção da BBC e, desse modo, defender a divisão de notícias e atualidades.

Durante anos, o melhor veículo jornalístico alemão foi o que Sir Hugh Carleton-Greene deixou para trás: no entanto, vinte anos depois, em Londres, ele foi sabotado e, por fim, desgostoso, também pediu demissão.

Como em qualquer navio em que há caos no passadiço vícios foram adotados no convés inferior. Pequenos construtores de império sem talento proliferaram, usando todos os truques maquiavélicos dos gabinetes políticos em vez de se dedicar ao negócio de notícias. Mas, naquela época, tudo isso ficava muito acima de mim na hierarquia e me pareceu pouco relevante. Apenas mais tarde aprendi sobre as políticas de escritório, quando elas efetivamente me destruíram.

Os novatos começavam aprendendo as técnicas e a tecnologia das entrevistas gravadas de rádio, trabalhando na Broadcasting House sob a égide do chefe dos correspondentes internacionais e repórteres que cobriam o país, Tom Maltby, um homem bom e honrado.

Consegui uma transferência para as notícias televisivas, baseadas no norte de Londres, em Alexandra Palace, de onde o noticiário da BBC era transmitido para o país. Isso envolveu aprender como falar diretamente para a lente, trabalhar com operadores de câmera e som e fazer parte de uma equipe de três pessoas.

Eu me lembro de Alexandra Palace, ou Ally Pally, com afeto. Longe do ninho de vespas, era um lugar informal e divertido, que abrigava veteranos como Robert Dougall e jovens como Angela Rippon. Mas eu ainda queria ir para as notícias internacionais e voltar a ser correspondente. Ainda havia muito do mundo que eu queria ver.

Mesmo assim, naquele verão de 1966 em Ally Pally, cobri uma boa história.

Uma cabeça se enfiou pela porta e perguntou:

— Alguém aqui já voou num jato?

— Sim.

— Fica enjoado?

— Não, senhor.

— Temos um convite para voar com os Red Arrows.

Eles eram, e ainda são, a espetacular equipe de exibições acrobáticas da Força Aérea Real, a atração principal de praticamente qualquer exibição aérea, com apresentações na Europa e nos Estados Unidos.

— Está interessado?

O rabino chefe por acaso é judeu? Saí pela porta rápido como uma flecha.

Um dia com os Arrows

MEU OPERADOR DE CÂMERA era o maravilhoso Peter Beggin, um veterano que já estivera em tudo quanto é canto com sua câmera no pescoço. Fomos em dois carros até West Country e encontramos a base da equipe de acrobacias Red Arrows.

Naquela época, eles voavam em Folland Gnats de dois lugares, aviões de treinamento convertidos com assentos gêmeos, um atrás do outro, originalmente para instrutor e aluno. Logo nos apresentamos e fomos levados até o Gnat. Era muito pequeno e estreito e, é claro, de um vermelho reluzente. Perto da cauda havia latas que, na parte final da exibição, lançariam longas trilhas de fumaça branca, vermelha e azul.

O espaço apertado da cabine não foi um problema para mim, mas Peter teve de se encolher. Ele era grande feito um armário, com uma imensa força física da qual precisaria se fazer valer em breve.

Sua câmera de mão era uma Arriflex grandalhona que pesava uns cinco quilos. Sob ela havia uma haste que se encaixava em uma alça de lona que deveria dar a volta no pescoço e nos ombros. Com ela no lugar, ele poderia filmar o céu, o horizonte, a paisagem abaixo e o restante do esquadrão voando em formação em torno de si.

O problema era a força g que iríamos encontrar. A seis g, a câmera pesaria uns vinte e sete quilos, puxando os ombros de Peter para baixo.

Passamos a manhã recebendo um briefing intensivo na sala da tripulação, aprendendo tudo o que poderia acontecer e uma variedade de procedimentos de emergência caso algo desse errado. Mas, se um de nós vomitasse, isso seria problema nosso. Não haveria paradas para que usássemos o saco de papel. Sorrimos com bravura.

Talvez seja um tributo à informalidade daquela época o fato de não ter havido necessidade de provarmos que estávamos aptos para voar. Não houve exame médico nem ninguém verificou se tínhamos sopro no coração. Nosso papel claramente era o de sermos presos ao assento, ficarmos sentados e calarmos a boca. Os rádios eram estritamente para as curtas instruções do líder para o restante do esquadrão alinhado com a ponta de suas asas.

Por fim, fomos levados para fora e colocados em nossos assentos. Peter era o terceiro a estibordo, para que pudesse ver o restante do time em formação. Eu voaria com o líder.

Peter levou algum tempo para se ajeitar. Dois sargentos de voo suados ficaram ao lado da cabine, puxando e empurrando até ele conseguir. Então foi a vez da alça. Depois, a Arriflex em seu soquete. Quando a cobertura de acrílico foi baixada, parecia não haver nada na cabine além de Peter e sua câmera. Começamos a taxiar para a decolagem.

As instruções do líder, chegando aos meus fones de ouvido, eram bastante sucintas: apenas uma sílaba ou, no máximo, duas, se ele estivesse a fim de conversa. Cada manobra era apenas um código, e todos sabiam exatamente o que cada um deles significava.

Havia nove aviadores na equipe que decolavam em um grupo de cinco outro de quatro aviões para então se unir em formação de flecha já no ar. Assim subimos até dez mil pés. Estava um céu de brigadeiro, e os campos de Gloucestershire eram uma colcha de retalhos em tons de verde. Tudo parecia muito tranquilo durante a subida. Quando estava pronto, o líder murmurou: "Aproximar." Pontas de asas surgiram a alguns metros de distância, uma de cada lado. Eu já voara em formação, mas aquela era de fato muito próxima. Durante vinte minutos, as pontas das asas não se moveram um centímetro. Os dois Gnats pareciam ter sido parafusados ao nosso. O restante voava atrás.

Em deferência (acho) à nossa inocência, o líder começou com alguns loopings e tunôs barril. Então a exibição começou.

Eu o ouvi dizer *"Twinkle, twinkle, roll"*, e o horizonte enlouqueceu. Um *twinkle roll* é um tunô rápido no eixo da aeronave. O céu foi para um lado, o horizonte para o outro, e, por um segundo, Gloucestershire surgiu acima da minha cabeça. Então voltamos ao ponto inicial. Olhei para a direita e para a esquerda. As pontas das asas ainda estavam a centímetros de minhas sobrancelhas.

Isso continuou por cerca de meia hora, e então, de algum modo, estávamos em aproximação final, com os pneus baixados, os flaps na posição correta, grama verde passando depressa por nós, solavancos suaves quando os pneus tocaram a pista.

Havia muito eu perdera o aeródromo de vista, com exceção de duas vezes, quando ele tinha ficado acima da minha cabeça, mas o líder me assegurara que a equipe dificilmente saía do circuito. Afinal, essa é a ideia de uma exibição aérea: as pessoas têm de ser capazes de vê-la. Assim, os aviões raramente saem do campo de visão do público no solo. E, durante todo o tempo em que estivéramos no ar, os assessores haviam observado tudo com poderosos binóculos para notar qualquer imperfeição.

Fomos auxiliados a sair da cabine, caminhar pela asa e descer para o chão. Fui ao encontro de Peter. Ele provavelmente havia perdido vários quilos transpirando, mas, fora isso, parecia impassível. Acredito que estava mais preocupado com o estado de sua amada câmera que consigo mesmo. Nunca saberei como suportou os giros em seis g.

Tomamos uma cerveja com os Arrows, também encharcados de suor, nos despedimos e voltamos para Ally Pally. Eu estava louco para ver os "copiões" (naquele tempo, os filmes tinham de ser revelados e então cortados e editados).

Os copiões estavam magníficos, e os editores ficaram boquiabertos. A câmera registrou tudo sem oscilar, mantendo-se firme como uma rocha e filmando através da cobertura de acrílico enquanto o mundo girava e girava em torno de nós. E o Gnat vermelho ao lado estava sempre em perfeita formação, tão perto que dava vontade de estender a mão e tocá-lo.

O filme foi exibido como um documentário especial e aclamado pelo público leigo e por profissionais.

Naquele outono, voltei para a Broadcasting House e me candidatei ao cargo de correspondente diplomático assistente, ainda desejando viajar para o exterior. Houve provas e entrevistas. Eu tinha 28 anos, e o cargo normalmente exigia alguém duas décadas mais velho.

Conheci Chris Serpell, o correspondente diplomático de meia-idade de quem eu queria me tornar assistente. Ele me pareceu um sujeito formal, distante, sério e, em todos os aspectos, mais parecido com os membros da elite do Ministério das Relações Exteriores com quem se encontrava diariamente do que com um jornalista.

Mas, surpreendentemente, ele me garantiu o emprego, o que aconteceria em fevereiro. Como um tolo, fiquei exultante, pois não fazia ideia de onde eu havia me metido.

Há vezes na vida em que se descobre o que realmente está acontecendo, porém tarde demais; vezes em que se pode dizer: "Se eu soubesse na época o que sei agora, teria agido de maneira completamente diferente." Se eu soubesse da incompetência do Ministério das Relações com a Commonwealth e seu irmão, o Ministério das Relações Exteriores, e o grau de servilismo que o mini-império de notícias internacionais da bbc dedicava a ambos os ministérios, teria pedido demissão imediatamente ou nem sequer me candidatado ao cargo, para começar. Mas esse conhecimento só chegou mais tarde, tarde demais.

Um gosto da África

NA PRIMAVERA DE 1967, eu me uni à equipe de jornalismo internacional, com a esperança de, em breve, ser enviado mais uma vez para cobrir notícias fora do país. O que eu não sabia era que minha presença na equipe era completamente indesejada.

Meu novo chefe, Arthur Hutchinson, o editor de notícias internacionais, ficara extremamente irritado por não ter sido chamado para fazer parte do grupo de entrevistadores que me transferiram para o cargo. Se tivesse participado, eu jamais teria sido aceito, pois ele queria o cargo para um protegido seu. Como Tom Maltby me explicou meses depois, desde o início minhas cartas estavam marcadas.

Essas políticas de escritório exigem que você se faça uma pergunta permanente: você se encaixa? Nesse caso, a resposta era um enfático não. Tudo o que precisavam era de uma desculpa, algo que forneci sem dificuldade.

Para começar, minhas tarefas incluíam comparecer às reuniões matinais nos ministérios das Relações Exteriores e das Relações com a Commonwealth. Os dois ministérios no coração de Whitehall cobriam todas as relações internacionais da Inglaterra — o segundo, obviamente, se ocupava dos resíduos do império em rápida dissolução e de seu sucessor, a Commonwealth.

A impressão que eu tinha era de que os outros correspondentes diplomáticos estavam confortáveis demais no cargo, pois eram tão próximos das figuras da elite em atitude e postura quanto os servidores seniores, lânguidos e desdenhosos, que entrevistavam. Não me lembro de uma pergunta ardilosa sequer nem do menor indício de discordância em relação ao que era dito. As informações eram devida e obedientemente anotadas e relatadas ao público. Porém, na primavera, uma única questão dominava todas as outras: o Oriente Médio. Gamal Abdel Nasser, do Egito, estava se preparando para uma guerra contra Israel.

Se as reuniões com os dois ministérios, presididas pelo severo Chris Serpell, eram tediosas, a crise crescente no Oriente Médio absorvia grande parte da atenção mundial. Nasser não era amigo da Inglaterra ou vice-versa. Em 1956, havíamos invadido o Egito por Suez em uma coalisão com franceses e israelenses. A invasão tinha sido um desastre que ainda irritava a centro-direita britânica.

Contudo, era impossível não perceber o antissemitismo do Ministério das Relações Exteriores. Eu achava isso estranho. Na maioria das questões, a elite do ministério demonstrava um altivo desdém por estrangeiros, com uma exceção: a preferência pelos árabes e pelo islã. Isso era refletido pela mídia de esquerda.

Quando jovem, como peleiro provinciano e sem recursos, meu pai fora tratado com enorme gentileza nas lojas que comercializavam peles no East End de Londres, cujos donos eram judeus, muitos dos quais haviam fugido de Hitler. Minhas próprias opiniões, consequentemente, iam na direção contrária.

Quando Nasser fechou o estreito de Tiran para os israelenses e para o tráfego com destino a Israel, ficou difícil ver como se poderia evitar uma guerra. Eu queria ir até lá, mas estava preso em Londres. Frustrado, tirei férias.

Durante o recesso, acompanhei a Guerra dos Seis Dias pela mídia. Ela destruiu muitas concepções equivocadas e desmentiu muitos preconceitos. No início de junho, Israel enfrentou os quatro exércitos árabes que cercavam o país e as três forças aéreas, esmagando todos.

As forças aéreas do Egito, da Jordânia e da Síria foram destruídas no solo antes mesmo de suas aeronaves decolarem. Com controle total do espaço aéreo, as forças terrestres israelenses atravessaram o Sinai, seguindo para o canal de Suez, e então se dirigiram para leste com o objetivo de tomar a cidade sagrada de Jerusalém e quase toda a terra atravessada pelo rio Jordão, além de, no norte, varrerem as colinas de Golã, na Síria.

Na Inglaterra, a esquerda, que estivera praticamente salivando com a iminente destruição do Estado judaico, pôde apenas observar boquiaberta de espanto. A maioria dos britânicos só comemorou. O herói do momento nos dois continentes, Europa e América do Norte, era o ministro da Defesa de Israel, um veterano de um olho só chamado Moshe Dayan.

Três grupos influentes no Reino Unido não ficaram tão empolgados: os jornais de esquerda, a bbc e o Ministério das Relações Exteriores. Nesses ambientes, eu era minoria quando retornei das férias em meados de junho. Mas havia um assunto ao qual ninguém prestava a menor atenção: a crise iminente na Nigéria causada pelo confronto entre a ditadura federal e a Região Leste do país.

Em 6 de julho, quarenta dias depois de a Região Leste declarar secessão unilateral da federação, a Nigéria a invadiu para pôr fim à insurreição. Naquele dia, fui chamado ao escritório do assessor do Sr. Hutchinson (que estava de férias) e recebi a incumbência de ir à Nigéria para cobrir a brevíssima campanha.

Protestei, dizendo que não sabia nada sobre a África, que não me importava nem um pouco com aquilo e que não queria essa designação. A resposta foi que todos os outros ainda estavam envolvidos com o Oriente Médio ou de férias. Cedi. Tive um dia para tomar as vacinas com o médico de plantão e escutar uma palestra minuciosa, preparada por um integrante do Departamento da África Ocidental da Bush House, o famoso World Service, a voz oficial do Reino Unido, sobre o que havia levado à revolta, o que eu encontraria por lá e o que aconteceria em seguida. Eu me lembro dessa palestra até hoje.

As questões em jogo, segundo ele, eram bem simples. O leste era a pátria do povo ibo, que, baseado ilegitimamente em alguns tumultos no ano anterior e liderado pelo governador militar da região, um patife rebelde chamado coronel Emeka Ojukwu, havia declarado secessão da maravilhosa República da Nigéria, a joia da coroa da Commonwealth britânica na África. O caráter coletivo da insurreição era historicamente problemático e suas reinvindicações não tinham mérito.

Mesmo assim, eles foram involuntariamente incitados à secessão pelo coronel Ojukwu e, de modo insensato, concordaram em segui-lo. O chefe de Estado nigeriano, o maravilhoso coronel Yakubu Gowon, não tivera escolha senão convocar o Exército federal para reconquistar a Região Leste, autodenominada República de Biafra.

As forças rebeldes eram uma ralé de faz-tudo que não seria páreo para o exército nigeriano, que fora treinado pelos britânicos e que em breve marcharia até o enclave rebelde, varrendo tudo pelo caminho, derrubando o coronel arrivista e "restaurando a ordem".

Não queriam que eu fosse a Lagos, a capital, que ficava seiscentos e quarenta e cinco quilômetros a oeste de Biafra, constantemente chamada apenas de "enclave rebelde". Os eventos em Lagos seriam cobertos por Angus McDermid, um veterano especialista em África Ocidental. Meu trabalho era voar até Paris e, de lá, seguir para Duala, na República dos Camarões, a leste da Nigéria. Então eu deveria cruzar a fronteira e, do melhor jeito possível, chegar à capital regional, Enugu.

Não precisaria fazer nenhum relatório, uma vez que as comunicações estavam completamente interrompidas. O que eu deveria fazer era me reportar ao alto comissário britânico adjunto e permanecer com ele. Conforme o exército nigeriano se dirigisse para o sul, ele e sua equipe recuariam para a costa, onde embarcaríamos em um navio pré-arranjado e retornaríamos a Camarões. Uma vez que tivesse restabelecido contato telefônico do melhor hotel da região, eu deveria fazer um relatório completo sobre a breve revolta.

A operação levaria de dez a quatorze dias. Então eu voltaria para casa, com minha missão cumprida. Assim, voei até Paris e, de lá, até Duala.

Encontrei Sandy Gall, da Independent TV, e seus operadores de câmera e som. Concordamos em viajar juntos. Nossas orientações eram bem diferentes.

Sandy tinha uma equipe de televisão, eu não. Ele deveria passar uma semana cobrindo as histórias conforme se apresentassem, sem fazer relatórios ou enviar filmes, e retornar logo no fim dessa semana com o que tivesse conseguido. Eu teria de ficar até o fim.

Chegamos a Duala, nos hospedamos no Hotel Cocotiers, fretamos um pequeno avião e fomos até Mamfe, na fronteira entre Camarões e Nigéria. De lá, um táxi e muita persuasão nos levaram pela fronteira até o "enclave rebelde". Após uma jornada exaustiva, chegamos a Enugu e nos hospedamos no Hotel Progress, a principal pousada da pequena capital provinciana.

Deve ter sido no dia seguinte, acho que 12 de julho, que fiz contato com o alto comissário adjunto, Jim Parker. Ele era um verdadeiro veterano, um velho soldado na África, com grande conhecimento do país e da Região Leste. Eu me lembro de ter me encontrado com ele a sós. Sandy e a equipe estavam filmando áreas de interesse na cidade ainda completamente pacífica. Jim perguntou o que haviam me contado.

Relatei as informações que tinha recebido, quase palavra por palavra. Ele ouviu com uma careta no rosto, então apoiou a cabeça entre as mãos. Ao contrário de mim, Parker sabia de onde aquelas informações tinham saído. A fonte de tudo era o alto comissário (embaixador) britânico em Lagos, Sir David Hunt. Eu jamais sequer ouvira falar dele.

Eu chegaria a conhecê-lo mais tarde, anos depois da guerra, no camarote de um programa de TV britânico. Ele se revelaria uma das figuras mais repugnantes que já cruzaram meu caminho. Um intelectual que perdera todas as boas oportunidades do serviço diplomático e tinha acabado na África Ocidental, a lixeira da diplomacia, fervendo de ressentimento, além de ser um grande esnobe e racista que escondia seu desprazer por trás de uma camada de verniz de afabilidade tão convincente quanto uma nota de quatro libras.

A razão pela qual Jim Parker havia apoiado a cabeça nas mãos ficou clara conforme conversávamos. Cada palavra que eu ouvira era pura e completa baboseira. David Hunt, contudo, passara o pacote completo ao Ministério das Relações com a Commonwealth, que, por sua vez, transmitira as informações ao Departamento da África Ocidental em Bush House e ao departamento de notícias internacionais da BBC, na Broadcasting House. Ninguém nem sonhara em questionar uma palavra dele que fosse.

Jim Parker passou o restante da manhã me explicando o que realmente estava acontecendo. Que era, em resumo, nada. Em 6 de julho, o exército nigeriano de seis mil homens, composto inteiramente por muçulmanos da tribo hauçá, capturara a cidade fronteiriça de Nsukka, que não estava defendida. Ao sul da cidade, encontrara as primeiras defesas, barris de petróleo cheios de concreto. E tinha parado ali mesmo.

Os hauçás poderiam ter se desviado dos barris, mas temiam entrar na floresta, que acreditavam ser povoada por espíritos malignos. Então permaneceram na cidade por semanas.

No extremo sul, a Marinha nigeriana havia capturado a ilha de Bonny, que tinha uma refinaria de petróleo. Mas não pudera penetrar no estreito e traiçoeiro delta do Níger e não contava com unidades anfíbias.

— Então, o que está acontecendo agora? — perguntei.

Minhas informações diziam que as Forças Armadas nigerianas deveriam estar varrendo o enclave rebelde do mapa.

— Nada — respondeu ele alegremente. — Bem-vindo à África. Vamos almoçar.

Seu criado preparara picles e salada. Depois do almoço, fomos a uma coletiva de imprensa na State House, a residência do governador regional, agora pertencente ao recém-proclamado chefe de Estado, para encontrar o tal demônio Ojukwu.

O trajeto permitiu que víssemos um microcosmo das multidões nas ruas, repletas de júbilo pelo que viam como sua liberdade presente e futura. Pessoas agitavam suas novas bandeiras, mostrando um sol nascente, e os jovens faziam fila nas centrais de alistamento, prontos para lutar.

A população ainda não havia aprendido a odiar a BBC e jamais odiara os ingleses; assim, todos corriam ao redor do carro, sorrindo para a flâmula do Reino Unido no capô, acenando e rindo.

O coronel Emeka Ojukwu não era exatamente como me fora descrito em Londres. Filho do multimilionário nigeriano e cavaleiro do império Sir Louis Ojukwu, tinha sido enviado para uma escola preparatória britânica em Lagos, então para a Epsom College em Surrey. Em seguida, frequentara Oxford, obtendo um diploma de história na Lincoln College.

Federalista fervoroso, filiara-se ao Exército nigeriano por considerá--lo a única verdadeira instituição pan-nacional, isenta de invejas regionais. Fora promovido por mérito a tenente-coronel e, após o primeiro dos dois golpes, em janeiro do ano anterior, nomeado governador militar da Região Leste. Ibolândia, sua terra natal. Ocupara o cargo por quinze meses, até a declaração de independência. Tinha 34 anos.

Ele explicou, em termos comedidos e no sotaque arrastado de Oxford, que resistira o máximo que pudera ao clamor popular pela secessão da Nigéria, antes de enfrentar uma decisão que já não tinha como evitar. Podia renunciar e partir ou concordar em liderar seu povo pelo caminho que este mesmo povo havia escolhido. Ficara com a segunda opção.

Ele disse a todos os jornalistas estrangeiros presentes — cerca de seis, além de mim e Sandy — que éramos livres para alugar carros e ir aonde quiséssemos. Sua equipe emitiria um passe para todos, em caso de problemas em algum bloqueio excessivamente entusiástico.

De volta ao Hotel Progress para me trocar, descobri cerca de vinte outros expatriados, em sua maioria britânicos. Eram executivos que representavam grandes empresas e franquias que estavam na região havia anos, além de engenheiros de vários projetos de ajuda humanitária e assim por diante. Se quisesse a confirmação de algo do que Jim Parker havia me dito, eu a encontraria nessa comunidade, também imbuída de grande conhecimento local.

Tomei chá com Jim Parker no Alto Comissariado e ele me explicou em que pontos e por que as informações que eu havia recebido em Londres estavam erradas.

Foi um seminário rigoroso que confirmava o velho adágio para correspondentes internacionais: não dê ouvidos ao que a embaixada diz; pergunte diretamente a quem vive e trabalha no local há anos.

Fim de carreira

O PROBLEMA DA NIGÉRIA é que, historicamente, ela nunca foi um país, mas dois. Alguns dizem que ainda é.

Cem anos antes da chegada dos britânicos, um comandante muçulmano chamado Usman dan Fodio havia liderado seu exército fulani para fora do Saara, passando pela região semidesértica de Sahel e chegando ao norte da Nigéria para iniciar uma guerra contra o reino hauçá. Os cavaleiros pararam nos limites da floresta, pois seus cavalos contraíram doenças transmitidas por carrapatos e morreram sob a chuva tropical. Assim, os hauçás/fulanis se estabeleceram por todo o norte, em um território com quase sessenta por cento do que se tornaria a Nigéria.

Cerca de cento e vinte anos atrás, os britânicos chegaram pelo mar, ao sul. Sir Frederick Lugard conquistou as tribos da floresta e anexou o norte. Lady Lugard chamou o local, grandiosamente, de Nigéria, e cartógrafos desenharam uma linha única em torno dela.

Os muçulmanos do norte eram governados por sultões e emires que resistiram aos britânicos até os homens brancos usarem suas metralhadoras Maxim para obrigá-los a reconsiderar a questão. Missionários chegaram pelo mar para converter os animistas da floresta não ao islã, mas ao cristianismo. Assim, havia dois países, e, durante cinquenta anos, os britânicos os governaram como dois países.

O norte da Nigéria continuou em seu caminho sonolento com um governo nominal britânico, mas comandado de fato por emires e sultões, com a permissão do Reino Unido. Não havia classe média, a educação e a tecnologia eram demonizadas e o povo comum era servil aos seus senhores. Essa deferência extrema era estendida aos funcionários britânicos, que a amavam.

Mas, no sul cristianizado, os dois principais grupos étnicos, os iorubás no oeste e os ibos no leste, ficaram ávidos por educação e domínio tecnológico, algo que aprenderam com os britânicos. Os ibos, apaixonados pelo conhecimento, passaram a consumir avidamente a educação recebida e se tornaram o efetivo motor do país, espalhando--se por toda a Nigéria, norte e sul.

No norte, os sulistas tinham de viver em guetos fechados, mas permitiam que os britânicos comandassem o lugar com um mínimo de rostos brancos. Os ibos, especificamente, eram motoristas, mecânicos, telefonistas, mestres de máquinas, funcionários de escritório e servidores públicos juniores. Também eram empreendedores: viraram comerciantes, lojistas, banqueiros e operadores de câmbio.

E se tornaram impopulares. Certa vez ouvi um servidor público britânico, então em Londres, mas tendo trabalhado no norte da Nigéria, referir-se aos ibos como "os judeus da África", e não como um elogio. Nos anos cinquenta, havia mais de um milhão de ibos morando no norte. Foi nessa década que o problema começou.

Londres decidiu que a Nigéria tinha de se tornar independente dentro de uma década, com o país integrado e unificado. Depois de governar o lugar sobre uma base de antagonismo mútuo, ainda que controlado, entre norte e sul durante tanto tempo, era uma exigência das grandes. Uma exigência ainda maior era o decreto de que o país se tornasse uma democracia, um conceito totalmente alienígena para o norte feudal.

Os emires e os sultões se opuseram firmemente à democracia, mas lhes foi dito que, como eram a maioria numérica, poderiam formar um único partido político, vencer as eleições e governar todo o país. Eles concordaram, mas apenas sob essa condição. Um partido foi formado, eleições foram realizadas, e, é claro, o Congresso do Povo do Norte venceu. O Exército também era em grande parte composto por homens do norte — a infantaria era totalmente hauçá, enquanto os sulistas receberam postos "técnicos". A independência foi marcada para 1º de outubro de 1960, sob um governo federal dominado pelo norte.

Tudo isso eu aprendi com os executivos que frequentavam o Hotel Progress, com o alto comissário adjunto Jim Parker e em livros, durante as primeiras quatro semanas da monótona pseudoguerra. Eu ainda obedecia às instruções que tinha recebido de não apresentar nenhum relatório e aguardar que o Exército federal conquistasse o "enclave rebelde".

Os problemas começaram de fato em janeiro de 1966, com o primeiro dos dois golpes de Estado daquele ano. Foi um golpe muito estranho, planejado e executado não por generais, como de costume, mas por um grupo de oficiais juniores, com formação superior, radicais e de esquerda. Naqueles dias era possível encontrar um pôster de Che Guevara na parede do quarto de qualquer estudante.

Mais tarde, confirmou-se que havia sido um golpe ibo. Na verdade, os conspiradores eram de várias etnias, mas seis oficiais ibos eram os mais proeminentes, pois haviam estudado na Inglaterra, onde se tornaram radicais. Quando voltaram, tudo naquele governo feudal do norte que se passava por democracia passou a ofendê-los, assim como a corrupção institucionalizada, o flagelo da África.

Eles atacaram de maneira rápida e precisa. Foi um golpe praticamente sem derramamento de sangue, mas as doze vítimas constituíam a liderança nacional. Em uma noite, o primeiro-ministro federal, os primeiros-ministros das regiões norte e oeste e vários outros ministros foram assassinados. Os conspiradores, no entanto, não assumiram o poder. O Exército acordou, mobilizou-se e os prendeu. A essa altura, contudo, já não havia governo. Um regime militar era a única alternativa. O chefe do estado-maior, general Ironsi, assumiu enquanto os conspiradores eram levados à prisão. Por sorte (e foi sorte), ele também era ibo, mas um tradicionalista estrito. Isso não o salvou. O norte fervilhou de raiva.

Ironsi nomeou um governador militar para cada uma das quatro regiões da república federal. Um fulani no norte, um iorubá no oeste, um nativo do meio-oeste em sua respectiva região e Ojukwu no leste.

Em julho, o norte revidou, e, dessa vez, as coisas foram bastante sangrentas. Soldados hauçás varreram quartéis em todo o país, matando os colegas de etnia sulista. Centenas morreram dessa maneira, mas isso tinha sido apenas o começo.

Turbas do norte, com encorajamento local, invadiram os guetos e mataram milhares. Os sobreviventes fugiram em ondas para o sul. O total de mortes nunca será conhecido; mais tarde, a propaganda em Biafra disse que trinta mil ibos haviam morrido naquela ocasião. O governo britânico alegava terem sido apenas algumas centenas.

Essa fora a "tempestade em copo d'água" mencionada em Londres como frívola razão para a secessão do leste. Os expatriados que conversaram comigo em Enugu não tinham preconceitos étnicos, mas assistiram a tudo e concluíram que, por quaisquer padrões que se podia assumir, havia se tratado de um enorme massacre. Mas o leste ainda não buscara a separação da união federal; tudo isso tinha acontecido em julho e agosto de 1966, enquanto a secessão só ocorreria no fim de maio de 1967. Foram necessários dez meses de uma incompetência grosseira em Lagos para provocá-la.

O general Ironsi tinha sido assassinado, e todos os oficiais e técnicos ibos fugiram para o leste. Um grupo de oficiais hauçás e fulanis formou o novo governo, mas, seguindo conselhos britânicos, nomeou um coronel inofensivo do Cinturão Médio como novo chefe de Estado. O coronel Yakubu Gowon era um completo desconhecido, chefe de escritório e modelo de cristão educado nas missões em uma área majoritariamente muçulmana do país. Etnicamente, era tiv e estudara em Sandhurst, Inglaterra. Era amigável, cordial, educado e não muito inteligente. Uma marionete; o real poder por trás do trono era o coronel Murtala Mohammed, que mais tarde o deporia.

Depois de agosto de 1966, as relações entre os traumatizados ibos do leste e o governo federal em Lagos se deterioraram. Em Londres, a elite do Ministério das Relações com a Commonwealth e, mais tarde, do Ministério das Relações Exteriores rapidamente demonstraram passional favoritismo pelo regime federal, incentivados pelo alto comissário residente. Em geral, os governos britânicos não costumam demostrar tal adoração por ditaduras militares — aquela era uma exceção que deixava até mesmo Jim Parker chocado.

Sir David Hunt gostava muito dos africanos, desde que demonstrassem reverente respeito. Ao que parecia, o coronel Gowon fazia exatamente isso. Quando o alto comissário entrava em seu gabinete no quartel Dodan, ele se levantava de um pulo, tocava o quepe e fazia uma saudação trêmula. Apenas uma vez, quando a crise se aprofundava ainda mais, David Hunt fora até o leste para falar com Ojukwu em Enugu e desenvolvera bem rápido um ódio passional pelo líder ibo.

Emeka Ojukwu também se levantava quando um visitante entrava na sala, mas à maneira de alguém que recebe um hóspede em sua casa de campo. Não prestava continência. Logo ficou claro que era o tipo de africano — o que significava homem negro — que o ex-fidalgo grego Hunt não conseguia suportar. Emeka havia estudado em uma escola particular na Inglaterra, tinha um diploma de Oxford e se destacara como ponta da linha de três-quartos em seu time de rugby, quase chegando a ganhar um *blue*, um prêmio de honra esportivo. Sua fala era arrastada e relaxada. Ele não demonstrava deferência. Jim Parker, que me contou tudo isso, estava a alguns metros de distância quando eles se conheceram. Hunt e Ojukwu se odiaram à primeira vista, algo claramente refletido nas informações que eu recebera em Londres.

No início de seu mandato como governador do leste, Ojukwu, contrariando o senso comum, tentou reinstituir uma forma de democracia. Criou três conselhos: a assembleia constituinte, majoritariamente formada por médicos, advogados e graduados; o conselho de chefes e anciões, vital em uma sociedade da África, onde idade e posição no clã são reverenciadas; e, de modo surpreendente para os olhos ocidentais, a associação das mães do mercado.

Jim Parker me explicou que a sociedade ibo é quase um matriarcado. Em contraste com o norte, as mulheres são bastante importantes e influentes. O mercado era o centro de cada cidade e vilarejo. As mães o governavam e sabiam tudo o que havia para saber sobre o clima nas ruas. Essas eram as forças que urgiam Ojukwu a retirar o leste da Nigéria da república federal.

O sentimento público não era de agressão, mas de medo. Ameaçadoras transmissões de rádio do norte afirmavam que os hauçás estavam se preparando para ir até o sul e "terminar o serviço". A maioria dos ibos acreditava nessas ameaças, ainda mais porque nem o governo federal nem o do norte fariam nada para impedi-las.

Mas o real motivo da secessão era uma compensação. Ojukwu tinha cerca de um milhão e oitocentos mil refugiados, todos paupérrimos. Eles fugiram e deixaram tudo para trás. Na única reunião que poderia ter salvado o dia, em Aburi, Gana, Gowon concedera uma suspensão dos impostos federais sobre o petróleo a fim de criar uma fonte de renda para lidar com a crise. Depois da reunião, Gowon havia retornado a Lagos e, sob pressão, voltara atrás.

Fontes britânicas oficiais em Lagos e Londres disseram à mídia na Inglaterra que Ojukwu havia sido tremendamente injusto com Gowon. Ele comparecera à reunião muito bem-informado e era simplesmente mais esperto. Obviamente — disseram aos jornalistas —, esse tipo de comportamento era inaceitável. Depois disso, as coisas se agravaram até a secessão formal, em 30 de maio, e a guerra, em 6 de julho.

E, ainda assim, não havia guerra. Minhas primeiras quatro semanas em Enugu foram muito solitárias. Sandy Gall e sua equipe haviam partido, via Camarões, após a primeira semana. Eu recebera um operador de câmera de outra agência, a Comtel. Ele estava na região cobrindo outra matéria. Assombrados e em silêncio, ambos nos sentamos com os outros expatriados em torno do rádio do hotel, ouvindo o noticiário da BBC transmitido de Londres, mas emanando de Lagos. Era extraordinário.

Em Lagos, um ex-político desacreditado, Anthony Enahoro, fora encarregado de criar o Ministério da Informação, o que significava propaganda política. Dia após dia, ele fazia alegações das mais estranhas.

De acordo com seus boletins matinais, a situação entre os rebeldes era ruim e piorava a cada dia. Havia manifestações contra Ojukwu, brutalmente sufocadas, e o Exército nigeriano avançava em todas as frentes, tendo chegado aos limites de Enugu.

(Nós, expatriados, estávamos sentados em espreguiçadeiras ao redor da piscina, e os outros me encaravam com pena.)

O motivo era simples. Em Lagos, Angus McDermid, a quase quinhentos quilômetros do rio Níger, relatava tudo isso como se fosse um fato endossado pela BBC. Todo jornalista sabe que às vezes é preciso relatar o que uma ditadura alega, mas deve deixar claro, desde o início, que a informação vem do governo, não dele. É assim que funciona a "atribuição": a inclusão das palavras "de acordo com o governo nigeriano".

Para ser realmente justo, acrescente "nenhuma confirmação independente pôde ser realizada". Já no início, nos primeiros parágrafos. Caso contrário, o ouvinte terá a impressão de que as alegações são verdadeiras e endossadas pela poderosa BBC. As transmissões de Lagos naquele mês traziam a atribuição no quarto ou quinto parágrafo, quando traziam. Parecia que era a voz da própria BBC. Ouvir aquilo enquanto os expatriados a minha volta explodiam em gargalhadas de desdém me deixava muito frustrado. E não por causa da parcialidade, mas da negligência, que a Reuters não teria tolerado de modo algum. Então, enfim, recebi uma mensagem de Londres.

Ela me liberava da instrução de não enviar matérias de Enugu. A guerra de dez dias já durava três semanas e nada havia acontecido. Pediram-me uma "contraparte" das notícias diárias enviadas de Lagos.

No jargão jornalístico, a contraparte, *matcher*, é tanto confirmação quanto endosso. Eu deveria confirmar que tudo o que estava sendo dito era verdade absoluta.

As únicas "manifestações" em Biafra eram as filas de jovens tentando se alistar. Todo o exército nigeriano estava preso atrás de um bloqueio na fronteira. Eu não podia me comunicar por voz, mas ao menos fora estabelecida uma conexão de telex para o envio de mensagens escritas. Enviei uma.

Admito que ela provavelmente foi pouco moderada. E, nas profundezas do obediente intestino editorial da sala de notícias da Broadcasting House, não caiu nada bem. O que eu tinha feito, na verdade, fora apontar uma Colt .45 para a testa da minha carreira de repórter na BBC e puxar o gatilho.

Eu o fiz não por malícia, mas por ingenuidade. Havia sido treinado pela Reuters. Jamais cobrira uma história controversa nos meus dois anos na BBC. Não percebera que, ao transmitir pelo Estado, um correspondente internacional jamais deve relatar o que Londres não quer ouvir.

E eu havia feito exatamente isso. Eu lhes dissera que as informações prévias que havia recebido eram puro lixo e que os relatos de Lagos eram baboseira. Então, algo bastante peculiar aconteceu. A minúscula Biafra invadiu a Nigéria.

Ojukwu ou alguém da sua equipe notara que Lagos havia transferido todo o exército nigeriano para o outro lado do rio Níger, avançando pela fronteira norte. Havia uma grande ponte em Onitsha que dava em uma estrada que conduzia diretamente a Lagos. A ponte estava intacta e a estrada não estava guarnecida. O amadorismo era desconcertante. Assim, os biafrenses montaram uma coluna de Land

Rovers e caminhões, reuniram um escasso suprimento de rifles e metralhadoras Bren e atravessaram a ponte, rumando para oeste em passo regular. Fui com eles.

Não houve oposição. Um pelotão de nigerianos no lado oeste da ponte deu uma olhada na situação e saiu correndo. A coluna atravessou o estado do meio-oeste e chegou a sua capital, Benin City. Ela também estava desguarnecida, incluindo o alto comissário adjunto (havia um para cada estado da federação), que fugira para a floresta. Foi assim que a notícia se espalhou: alguém na sala de rádio alertou Lagos, que entrou em pânico imediatamente.

Esse sucesso foi o motivo do fracasso. Os biafrenses não conseguiam acreditar na velocidade do seu progresso. Em vez de reabastecer e avançar o passo em direção à ponte Carter, o acesso à cidade de Lagos, eles fizeram uma pausa de dois dias.

O próximo dia de avanço nos levou à fronteira com a Região Oeste, terra dos iorubás, com quem os biafrenses não tinham nenhuma animosidade. Em vários vilarejos, havia mãos acenando das portas. O jipe em que eu estava chegou à pequena cidade de Ore. Claramente houvera batalha por lá. Dezenas de soldados nigerianos jaziam mortos na praça central. Porcos selvagens haviam se alimentado das partes moles de seus rostos. Sem bochechas ou lábios, as cabeças mortas nos encaravam em uma saudação insana. Então notei as insígnias nos ombros. Eram da guarda pretoriana pessoal do general Gowon.

Enquanto meu colega da Comtel filmava a cena, comentei com o oficial que fazia minha escolta que, se estavam usando a elite da elite como medida paliativa contra o pânico, a estrada devia estar aberta e vulnerável. Ele assentiu com um movimento de cabeça, mas uma segunda onda de pânico estava se instalando. A coragem retrocedia como maré vazante.

Muito mais tarde, foi relatado que o alto comissário britânico em Lagos se preparava para destruir documentos, e a aeronave pessoal de Gowon estava no aeroporto de Ikeja, com as hélices girando e um plano de voo para o norte. Foi realmente por muito pouco.

Tudo deu errado, é claro, e, como sempre, a causa foi uma traição. Ojukwu nomeara o coronel Banjo para liderar a missão, mas, ao chegar a Benin, Banjo entrara em contato com Lagos pelo rádio do alto comissariado e tentara fazer um acordo — vantajoso para si. Depois chegou a ser julgado e fuzilado por isso, mas já era tarde demais.

A coluna começou a recuar de volta à ponte Onitsha. Os engenheiros a destruíram. Ela permaneceu inutilizada até o fim da guerra, dois anos depois.

De volta a Enugu, notei que o tom das mensagens de Londres havia mudado novamente. As primeiras imploravam por cada detalhe da invasão pelo rio Níger. Quando souberam que havia sido malsucedida, recebi ordens peremptórias de retornar a Londres. Assim, fiz as malas, despedi-me do então general Ojukwu e um jipe do Exército foi designado para me levar através da fronteira com Camarões.

Lá, peguei o ônibus até Mamfe e outro até Duala. Quando enfim chegasse ao Hotel Cocotiers, conseguiria contato telefônico com Londres. As instruções foram as mesmas. Não é preciso fazer nenhum relatório, apenas pegue o próximo voo para casa.

Foi o que fiz e, ao entrar na Broadcasting House, recebi uma instrução urgente para não falar com ninguém e me reportar imediatamente a Arthur Hutchinson. Foi uma entrevista breve e direta. De acordo com ele, os relatos que eu tinha feito eram tendenciosos e eu estava sumariamente demitido.

Mas a BBC não demite pessoas — ela as envia para uma espécie de Sibéria interna, esperando que peçam demissão, cumpram o aviso-prévio de três meses e partam em silêncio. Fui retirado da equipe de notícias internacionais e rebaixado à cobertura interna. Deveria me reportar ao chefe do departamento, Tom Maltby. Jamais viajaria ao exterior pela BBC outra vez, sob a acusação de reportagem tendenciosa.

Essa é uma acusação séria, mas ninguém conseguia explicar por que um correspondente internacional experiente, enviado para cobrir uma guerra africana obscura, teria perdido a cabeça em relação às ambições políticas de uma tribo africana da qual jamais tinha ouvido falar. Contudo, a decisão foi definitiva e não havia possibilidade de recurso.

Não havia razão para recorrer a Sir Hugh Carleton-Greene; ele estava enfrentando seu próprio dilema em relação à demissão e encarando problemas muito mais sérios que os meus após a imposição de lorde Hill à corporação.

Assim, vagueei pelos corredores do terceiro andar até chegar ao escritório de Tom Maltby.

Adeus, BBC

Tom Maltby era um homem muito decente e gentil. Estivera na Marinha durante a guerra e entrara em combate, mas jamais alardeava o fato. Sabia exatamente o que havia acontecido com minha carreira na BBC e por quê. Tentei explicar mesmo assim.

Eu havia apenas relatado o que tinha visto ou ouvido, no último caso com imediata atribuição. Onde estava o viés tendencioso? Ele me explicou que eu não entendera nada.

O que eu havia feito, disse ele, como se falasse com um sobrinho confuso, fora contradizer o alto comissário em Lagos, Sir Saville Garner, integrante mais antigo da elite do Ministério das Relações com a Commonwealth (e, consequentemente, o próprio governo britânico), o World Service da BBC e o Sr. Hutchinson.

Mas todos eles estavam cegos pela análise equivocada original, protestei. Mesmo assim, era a única análise aceitável, retorquiu ele. E acrescentou o argumento que me impediu de pedir demissão na mesma hora.

— É tudo uma questão de duração. Se essa guerra de dez dias ou duas semanas durar seis meses, eles certamente vão ter de reconsiderar.

Fazia sentido, e ele podia estar certo. Se a insurreição de Biafra entrasse rapidamente em colapso, a análise dos figurões se provaria correta, embora atrasada, e minhas próprias predições de que não se tratava de uma tempestade em copo d'água estariam erradas.

Para evitar a atmosfera pesada criada pelas minhas reclamações na redação, ele sugeriu que eu fosse transferido para o departamento parlamentar, na Câmara dos Comuns. O correspondente político, Peter Hardiman Scott, precisava de um assistente. Foi para onde eu fui em outubro de 1967.

Era um escritório pequeno e amigável que durante os cinco meses que passei lá me ensinou muito sobre como o país realmente é governado. Também destruiu muitas das minhas ilusões sobre os méritos do primeiro-ministro e seus pares. Pude evitar o ninho de cobras na Broadcasting House, onde panelinhas lutavam por poder e influência. Então, em fevereiro de 1968, algo me fez mudar de ideia.

Naquele meio-tempo, a guerra civil na Nigéria não havia terminado nem saíra de seu impasse. Tinha piorado, na verdade. O governo de Lagos instituíra um alistamento obrigatório e aumentara em muito o tamanho de seu exército. Ele estava sendo discretamente equipado com uma torrente de armas britânicas, enviadas em segredo pelo governo do primeiro-ministro Wilson, que declarava a todos ser completamente neutro.

Mas os biafrenses não foram derrotados. Muito pelo contrário: antes da secessão, Ojukwu movera todas as reservas financeiras da Região Leste para fora do alcance de Lagos e vinha aumentando o tamanho e a quantidade de equipamentos do próprio exército no mercado negro internacional. Biafra também montara um gabinete de representação em Londres e contratara os serviços de uma agência para lidar com assessoria de imprensa.

Conseguira ainda o consentimento da Espanha para usar a ilha de Fernão do Pó como escala e o de Portugal para usar a ilha de São Tomé com o mesmo objetivo. Biafra já não estava isolada. Em fevereiro, o general organizou uma grande visita da mídia. Todo mundo aceitou, com a notável exceção da BBC, que ainda transmitia propaganda nigeriana diretamente de Lagos.

Achei a decisão tão estranha que fui ver Arthur Hutchinson para perguntar por que e me voluntariar para retornar com o restante da mídia britânica e saber o que estava acontecendo. Os relatos indicavam que a ação militar aumentava pouco a pouco e que as forças federais haviam conquistado algumas vitórias, mas as perdas, principalmente entre os civis, cresciam cada vez mais.

Foi outra entrevista breve. Ele afirmou diretamente que eu não iria a lugar nenhum e, quanto à ida de outro homem da BBC, disse literalmente:

— Você precisa entender que não estamos cobrindo essa guerra.

Isso me pareceu bizarro. A cada dia, os horrores do Vietnã eram constantemente relatados, mas aquela era uma bagunça americana. A Nigéria era uma bagunça muito britânica e, aparentemente, devia permanecer em segredo.

O grupo de mídia voou até lá, passou uma semana e retornou. Procurei alguns conhecidos para saber de suas experiências. Ficou claro que a guerra entre Nigéria e Biafra não estava nem perto de uma resolução rápida e, na verdade, dava sinais de piorar. Assim, decidi tirar uma semana de férias e ir até lá por conta própria.

Considerei mais prudente não contar meus planos a ninguém, nem mesmo ao escritório de Biafra em Kensington. Simplesmente peguei parte das minhas economias e voei até Lisboa. Pelo que eu havia descoberto, os voos secretos que levavam armas partiam de lá, e o encarregado era uma espécie de mercenário da aviação chamado Hank Wharton, um divertido patife americano que localizei em um hotel na capital portuguesa.

Ele aceitou muito bem quando expliquei que não podia pagá-lo e avisou que tinha um Constellation de quatro hélices partindo pela manhã e que eu podia pegar uma carona. Não havia assentos na velha aeronave, então me acomodei em cima de um caixote de morteiros no fundo.

Foi um voo longo e barulhento, ao qual eu me habituaria, e as únicas distrações eram as caminhadas até a cabine para conversar com a tripulação e pegar outra xícara de café.

Wharton não tinha nenhuma permissão de sobrevoo, pois os membros da Organização da Unidade Africana eram a favor de

Lagos — todos ditaduras civis ou militares. Assim, voamos sobre o mar, com o Atlântico à direita e a costa africana à esquerda.

Houve uma parada para reabastecimento na Guiné Portuguesa, que também passava por uma guerra pela independência. Durante a aproximação, lenta e baixa sobre a floresta, algum brilhante nacionalista de Amílcar Cabral atirou no Constellation. A bala atravessou o piso a cinco centímetros do caixote de morteiros, passou por entre minhas pernas abertas e saiu pelo teto. Bem-vindo à África.

Na pista, a tripulação examinou os buracos, declarou que não havia dano e decidiu que podíamos reabastecer e decolar outra vez. Houve um pouco mais de vento na parte de trás depois disso. No meio da noite, com as luzes apagadas, fomos até o único aeroporto da antiga Região Leste, em Port Harcourt. Fui preso imediatamente.

Expliquei a um major muito instruído, que era um contador antes de se alistar, o que eu estava fazendo e por quê. Ele contatou Enugu e recebeu ordens de me colocar em um jipe com destino à capital. Uma vez lá, fui levado à State House para ver o general Ojukwu, que me saudou se divertindo bastante. Quando expliquei que tinha vindo por contra própria, ele disse que bancara o anfitrião para uns vinte jornalistas britânicos; um a mais não faria diferença. O general designou para mim um jipe com um motorista armado e instalações no velho Hotel Progress, dizendo que eu poderia ir aonde quisesse e ver o que quisesse. Na sexta-feira, ele me colocaria em um avião de Wharton para voltar a Londres.

Em três dias, ficou claro para mim que a guerra não acabaria tão cedo. O consenso popular era de que a Nigéria perceberia quão inútil era continuar lutando sem a renda dos campos de petróleo, agora todos em Biafra, e responderia à proposta de Ojukwu por um cessar-fogo e uma segunda conferência de paz.

Ele havia se oferecido para partilhar o petróleo e vinha negociando discretamente com a Shell-BP, a principal concessionária. A França governada por de Gaulle, sempre disposta a explorar qualquer desvantagem britânica, fazia gestos de apoio secretos, e as armas chegavam em um fluxo lento, porém contínuo.

Para registro, não havia crianças famintas visíveis em lugar nenhum. Elas surgiriam mais tarde, e suas imagens apavorantes, disseminadas pela mídia global, mudariam tudo.

Na sexta-feira, parti para Londres, confiante de que poderia voar de Lisboa para o Reino Unido no domingo, pronto para trabalhar na segunda-feira, o fim das minhas férias. Então as coisas deram errado. O primeiro estágio da viagem era a ilha de São Tomé, onde o avião de Hank Wharton quebrou. Não pude contatar Londres para dizer que me atrasaria; pude apenas aguardar até conseguirmos voar na segunda-feira. Cheguei a Londres na manhã de quarta-feira. Uma ligação para um amigo da BBC logo indicou que a confusão estava feita.

Quando cheguei ao meu apartamento, descobri que tinha sido arrombado. Fora um trabalho bastante amador. A fechadura era apenas uma Yale, que podia ser aberta com um cartão de crédito ou uma faca. Os dois capangas estouraram um painel da porta para chegar à fechadura por dentro. Meus vizinhos disseram que houvera dois deles, ambos da BBC, e que estavam "preocupados" comigo, supostamente tendo inferido que eu poderia ter me machucado deliberadamente por causa da pressão no trabalho.

Mas meu corpo teria sido bastante óbvio. E eles remexeram em tudo. Eu sabia que não deixara traços de onde estivera. Mas ficou bem claro que, mais uma vez, a festa tinha chegado ao fim.

Fiz as malas, deixei um bilhete para o senhorio com um vizinho amigável e parti para passar dois dias e duas noites no sofá de um amigo.

Quando um repórter recebe ordens de seu empregador para publicar algo que sabe ser uma porção de mentiras, há apenas três coisas que ele pode fazer. A primeira é pensar em sua estabilidade, em seu salário, em sua pensão e em fazer o que lhe é pedido.

A segunda é se sentar no canto e lamentar a injustiça daquilo tudo.

A terceira é mostrar o dedo do meio e cair fora. Eu me sentei e escrevi uma longa carta de demissão. Estava endereçada a Tom Maltby.

Eu o agradecia pela consideração e dizia que, na minha opinião, a guerra da Nigéria seria uma grande história, de extensão considerável e responsável por muitas mortes. Tendo em vista a política de não cobertura da BBC (com exceção das histórias que partiam de um hotel em Lagos), eu faria a reportagem por conta própria, como freelance.

Assinei a carta e a postei no fim da tarde de sexta, ciente de que só seria aberta e lida na segunda de manhã. Depois de pegar o voo noturno, eu estava de volta a Lisboa, conversando com um confuso Hank Wharton e pedindo outra carona para a zona de guerra. Na noite de domingo, estava em Port Harcourt, preso novamente, e, na manhã de segunda, na hora em que Tom Maltby devia estar verificando a correspondência, fui levado ao escritório de um ainda mais confuso Emeka Ojukwu.

A prática de incluir repórteres em unidades militares não era conhecida na época, e, portanto, foi levantada a questão de como eu me manteria. Eu disse que queria ficar, mas não tinha fundos e nenhum empregador que me desse suporte.

Ojukwu me ofereceu metade de uma cabana Nissen de teto de estanho, comida da cozinha da State House, um Fusca e uma ajuda de custo com combustível. Além disso, eu teria acesso à companhia de comunicações que ele havia contratado para enviar relatos de Biafra a Genebra e, de lá, para o mundo. Eu podia ir aonde quisesse, ver o que quisesse e relatar o que quisesse.

Deixei claro que eu não relataria o que seu próprio departamento de propaganda queria, mas apenas o que visse com meus próprios olhos e soubesse de fontes confiáveis. No entanto, que o que eu escrevesse seria justo.

— É tudo o que peço — respondeu ele. — Depois disso, a história se contará por conta própria.

Assim, fechamos um acordo. Eu era um freelance sem clientes. Tudo o que tinha era uma história que merecia ser contada e a oposição do *establishment* inglês, que parecia determinado a impedir que se ouvisse a respeito.

E, em algum ponto no interior, as crianças começavam a definhar e morrer, mas ninguém sabia disso ainda.

Biafra estivera isolada desde o início da secessão, dez meses antes. Isso significava que todas as fronteiras estavam fechadas, e esse bloqueio incluía alimentos. Os ibos nativos cultivavam mandioca e batata-doce em grandes quantidades. Elas constituíam a dieta básica e nunca faltavam. Mas ambas são só carboidratos.

Um adulto precisa de um grama de proteína pura por dia para permanecer saudável. Uma criança em fase de crescimento precisa de cinco gramas.

A população nativa sempre criou galinhas e porcos para obter ovos e carne. Não havia outras fontes de proteína além dessas e, sem que ninguém percebesse, ambas foram totalmente consumidas.

O suplemento de proteína tradicional sempre foi peixe; não dos rios, mas enormes quantidades de pescado seco importado da Noruega. Esses pedaços de peixe duríssimos iam para a panela de ensopado para serem reidratados e se tornarem a ração de proteína da família. Mas nenhum peixe entrava no enclave cercado e bloqueado havia nove meses. As fontes de carne e leite desapareceram. A dieta nacional era composta cem por cento de amido.

No interior, as mães começaram a notar que os membros dos seus bebês estavam finos como gravetos. Cabeças com olhos vidrados balançavam em pescoços enfraquecidos. Barrigas inchavam, cheias de ar. Achando que os filhos estavam famintos, as mães lhes davam ainda mais carboidratos. Apenas em maio elas mostrariam seus bebês aos missionários, que compreenderiam do que se tratava.

Meus primeiros dois meses foram quase ociosos. Havia pouco movimento na frente de batalha. Eu ainda tinha algumas economias e o antigo convite de um amigo para ser seu hóspede em Israel. Resolvi aceitar.

História viva

ISRAEL, NA PRIMAVERA DE 1968, ainda estava tomada pela euforia depois da vitória esmagadora na Guerra dos Seis Dias.

O território do país praticamente dobrara de tamanho, ainda mais se fossem levadas em conta as regiões áridas da península do Sinai, agora há muito devolvidas ao Egito. As velhas e confusas fronteiras criadas pela guerra de 1948 haviam sido desfeitas. O posto avançado de Nablus tinha sido destruído. A cidade de Jerusalém fora conquistada, e todos os locais sagrados, proibidos aos judeus pelo portão de Mandelbaum, estavam abertos para adoração.

Os escavadores ainda estavam revelando, metro por metro, o havia muito enterrado Muro das Lamentações, a última parte remanescente do antigo Templo de Salomão. Havia um clima nacional de otimismo.

Mas o país, que sempre contivera alguns árabes palestinos, agora tinha absorvido mais meio milhão deles, e os problemas do futuro ainda estavam muito distantes para serem contemplados, se alguém desejasse fazê-lo, o que não era o caso.

Alguns diziam que era o clima de arrogância dos conquistadores; escolhi aceitar que era a euforia de um Dr. Pangloss e sua crença de que "tudo vai pelo melhor no melhor dos mundos possíveis". Parecia não existir problema, incluindo o de uma paz negociada e duradoura, que não pudesse ser resolvido. Observando as coisas quarenta e cinco anos depois, a euforia se destaca como o produto não da soberba, mas de uma ingenuidade ligeiramente comovente.

Eu estava determinado a conhecer o máximo possível do país durante minha estada e, com a ajuda do meu amigo baseado em Londres, já havia estabelecido alguns contatos. Começando no Hotel Dan, em Tel Aviv, fui para o sul, para Bersebá e o deserto de Neguev. Havia um homem vivendo em isolamento quase total no deserto para escrever suas memórias que concordou em me conceder alguns momentos do seu precioso tempo.

Há apenas uma maneira de conhecer a Israel verdadeira: viajar por toda parte em um ônibus da Egged. Assim, embarquei em um deles na rodoviária de Tel Aviv, rumo a Bersebá, e fiz conexão para Eilat. Os ônibus podem ser lentos e parar em todo lugar, mas são baratos e meus fundos eram escassos.

Saindo de Bersebá, passamos pela instalação nuclear em Dimona, local de nascimento do arsenal de armas nucleares de Israel, sarcasticamente chamado de "fábrica de jeans". Em seguida, vinha o deserto.

Durante o serviço militar, o Hastings no qual eu pegara carona de Lyneham para Malta havia parado para reabastecer na base da RAF de El Adem, na Líbia. Com exceção daquela parada, eu jamais vira um deserto, muito menos atravessara um. Mais tarde, veria muitos outros, mas são todos iguais. Parecem não ter fim, uma terra árida de areia marrom e cascalho. Apenas os beduínos vivem neles voluntariamente.

Depois de horas sacolejando, chegamos à curva de uma colina e, bem adiante e mais abaixo, havia um trecho verde reluzente, como uma mesa de bilhar no meio do nada. O verde era a plantação irrigada do *moshav* — um grupo de pequenas fazendas —, que eu tinha ido visitar. O ônibus parou no portão, eu desci, e ele se afastou fazendo bastante barulho, com destino a Eilat.

No interior do complexo, fui conduzido a uma residência isolada, um pouco maior que um barracão Quonset. Na frente dela havia um enorme paraquedista israelense, aparentemente o único segurança do local. Ele examinou meu passaporte, virou-se e bateu na porta.

Preparar... Aqui estou eu, no jardim em Ashford, aos 3 anos, nos primeiros anos da guerra. A RAF Hawkinge e seus Spitfires estavam no fim da rua (**pé da página**).

Apontar... Com minha mãe e meu pai. Meu pai foi major do Exército durante a guerra, mas, como integrante do corpo de bombeiros, não podia participar do serviço ativo no exterior.

Fogo... Indo para Bluebell Hill, aos 16 anos, na minha Vespa de segunda mão, e depois até as nuvens. A faca na minha meia foi útil mais tarde, quando me vi em uma situação difícil em Paris.

Graças aos esforços do meu pai, passei férias escolares no exterior, aprendendo a falar francês e alemão como um nativo. Aqui estou com Herr e Frau Dewald e seus filhos (**acima à esquerda**). Durante minha estadia com eles, fui apresentado a Hanna Reitsch (**acima à direita**), a aviadora favorita de Hitler.

Tonbridge School (**à esquerda e abaixo**) não era muito divertida; essa foi a reunião de despedida em Big School, em 1952. Eu suportei até 1955. Por fim, tive a satisfação de dizer adeus da cabine de um Tiger Moth.

A RAF aos 17 anos. Uma experiência inebriante: Vampires em formação. Eu era o número 15 (**acima à esquerda e à direita**). Onze de nós chegaram ao fim (**esquerda**). Sou o segundo da direita na fila de trás. Aqui estou recebendo minhas asas (**abaixo à esquerda**). Nunca me senti tão orgulhoso. Eu era piloto da RAF.

Fui para King's Lynn trabalhar no *Eastern Daily Press*. Eu morava em um apartamento em cima de um pet shop no fim da ironicamente chamada Paradise Parade (**esquerda**). Meu mentor, o jornalista-chefe Frank Keeler (**primeira coluna da direita**), me ensinou a importância de apurar os fatos antes de escrever. Então fui para a Reuters, em Londres, onde Doon Campbell (**segunda coluna da direita**) era editor de notícias e serviu como inspiração para gerações de correspondentes internacionais.

Um golpe de sorte me enviou a Paris a tempo de cobrir a tentativa de assassinato do presidente Charles de Gaulle, em agosto de 1962. Ele está no banco de trás com a esposa, Yvonne, em uma reconstituição do evento (**esquerda**). Balas perfuraram o Citroën (**primeira coluna da direita**) e os jornalistas correram para a cena no início da noite (**segunda coluna da direita**).

Ninguém durava muito mais que um ano em Berlim. Eu estive lá entre setembro de 1963 e outubro de 1964 e morava no lado leste de Checkpoint Charlie (**esquerda**). Kurt Blecha era o secretário de imprensa do Politburo e um sujeito muito desagradável (**direita**). Quando um avião espião americano foi atingido em Magdeburg, fui o primeiro jornalista a chegar à cena e consegui o depoimento de uma testemunha. Os três aviadores (**dois deles na segunda coluna da direita**) foram capturados pelos russos.

Juntei-me à BBC em 1965, cheio de entusiasmo — inapropriado, como descobriria — e, em 1967, fui enviado à Nigéria para cobrir o que se revelaria uma das mais cruéis guerras civis africanas. Sir David Hunt (**acima à esquerda**), esnobe e racista, era o alto comissário britânico em Lagos. O coronel Yakubu Gowon (**acima à direita**), um cristão do norte, era a marionete que ocupava o cargo de chefe de Estado. Fui para Enugu e conheci o coronel Emeka Ojukwu (**abaixo**), ex-aluno de Oxford e governador militar da Ibolândia, que presidira a declaração de independência de Biafra em maio de 1967.

Logo surgiram cartazes em Enugu avisando sobre a ameaça de guerra (**topo**). Eu estava com Ojukwu (**direita**) quando seus soldados avançaram, sem encontrar oposição, sobre a ponte em Onitsha; mais tarde, eles foram forçados a recuar e explodir a ponte (**acima**).

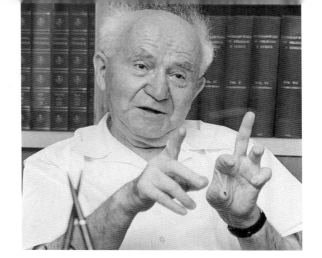

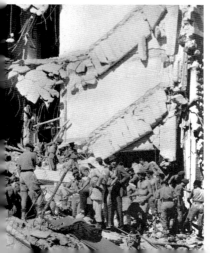

Após encerrar meu relacionamento infeliz com a BBC, visitei Israel logo depois da Guerra dos Seis Dias. Fui para um kibutz em Sde Boker, no deserto de Negueve, para me encontrar com David Ben-Gurion (**topo**), pai fundador do Estado de Israel e um dos homens mais brilhantes que já conheci. Também estava ansioso para conhecer Ezer Weizman, um dos primeiros pilotos da Força Aérea israelense. Aqui está ele, em 1948, com um dos Messerschmitts de produção tcheca, o Avia S-199 (**acima**).

Um encontro casual em um bar me levou à história do homem que dirigiu o caminhão que carregava os explosivos detonados no Hotel King David em 22 de julho de 1946 (**esquerda**).

Em Biafra, as crianças passavam fome. Essa foto foi tirada por David Cairns em junho de 1968, uma das primeiras publicadas nos jornais ingleses. O efeito foi dramático.

Em junho de 1968, voltei a Biafra. Viajei de barco (**no topo à esquerda**) com Walter Partington, na frente, e David Cairns, do *Daily Express*, que tirou a foto. Estou ao fundo com Bruce Loudon, correspondente do *Daily Telegraph*. David tirou muitas fotos da guerra cada vez mais intensa, entre elas esta, na qual observo enquanto um ancião ibo desenha na terra (**no topo à direita**), e esta, de uma bomba de fabricação britânica que não explodiu, fornecida aos nigerianos — apesar de Londres negar. Em setembro de 1968, o *Nigerian Observer* chegou a ponto de publicar que eu havia me juntado ao Exército de Biafra (**direita**).

Quando mais fotos da fome em Biafra (**à esquerda e abaixo**) surgiram na imprensa britânica, a gravidade da situação ficou evidente. Um protesto foi realizado em Speaker's Corner em agosto de 1968, exigindo uma resposta da BBC e do governo Wilson (**pé da página**).

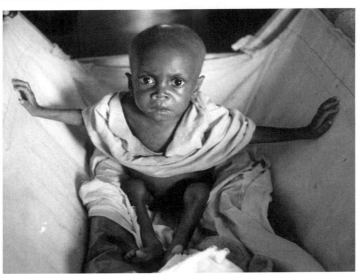

Assuntos familiares.

Meus pais (**esquerda**), uma fonte constante de apoio e encorajamento, em seu chalé em Willesborough, perto de Ashford.

Carrie, Stuart e eu em casa, na Irlanda, em 1979 (**abaixo**). Shane chegou no mesmo ano (**pé da página**).

Eles cresceram rápido: aqui estamos depois da caça na África do Sul e, mais tarde, mergulhando no golfo de Omã.

Sandy e eu recebendo minha medalha, um prêmio por obras de caridade, em outubro de 1997 (**direita**).

O dia do Chacal foi escrito na minha máquina de escrever portátil em trinta e cinco dias, em janeiro de 1970 (**esquerda**), publicado no ano seguinte e, dois anos depois, transformado em um filme dirigido por Fred Zinnemann e estrelado pelo relativamente desconhecido Edward Fox (**abaixo à esquerda**). Foi a sobrecapa da edição alemã (**abaixo**) que destruiu meu disfarce enquanto eu fazia pesquisas para *Cães de guerra*.

Em seguida veio *O dossiê Odessa* (**esquerda**). Usei a história real do criminoso de guerra nazista Eduard Roschmann (**abaixo**). A estreia do filme, em 1974, levou a sua prisão pela polícia argentina. Ele fugiu e morreu no Paraguai três anos depois.

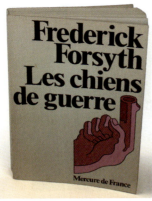

A edição francesa de *Cães de guerra* (**esquerda**) foi usada como manual pelos mercenários franceses quando atacaram as ilhas Comores. Eles foram bem-sucedidos!

Michael Caine estrelou o filme do meu romance de 1984, *O quarto protocolo*. Passamos alguns momentos agradáveis juntos (**abaixo**).

Pesquisa é importante: em 2009, fui até Guiné-Bissau para pesquisar o tráfico de cocaína para *O cobra* (**pé da página**).

De volta ao início. Em um Spitfire, voando alto sobre o Weald, exatamente como eles fizeram em 1940.

Uma governanta de meia-idade atendeu, examinou meu passaporte e me fez sinal para que entrasse.

— Vinte minutos — vociferou a mulher em inglês, deixando evidente que era tanto uma governanta quanto um dragão de guarda.

Ela bateu em uma porta de aparência sólida e me fez entrar. Atrás de uma escrivaninha repleta de documentos, um homem minúsculo sob uma nuvem de cabelos finos e brancos se levantou e sorriu. Era David Ben-Gurion, outrora um entre muitos, mas visto agora, também por muitos, como o fundador de Israel.

Ele explicou, em um inglês impecável, que eu criara a desculpa perfeita para que interrompesse o trabalho em suas memórias. Sentamo-nos frente a frente. Ele parecia cheio de expectativa. Eu me perguntei com quantos jornalistas Ben-Gurion já conversara; provavelmente milhares, muitos famosos, e agora estava prestes a falar com um totalmente desconhecido.

Pensei que homens velhos costumam se lembrar com absoluta clareza do que fizeram na juventude, ao mesmo tempo que esquecem completamente o que jantaram na semana anterior. Hoje em dia, conheço muito bem essa sensação. Parecia-me que ele deveria ter sido questionado muitas vezes sobre detalhes da Guerra dos Seis Dias, ainda que Levi Eshkol fosse o premiê na época.

— Quando o senhor desembarcou na costa de Israel pela primeira vez, em 1906, como eram as coisas?

Ele me encarou por vários segundos e em seguida se animou, como se tivesse recebido uma carga elétrica. Então começou a falar, de olhos fechados, lembrando-se daqueles primeiros dias. Não era estadista na época, apenas um imigrante sem um centavo no bolso, vindo de uma pobre *shtetl* judaica na Polônia russa.

Ele e seus companheiros haviam ancorado no porto árabe de Jafa, mas não eram bem-vindos no local e não conseguiram um lugar para ficar. Assim, caminharam para o norte, acampando entre as dunas de areia. Falavam russo e iídiche, mas não hebraico moderno, que ainda não fora inventado.

Era primavera, e eles ficaram acampados em uma fileira de pequenas colinas de areia. A palavra hebraica para "colina" é *tel*, e a palavra para "primavera" é *aviv*.

Levaram seis dias montados em burros para viajar da costa daquela província turca até Jerusalém, com uma petição por terras para o governador otomano. Dez anos depois, ele estava lá quando o império otomano ruíra. Tinha visto o general Allenby, do exército conquistador britânico, entrar em Jerusalém.

Ben-Gurion me contou como o general havia desmontado do cavalo e entrara a pé, em deferência ao mais sagrado santuário de três religiões. Em algum ponto do leste, Lawrence, liderando a Revolta Árabe, seguia para seu próprio tesouro, Damasco.

Durante os anos, vira de tudo: ambas as guerras mundiais, o Mandato entre elas, a ascensão do sionismo, a Declaração de Balfour e a criação do mapa franco-britânico do Líbano, da Síria, da Jordânia e do Iraque. Tinha visto ditadores e monarcas ascenderem e caírem, enquanto os judeus perseguiam seu objetivo de, um dia, terem sua própria nação. Não apenas vira tudo isso como também estivera no epicentro. Conhecera os generais e os gigantes, Roosevelt e Churchill.

Várias vezes, a governanta colocou a cabeça na porta para dizer que era hora do cochilo de Ben-Gurion, mas ele sempre a dispensava com um aceno. O que me impressionou foi sua tolerância. Ele havia lutado a vida inteira pelo seu sonho, mas parecia não odiar ninguém, nem mesmo al Husseini, grão-mufti de Jerusalém, que admirava Adolf Hitler e queria que todos os judeus do mundo morressem. Tinha também muita paciência com os árabes palestinos, cuja língua falava perfeitamente. As únicas pessoas que ele não tolerava eram os fanáticos do Irgun e do Lehi. Quando os mencionei, ele fungou com desprezo e balançou a cabeça, branca como a neve.

Ben-Gurion gostava dos britânicos, que durante muito tempo haviam sido o exército involuntário de ocupação, ainda que tivesse ajudado a formar a Haganá, o Palmach e a Mossad para contorná-los e superá-los.

Eu poderia ter preenchido dez blocos de anotações, mas fiquei apenas sentado lá, ouvindo um homem idoso que representava sessenta anos de história viva e que vira de tudo. Por fim, cansado, ele indicou que precisava repousar. Fui buscar a governanta, que me fuzilou com o olhar e se preparou para conduzi-lo ao quarto. Na porta, ele se virou e me disse:

— Adeus, meu jovem. Espero que tenha sido interessante para você. E boa sorte.

Havia sido interessante, de fato. Fascinante. Fui conduzido para fora e caminhei até o portão. O sol se punha. Um ônibus da Egged se aproximou. Eu acenei, ele parou e chegamos a Eilat no início da noite. David Ben-Gurion morreu seis anos depois, aos 87 anos. Foi um dos maiores homens que já conheci.

Eilat

ANTES DE 1945, o que hoje em dia é o imenso porto e resort litorâneo de Eilat praticamente não existia. Eilat era apenas uma mistura heterogênea de cabanas com móveis de pinus, acompanhando a linha da água e de frente para o grande porto jordaniano de Aqaba, capturado por Lawrence em 1917.

Os primeiros colonos e pioneiros devem ter sido duros feito pedra. Não havia nada lá, mas eles começaram a construir e plantar. Entre os primeiros a chegar estavam o Dr. e a Sra. Fay Morris, de Manchester. Ele voara com a RAF durante a guerra, formara-se em medicina e emigrara com a jovem esposa. Em 1968, ambos eram pilares da comunidade, mas ainda levavam uma vida modesta em uma casa que tinham construído com as próprias mãos.

No verão anterior, os israelenses varreram a península do Sinai enquanto o general Israel Tal e seus velhos tanques britânicos faziam as forças de Nasser recuar de volta ao canal de Suez. Embora o embate tivesse ocorrido no norte, aquela conquista de três dias deixara toda a península triangular sob controle israelense. E isso incluía os beduínos do Sinai, e o Dr. Morris tinha sido nomeado seu oficial médico. Os egípcios, que sempre trataram os beduínos com desdém, nunca haviam designado um médico para eles.

Como a península é ladeada a oeste pelo canal de Suez, que corre até se tornar o mar Vermelho, a leste pelos golfos de Eilat e Aqaba, que também correm para o mar Vermelho, e ao norte pelo mar Mediterrâneo, ela é praticamente uma ilha. E os beduínos raramente viajam por água.

De seu deserto, eles viram os romanos, os fenícios, os gregos e os exércitos do islã cruzarem e voltarem a cruzar sua terra, como conquistadores ou como derrotados. Mais tarde, vieram os cruzados, as legiões de Napoleão, os soldados britânicos e os israelenses.

Eles testemunharam tudo isso através dos séculos. As marchas e as batalhas aconteciam principalmente perto do litoral norte, no Mediterrâneo. O interior sempre foi deles. E sua política sempre foi a mesma: retirar-se para o deserto de areia e rochas, não interferir, não tomar partido, observar e sobreviver. Após julho de 1967, os israelenses foram o primeiro povo a tratá-los com decência.

Engenheiros militares construíram um canal de água potável partindo de Eilat, atravessando el Arish e chegando ao canal de Suez. Instalaram torneiras e cochos a cada poucos quilômetros. E a água era gratuita, em uma terra onde água significa vida.

No princípio, os beduínos acharam que se tratava de uma armadilha, mas as torneiras não eram guardadas e, aos poucos, eles começaram a aparecer à noite para dar de beber aos seus camelos e encher seus cantis de pele de cabra, além de beber também. Então foi feito o primeiro contato com oficiais que falavam árabe. Foram oferecidos medicamentos para seus muitos males e infecções. Foi quando o Dr. Morris chegou. Ele montou clínicas em oásis específicos e, lentamente, seus pacientes começaram a surgir.

Muitos eram mulheres, e seus males eram principalmente ginecológicos. Seria impensável ele examinar uma mulher beduína, não por ser judeu, mas por ser homem. Assim, uma enfermeira do Exército entrava na tenda, gritava o problema que encontrava e, em resposta, ele gritava o tratamento indicado.

Os beduínos responderam na mesma moeda. É impossível ver um beduíno, a menos que ele permita, mas eles veem tudo. Sempre que um grupo de comandos egípcios desembarcava na península, o posto militar israelense mais próximo era avisado. Devidamente capturados em uma emboscada, os egípcios eram desarmados e enviados de volta, jamais mortos. Era quase uma formalidade.

Por meio da clínica do Dr. Morris, recebi permissão para acompanhar um grupo do Exército em uma viagem de dois dias pela península do Sinai. O cenário era selvagem e desolado, um imenso oceano de rochas do tamanho de bolas de futebol que quebrariam a maioria das suspensões, entremeadas por trechos não de areia fina, mas de cascalho fumegante. Em dois oásis, tomamos café com os beduínos enquanto as mulheres se agachavam, fora do campo de visão, no interior de tendas de pelo de camelo.

Hoje em dia, tudo é muito diferente. Na costa leste há uma fileira de resorts de mergulho, indo de Taba a Ras Muhammad. Há turistas visitando o antigo Mosteiro de Santa Catarina, bem no meio do deserto, marcando o local onde se acredita que Moisés recebeu as tábuas com os Dez Mandamentos. Em 1968, por outro lado, os monges passavam anos sem ver um visitante.

Finalmente de volta a Eilat, parei no quiosque de Rafi Nelson para dar um refrescante mergulho no golfo e tomar uma cerveja bem gelada. Entre os clientes do bar estava um tal de Yitzhak "Ike" Ahronowitz, que falava um inglês perfeito, pois estudara nos Estados Unidos. Também fora capitão do *Exodus*, o navio de refugiados enviado de volta da costa palestina pela Marinha Real Britânica em 1947. Ele tinha pouco mais de 40 anos.

Eu era jovem demais para me lembrar de 1947, mas sabia que o incidente havia mexido com as emoções de todos os envolvidos e dera origem ao romance explicitamente condenatório de Leon Uris e ao filme que se seguira, em 1960, ao qual eu tinha assistido. Perguntei se ele partilhava dos sentimentos do Sr. Uris. Ele pensou um pouco.

— Bem, seus oficiais estavam obedecendo a ordens. E essas ordens eram cretinas. — Ele sorriu e ergueu a cerveja em um brinde zombeteiro. — Assim, vocês foram uns cretinos, mas pelo menos foram uns cretinos educados.

Alguns dias depois, eu me despedi do casal Morris e peguei um ônibus para Jerusalém.

Jerusalém

DESAFIO QUALQUER UM que esteja em visita a Jerusalém pela primeira vez a não ficar fascinado pelo labirinto de ruas antigas e santuários reverenciados pelas três maiores religiões do mundo.

Desde a partida dos britânicos e do inconclusivo resultado da guerra pós-independência de 1948, a Cidade Velha de Jerusalém estivera fechada aos judeus, embora acessível a muçulmanos e cristãos. Quando cheguei, estava aberta a todos.

Banquei o turista, hospedando-me em uma pensão humilde e vagando pelas ruas e vielas onde cinquenta gerações de adoradores e guerreiros estiveram antes de mim. Da Via Dolorosa ao monte do Calvário, da Cúpula da Rocha à Mesquita de al Aqsa, do Muro das Lamentações a tudo o que restara do Templo de Salomão após o saque romano; passeei por tudo e fiquei boquiaberto. Após três dias, fui convidado a tomar chá no Hotel King David.

Eu já ouvira falar dele. Outrora sede tanto do governo britânico durante o Mandato quanto quartel-general do Exército, era um dos marcos mais modernos da cidade, e, embora os danos do bombardeio de 1946 tivessem sido amplamente reparados, as cicatrizes ainda eram visíveis. Minhas leituras antes da viagem me forneceram algumas informações gerais.

Em 22 de julho de 1946, agentes da organização sionista radical Irgun haviam contornado as ainda incipientes medidas de segurança e dirigido uma van até a área de descarga das lojas, no subterrâneo. Da van, galões de leite com trezentos e cinquenta quilos de explosivos foram descarregados e espalhados pelo subterrâneo e pelo clube noturno.

Quando explodiram, noventa e uma pessoas morreram e quarenta e seis ficaram feridas, em sua maioria civis. Embora o quartel-general do Exército em uma das extremidades do edifício fosse o alvo, os explosivos haviam sido depositados no lado oposto, causando as perdas civis.

Houve vinte e oito fatalidades britânicas, incluindo treze soldados, mas foram ultrapassados pelas baixas de quarenta e um árabes e dezessete judeus palestinos. Menciono isso apenas em função do que aconteceu comigo durante aquela semana.

Por anos, houve controvérsia sobre um suposto telefonema de aviso: se teria sido feito, recebido e ignorado. Mas o atentado foi denunciado por David Ben-Gurion e pela Haganá, ambos desejando que o Mandato britânico chegasse ao fim e desse lugar à independência. Em sua opinião, os britânicos partiriam de qualquer maneira, assim que a recém-nascida Organização das Nações Unidas tomasse a decisão em Nova York.

O Sr. Ben-Gurion acabara de me dizer em Sde Boker, seu refúgio no deserto, que a verdadeira luta ocorreria após a independência, quando os árabes se lançassem contra o novo Estado israelense para destruí-lo. Para isso, a Mossad LeAliyah Bet, a agência compradora fora do país, e a Haganá, no interior do Mandato, tentavam contrabandear soldados e armas bem debaixo do nariz dos britânicos, que podiam ou não fazer vista grossa. Assim, o atentado ao King David, que amargou essas relações, foi visto pelas mentes mais serenas como completamente contraproducente.

Estava tomando chá com amigos no terraço quando me chamaram para o interior do hotel porque eu seria apresentado a alguém. Eu me vi cara a cara com o tapa-olho preto do general Moshe Dayan, ministro da Defesa e arquiteto das táticas israelenses durante a Guerra dos Seis Dias. Conversamos por meia hora.

Eu sempre havia presumido que ele perdera o olho ao levar um tiro, mas o general me explicou como tinha acontecido. Antes da Segunda Guerra Mundial, ele fizera uma patrulha com o sionista britânico Orde Wingate, que criava e ensinava os princípios do combate de guerrilha naquela parte do mundo.

Wingate era um homem estranho, um cristão com conhecimento enciclopédico do Antigo Testamento e a convicção de que o próprio Deus entregara a Terra Prometida aos judeus. Dessa convicção derivava seu sionismo. Suas habilidades em combate de guerrilha eram tamanhas que, mais tarde, Churchill o retirou do Oriente Médio para formar e liderar os Chindits por trás das fileiras japonesas na Birmânia.

Naquela patrulha, Moshe Dayan estivera observando uma posição árabe pelo binóculo quando uma bala perdida atingira o outro lado das lentes. Seu olho fora empurrado para o interior da órbita, cegando-o.

Fiz uma última entrevista, obtida por meio dos meus contatos. Eu queria conversar com Ezer Weizman, fundador da Força Aérea israelense e outra figura reverenciada por sua atuação durante a guerra de 1967. Naquela época, ele era ministro dos Transportes e, como combinado, no dia seguinte fui vê-lo no ministério.

Weizman chegou de supetão, atrasado, apressadíssimo e tendo esquecido completamente a entrevista. A única maneira de conversarmos seria no caminho de volta a Tel Aviv, mas ele não pretendia dirigir: queria ir de avião, e o aeroporto ficava a poucos minutos de distância.

— Você se importa de voar? — perguntou.

Eu sabia que ele tinha pilotado um Hurricane britânico no Egito durante a Segunda Guerra Mundial e mencionei que também tinha asas da RAF. Ele me encarou por uns segundos e sorriu.

— Então você será meu copiloto — disse, gritando uma ordem para o motorista. Seu assessor pareceu horrorizado.

Presumi que voaríamos em uma aeronave de vários assentos, mas seu meio de transporte era um minúsculo monoplano de asa alta da variedade Cessna/Piper, fabricado em Israel. Os cintos foram presos, ele fez a checagem preliminar e decolamos. Quase imediatamente, as termais ascendentes do deserto da Judeia nos atingiram, e a aeronave começou a sacudir nas correntes de ar.

A entrevista teria de ser conduzida através das máscaras para que nos fizéssemos ouvir acima do rugido do motor. Ele nos alçou até cinco mil pés e estabeleceu o curso para Sde Dov, o aeroporto militar nos arredores de Tel Aviv. Perguntei como ele havia criado a poderosa Força Aérea local.

Weizman explicou que, com a aproximação da independência, em 1947, fora encarregado de encontrar e comprar alguns caças. A Mossad LeAliyah Bet localizara alguns na Iugoslávia, recentemente libertada da ocupação alemã e sob governo do ex-guerrilheiro marechal Tito.

Tito pode ter sido comunista, mas isso não importava. Ele precisava de moeda estrangeira, e a Haganá era anti-imperialista. O acordo foi feito. Havia quatro caças, abandonados pelos alemães, ainda envolvidos na graxa da fábrica em seus caixotes originais. Uma equipe israelense rumou para o norte para montá-los. Ele e três outros pilotos foram em seguida. Estranhamente, eram quatro jovens pilotos judeus nos controles de quatro Messerschmitt 109 cobertos de insígnias nazistas.

Assim, voaram para o sul, reabasteceram secretamente na Turquia e chegaram a Tel Aviv no dia da independência e no início da guerra árabe para destruir Israel. Estavam praticamente sem combustível quando souberam que um esquadrão de caças egípcio se aproximava de Ashkelon pelo norte. Não havia tempo para pousar e reabastecer. Eles viraram para o sul e encontraram os Hurricanes de fabricação britânica do rei Faruk vindo em sua direção. Assim, o primeiro combate aéreo nos céus de Israel foi entre egípcios em Hurricanes e judeus em Messerschmitts.

Até aquele momento, Ezer Weizman estivera gesticulando bastante, mas então retirou ambas as mãos dos controles, com os dedos estendidos, para demonstrar como liderara o ataque, com Benny Katz, da África do Sul, como copiloto.

O monoplano imediatamente girou e o deserto da Judeia surgiu no topo do para-brisa. Ele não pareceu se importar. Quando começamos a mergulhar, ainda de cabeça para baixo, achei mais sensato pôr de lado o bloco e o lápis e segurar o manche. Quando a aeronave estava na posição correta e rumando para a costa, sugeri que ele retomasse os controles. Mas Weizman apenas deu de ombros e continuou a falar, explicando, com muitos gestos, como haviam dispersado os Hurricanes, que voltaram para o Egito, e pousado no que agora era o aeroporto Ben Gurion, mas, na época, era apenas uma faixa de relva.

Ele assumiu os controles outra vez na hora de pousarmos, desligou o motor, desembarcou, acenou alegremente e partiu em seu carro ministerial. A tripulação de terra me deixou examinar seu Spitfire pessoal, um magnífico modelo preto. Em seguida, peguei um ônibus da Egged no portão principal da base aérea, de volta para o centro de Tel Aviv.

Confissão

MINHA ÚLTIMA NOITE em Tel Aviv durante aquela viagem foi passada em um pub, em uma viela logo depois do Hotel Dan, indo em direção ao mar. Era administrado por uma dama muito enérgica, uma ruiva romena chamada Freddie.

Fui convidado a me juntar a uma pequena multidão em torno do balcão, que incluía a filha de Moshe Dayan, Yael, e seu marido, um ex--comandante de tanques chamado Dov Zion. Em deferência à minha ignorância do idioma hebraico, eles muito educadamente passaram para o inglês, e a conversa girou em torno de onde eu estivera e o que vira. Isso incluía o Hotel King David.

Cada um deles estivera envolvido de algum modo na luta pela independência, vinte anos antes, e ao menos metade fizera parte da Haganá ou do Palmach. Como os britânicos tinham sido os ocupantes, esperei alguma hostilidade, mas não houve nenhuma.

Houve histórias sobre contrabandear pequenas armas sob carregamentos de melões nos bloqueios rodoviários, e todos se esforçaram para deixar claro para mim que, na opinião deles, os britânicos estavam divididos em duas categorias.

Os praças, muitos deles paraquedistas, não tinham nada contra os judeus, com frequência tendo crescido ao lado deles nas ruas de Londres, Birmingham e Manchester. Haviam lutado contra os alemães durante quatro anos antes de serem levados para a Palestina,

199

viram os horrores dos campos de concentração e só queriam voltar para casa e reencontrar as esposas e as famílias.

Não falavam árabe nem hebraico, e os palestinos certamente não falavam inglês. Assim, se houvesse qualquer conversa, seria com os judeus da diáspora. Era uma conversa bastante amigável. Entre os antigos guerrilheiros em torno do balcão, muitos falaram das entregas de armas para a Haganá passando por bloqueios com uma revista breve e uma piscadela, os melões intocados.

Já a atitude antissemita era forte no Ministério das Relações Exteriores, entre seus servidores públicos e corpos de oficiais, que raramente disfarçavam sua preferência pelos árabes. Eu já ouvira dizer que passava mais areia do deserto pelo Ministério das Relações Exteriores do que Lawrence jamais vira.

Mas o que realmente me surpreendeu foi que sua real antipatia era não pelos britânicos, mas por seus próprios extremistas, o Irgun e o Lehi. Ninguém tinha nada de bom ou agradável a dizer sobre eles. A opinião geral parecia ser a de que atirar nos soldados britânicos pelas costas, como faziam os extremistas, simplesmente havia tornado ainda mais difícil realizar a verdadeira tarefa: preparar-se para a guerra de sobrevivência de 1948.

No fundo do grupo, contudo, havia um homem que me encarava constantemente, até que me senti pouco à vontade. Por fim, enquanto uma nova rodada era trazida, senti um puxão na minha manga.

— Preciso ter uma palavra com você — comentou ele.

De perto, notei que sua atitude não era de hostilidade, mas, sim, de súplica.

— Aqui não — continuou ele, puxando-me para o canto mais distante do balcão. — Preciso falar com você. Esperei vinte anos. Tenho uma confissão a fazer.

Normalmente, quando um jornalista sabe que alguém quer fazer uma confissão, seu coração estremece. Com frequência se trata de algum furto ocorrido no passado ou da negligência em relatar o pouso de uma espaçonave no seu jardim na noite anterior. A primeira reação é, geralmente, procurar uma rota de fuga. Naquele caso, eu não tinha nenhuma.

— Por que eu? — perguntei.

— Porque você é britânico — respondeu ele — e gentio.

Eu não conseguia ver uma conexão ali, mas assenti mesmo assim. Simplesmente eu precisaria ouvir o que ele tinha a dizer. O homem respirou fundo.

— Eu estava no Irgun naquela época. Dirigi o caminhão até o Hotel King David.

Houve um momento de silêncio entre nós. O murmúrio em torno do balcão era um ruído de fundo distante. Ele ainda me encarava, pequeno, magro e intenso, com os olhos negros me fitando sem piscar. Ainda suplicante. Eu não sabia o que dizer.

— É isso?

— Não, não é só isso. Quero que você acredite em mim. Saí do subsolo e fui até uma cafeteria francesa do outro lado da rua. Usei o telefone público. Eu fiz uma ligação para o King David e pedi que fosse transferido para o quartel-general. Falei com um oficial júnior. Eu disse a ele que havia uma bomba.

— E?

— Ele não acreditou em mim. Disse que era impossível. Então desligou. Vinte minutos depois, a bomba explodiu. Mas eu tentei. Por favor, acredite em mim. Eu tentei mesmo.

Se teria havido tempo de evacuar o imenso hotel em vinte minutos era uma pergunta que não valia a pena ser feita.

— Tudo bem. Acredito em você.

— Obrigado.

— Mas tenho uma pergunta — continuei. — Por que você não disse nada a eles? — Indiquei os combatentes em torno do balcão.

— Eles me matariam — respondeu o homem. Acho que ele poderia estar certo nisso.

Parti de Israel no dia seguinte. Voltei a Londres e fui até Ashford ver meus pais. Em seguida, parti mais uma vez para a selva. De volta aos campos de morte na África.

Ratos e espiões

A MAIOR PARTE DA MÍDIA BRITÂNICA tem um problema recorrente com os diversos órgãos do serviço de informações britânico: uma aparente inabilidade em discernir qual é qual.

Existem três órgãos principais. O menos mencionado é, ironicamente, o maior. Trata-se do GCHQ ou Government Communications Headquarters, situado em um vasto complexo circular perto da cidade de Cheltenham. Sua principal tarefa está relacionada a SIGINT, o acrônimo em inglês para inteligência de sinais, a coleta de informações por meio da interceptação de sinais de comunicação.

Basicamente, o GCHQ ouve. A agência intercepta e discretamente escuta o que inimigos e oponentes dos britânicos têm a dizer em nível mundial; às vezes, ela faz isso até mesmo com os aliados. Em um quixotesco retorno aos dias do império, possui estações em várias partes do mundo, o que até mesmo a Agência de Segurança Nacional dos Estados Unidos, muito maior e com um financiamento muito mais generoso, acha bastante útil. Como resultado, existe uma constante partilha e troca de "produtos" entre ambas.

É essa incessante troca de informações, essa invisível, porém crucial colaboração entre as agências de inteligência e segurança dos dois países que constitui o muito ridicularizado "relacionamento especial", incluindo confiança e coleguismo mútuos entre, também, as Forças Especiais de ambos os países. Isso não tem nenhuma relação com uma hipotética e frequentemente passageira amizade entre políticos.

Além do GCHQ, existe o Serviço de Segurança, também chamado de MI5. Como muito tempo atrás seu endereço de correspondência era PO Box 500, Londres, às vezes ele é sarcasticamente chamado de Box 500. Ele é responsável pela segurança interna contra espionagem estrangeira, terrorismo estrangeiro e doméstico e traição doméstica. O MI5 mantém apenas alguns postos no exterior para fazer ligação com agências de segurança amigáveis.

A agência tida como mais glamorosa é o Serviço Secreto de Inteligência, o SIS, normalmente chamada por um título ao qual renunciou anos atrás: MI6. Com frequência há confusão entre o Serviço Secreto e o Serviço de Segurança, além de troca entre seus números e funções. Mas qualquer um remotamente relacionado a eles é descrito universalmente por pessoas de fora com outro nome equivocado: "espião".

O verdadeiro espião quase certamente é um estrangeiro profundamente emaranhado na trama clandestina do próprio país, preparado para sintetizar as informações secretas desse país e entregá-las aos seus reais empregadores. O intermediário é chamado de "ativo", e o funcionário de tempo integral que o gerencia é seu "controlador".

Existe a relativamente nova nomenclatura *"spook"*, mas nunca vi a palavra *"spy"* ser usada no mundo dos serviços de informações. Apenas os jornais e a TV a empregam, normalmente de maneira equivocada.

Dito isso, o MI5 está baseado na Thames House, na margem norte do Tâmisa, em Londres, a algumas centenas de metros do Parlamento, ao passo que o SIS fica em Vauxhall Cross, na margem sul do rio, quase três quilômetros acima, depois de ter se mudado da velha e decrépita Century House, no distrito Elephant and Castle.

A tarefa do SIS é a coleta de informações internacionais, e sua presença é mundial, com uma "estação" em quase todas as embaixadas britânicas e, às vezes, também nos consulados. Basicamente, ele busca descobrir e alertar. Políticos têm o hábito de desprezá-lo quando estão na oposição, mas salivam de prazer quando estão no gabinete e são levados a uma sala silenciosa e descobrem o que realmente está acontecendo por trás daquilo que acreditavam que estava acontecendo.

É normal que políticos odeiem ser surpreendidos, e é aí que entram os alertas, mas para isso é preciso saber o que as pessoas más estão planejando, pretendendo ou pensando. Como é raro que isso seja divulgado, deve ser descoberto de maneira clandestina. Daí a espionagem.

Isso envolve três categorias amplas: a inteligência eletrônica, ou ELINT, que investiga a superfície do mundo com câmeras montadas em satélites, drones ou aeronaves; a inteligência de sinais, ou SIGINT, que intercepta tudo o que os malfeitores dizem uns aos outros quando acreditam ter privacidade absoluta; e a HUMINT, ou coleta de informações de pessoas.

O Reino Unido jamais foi capaz de competir com os vastos orçamentos dos Estados Unidos e não tem um programa espacial, mas traz à mesa uma contribuição valorosa em termos de HUMINT. Infiltrar um agente no coração de uma situação difícil pode produzir mais resultados que qualquer dispositivo eletrônico. Essa é a especialidade do SIS.

Quanto aos termos, quem trabalha no SIS se refere a ele como "o Escritório", ao passo que as pessoas de fora usam a expressão "a Firma", chamando os funcionários de "amigos". Não confundir com a CIA, que é "a Agência" ou "a Companhia" e cuja equipe são os "primos".

Considerando a população de mais de sessenta milhões de habitantes do Reino Unido e o tamanho de seu produto interno bruto, o Estado sempre teve um SIS menor — e consequentemente mais barato — que o de praticamente qualquer outra nação desenvolvida do mundo. O contribuinte britânico não está sendo fraudado. Existe uma razão quixotesca para isso.

Ao contrário de todas as outras agências, a Firma sempre pôde contar com um exército mundial de voluntários prontos a ajudar, se lhes for pedido com educação. São pessoas que exercem as mais diversas profissões que lhes permitem viajar. Elas podem concordar, ao chegar a um país estrangeiro em uma viagem comercial, em pegar um pacote, deixar uma carta no tronco oco de uma árvore, fazer um pagamento ou apenas manter olhos e ouvidos abertos e passar por um interrogatório simpático ao voltar para casa. Parece meio estranho, mas funciona.

Isso porque o melhor "disfarce" do mundo não é um disfarce, mas a própria verdade. Assim, se o Sr. Farnsbarns está de fato indo a uma feira comercial para vender seus clipes de papel, ele pode muito bem entrar em uma cabine telefônica, pegar uma carta do interior da lista e levá-la para casa em um compartimento invisível de sua maleta especialmente preparada. É aí que entra a economia: ele não faz isso por dinheiro, mas para ajudar "o bom e velho país". Pouquíssimas nações podem competir com isso.

Há ocasiões na vida em que se conhece uma pessoa e quase imediatamente se decide que ela é decente e confiável. Se for enganado por ela mais tarde, a sensação é a de ser atingido por uma adaga incandescente.

No fim de 1968, durante um breve retorno de Biafra para assinar alguns contratos como correspondente com vários jornais de Londres, conheci um membro da Firma chamado Ronnie. Ele me procurou, não o contrário, e foi muito franco em relação ao seu ofício. Fizemos um acordo.

Ele era um orientalista e tinha um bom mandarim, mas, para sua própria confusão, havia sido nomeado chefe do departamento da África. Admitiu saber muito pouco sobre o continente e menos ainda sobre o que realmente acontecia em Biafra. Acho que conversamos durante umas vinte horas, distribuídas por vários dias, enquanto eu explicava o estado precário das coisas e a morte por inanição de milhares de crianças. Se eu não confiasse nele, jamais teria concordado com o que veio depois.

O Ministério das Relações com a Commonwealth (CRO) havia se juntado ao Ministério das Relações Exteriores para formar o Minis-

205

tério das Relações Exteriores com a Commonwealth (FCO). Tanto o antigo ministro de Estado do CRO quanto seu adjunto, o ministro de Estado, renunciaram, um depois do outro. O primeiro, um presbiteriano escocês profundamente religioso, George Thomson, a despeito das razões oficiais fornecidas, simplesmente não podia continuar a presidir uma política que considerava desprezível e imoral. Seu adjunto, George Thomas, era um devoto metodista gaulês e partilhava dessa opinião.

(Mais tarde, Thomas se tornou porta-voz da Câmara dos Comuns e se aposentou como lorde Tonypandy, permanecendo um político honrado e respeitável, inclusive em sua posição sobre a situação de Biafra.)

Mas o FCO estava agora nas mãos do terrível Michael Stewart, fiel seguidor dos figurões do serviço público. Eles, liderados por lorde Greenhill, absorveram integralmente a política do CRO, baseada por sua vez na avaliação equivocada de Sir David Hunt, ainda alto comissário britânico em Lagos e defensor da política de apoio à Nigéria e destruição de Biafra em todos os seus despachos.

Após quinze meses de guerra, contudo, via-se o início de um debate, intensificado pela torrente de fotos terríveis mostrando os bebês de Biafra reduzidos a pouco mais que esqueletos vivos.

Começavam a ocorrer protestos, com a participação de figuras notáveis; o debate podia se dar nos níveis mais elevados e em completo segredo, mas o FCO estava em uma batalha defensiva pelas mentes do hesitante governo de Harold Wilson.

Tecnicamente, o SIS responde ao FCO, mas pode discordar em certas circunstâncias, especificamente sobre informações factuais e não meras opiniões. O problema de Ronnie era que ele não tinha informações específicas sobre o interior de Biafra, baseadas em testemunhos visuais, para contrabalançar as garantias vindas de Lagos de que os horrores eram exagerados e que, de qualquer modo, a guerra terminaria em breve — a ladainha repetida durante os quinze meses da suposta guerra de duas semanas.

Fiz o que fiz não porque subestimasse os biafrenses — longe disso. Fiz aquilo para tentar influenciar a discussão em Whitehall, que continuou intermitentemente pelos quinze meses seguintes, até a destruição final de Biafra, com um milhão de crianças mortas.

A discussão era entre:

"Primeiro-ministro, isso não pode continuar. O custo humano é simplesmente alto demais. Devemos reconsiderar nossa política. Devemos usar toda a nossa influência para conseguir um cessar-fogo, uma conferência de paz e uma solução política."

E:

"Primeiro-ministro, posso assegurar que os relatos da mídia são, como de costume, sensacionalistas e exagerados. Temos informações de que o regime rebelde está próximo do colapso. Quanto mais rápido isso acontecer, mais rápido poderemos enviar alimentos e auxílio para o território rebelde. Até lá, é importante que o senhor se atenha a essa política ou até mesmo intensifique o apoio ao governo federal."

Nem eu nem Ronnie tínhamos como saber, em outubro de 1968, quanto caminho ainda havia a ser percorrido e quantos ainda morreriam. Mas o argumento em prol do cessar-fogo perdeu por dois motivos: vaidade e covardia.

Dizem que, quando vê os filhotes em perigo, uma tigresa luta com uma paixão insana para defendê-los. Mesmo essa dedicação, porém, é pouca se comparada à fúria com que os servidores públicos mais graduados, especialmente os do Ministério das Relações Exteriores, defenderão a ficção de que nunca cometem erros.

A covardia, como de costume, estava relacionada aos políticos, Wilson e Stewart. Basicamente, o problema era: "Primeiro-ministro, se o senhor ceder ao argumento que lhe pede que 'reconsidere' sua posição, terá de admitir que, durante quinze meses, seu governo esteve errado. Como responderá quando a mídia pedir explicações sobre as duzentas e cinquenta mil crianças mortas até agora?" Nesse ponto, a resposta de Wilson e Stewart era: "Muito bem, façam o que for preciso. Mas sejam rápidos."

Assim, o apoio militar, diplomático e de propaganda à ditadura de Lagos aumentou discretamente. Ronnie me convenceu de que a Firma poderia vencer essa discussão se pudesse refutar a acusação de exagero da mídia com provas de que a situação era mesmo como fora relatado ou ainda pior.

Para fazê-lo, ele precisava de um "ativo" no interior do enclave de Biafra, o que chamou de "alguém em campo". Quando retornei à selva, ele contava com um.

A tarefa tinha três partes. Relatar, por meio dos vários jornais e revistas que haviam me aceitado como *stringer* (correspondente local sem vínculo empregatício), o desenvolvimento da guerra em termos militares. Usar os mesmos veículos para retratar a situação humanitária, o desastre das crianças morrendo de *kwashiorkor* (deficiência de proteína) e os esforços da Igreja para mantê-las vivas usando uma ponte aérea ilegal de alimentos vindos de literalmente todas as partes do mundo.

Havia pelo menos uns dez jornalistas cumprindo essas mesmas tarefas, às vezes vinte, indo e voltando. Além deles, delegações de parlamentares, senadores e emissários de vários grupos preocupados, sentindo que era preciso ver a situação pessoalmente e relatar o que ocorria.

Na Europa e na América do Norte, essa questão, baseada em relatos, fotos e filmes, tinha ficado enorme, unindo esquerda e direita e jovens e velhos em passeatas e manifestações. Algumas vezes, Harold Wilson pareceu quase sitiado, e, duas vezes, como eu soube depois, a política de "reconsideração" quase foi adotada. Se o partido da oposição, o Partido Conservador, tivesse feito pressão, a mudança de política poderia ter ocorrido e a morte das crianças chegaria ao fim, mas Edward Heath, líder dos conservadores no Parlamento, partilhava com o FCO a obsessão pela União Europeia e agiu de acordo com ela.

A terceira tarefa era manter Ronnie informado sobre coisas que, por vários motivos, não podiam aparecer na mídia. Apenas uma vez, depois de nove meses, as coisas ficaram complicadas quando começou a se espalhar um rumor de que eu trabalhava para Londres. Se essa suspeita tivesse ido além disso, teria sido bastante difícil manter minha situação como estava. Descobri que a fonte do rumor era o mercenário e ex-legionário alemão Rolf Steiner, com quem eu nunca me dera muito bem.

Não havia nada a ser feito, a não ser sussurrar algumas palavras nos ouvidos certos. Duas noites depois, furioso, gritando e se debatendo com as mãos amarradas às costas, Steiner foi colocado em um avião para Libreville e nunca mais retornou.

Uma explosão na mídia

JAMAIS SE DEVE ESQUECER que a guerra entre Nigéria e Biafra passou por dois períodos diferentes, e a transição de um para o outro não durou mais que quinze dias.

Durante o primeiro ano, de julho de 1967 a junho de 1968, foi apenas uma guerra africana comum, desenrolando-se de maneira incompetente. Os nigerianos, com seu exército de oito mil soldados de infantaria no verão de 1967, presumiam que varreriam a província separatista do mapa. Os biafrenses, por sua vez, acreditavam que Lagos insistiria na guerra durante alguns meses e, percebendo que era inútil, desistiria. Nada disso aconteceu.

Após o breve fracasso da invasão biafrense no meio-oeste, atravessando o rio Níger, a Nigéria havia passado a adotar o alistamento obrigatório, forçando o ingresso de dezenas de milhares de jovens relutantes nas Forças Armadas. Essa grande expansão exigiu armas, de rifles a artilharia, blindados, quantidades assombrosas de munição, para substituir a que era amplamente disparada para cima, e treinamento. Foi aí que entrou o *establishment* britânico. Por trás de uma imagem desonesta de "neutralidade", o governo Wilson forneceu equipamentos sem os quais a guerra não poderia ter continuado. Foi algo que os biafrenses não haviam previsto.

A propaganda de Whitehall tropeçava em uma mentira atrás da outra, mas, durante o primeiro ano, a mídia não prestou muita atenção ao que estava acontecendo, porque o leste da Nigéria era um lugar obscuro e de interesse mínimo para os leitores. A primeira mentira foi que Londres se limitaria a "cumprir os contratos existentes", mas logo teve de fazer mais que isso por causa da expansão do Exército nigeriano, enviando carregamentos e mais carregamentos.

Dinheiro não era um problema para a Nigéria: havia sempre o petróleo e o crédito do país era bom. Era tudo uma questão de licenças de exploração. Apoiadas pelo alto comissário em Lagos, elas eram concedidas sem demora.

Outra mentira inicial foi que nenhuma arma seria enviada do Reino Unido para suprir a guerra. A palavra-chave era "do", não "pelo". De fato, os suprimentos saíam dos estoques britânicos no imenso arsenal da OTAN em Bruxelas e, tecnicamente, eram enviados da Bélgica. Então esses estoques eram reabastecidos por carregamentos enviados do Reino Unido para a Bélgica.

Lentamente, tanto a expansão quanto os suprimentos surtiram efeito. O exército nigeriano se arrastou pelo território, vilarejo após vilarejo e cidade após cidade. A capital Enugu foi tomada e substituída por Umuahia. Port Harcourt caiu, e seu aeroporto foi perdido. Com o aeroporto de Enugu também inviabilizado, um novo foi criado pelos secessionistas em Uli, a partir de um trecho de pouco menos de quatro quilômetros de estrada. Tornou-se o único ponto de entrada e saída, com velhos cargueiros chegando das ilhas de Fernão do Pó (espanhola) e São Tomé (portuguesa).

A transformação começou sorrateiramente em maio de 1968, quando os missionários notaram mães preocupadas, vindas do interior, trazendo os filhos fracos e subnutridos para serem examinados.

Os missionários constituíam uma rede espalhada por todo o país, principalmente os padres do Espírito Santo e as freiras do Santo Rosário, ambos de Dublin. Eles dirigiam igrejas, escolas e dispensários. Havia alguns missionários protestantes, mas a grande maioria era católica. Os ibos eram majoritariamente católicos, e o islã nunca penetrara as terras ao sul da savana.

Os padres e as freiras sabiam exatamente o que estavam vendo: *kwashiorkor*, deficiência proteica extrema. A ausência total de alimentos ricos em proteínas finalmente trazia suas consequências. Ninguém previra isso, pois ninguém achara que a guerra duraria tanto tempo. Sem a intervenção do governo Wilson, não teria durado. Mas o surgimento de *kwashiorkor* transformou uma guerra incompetente pela selva em uma tragédia humanitária de enormes proporções, do tipo que a África, a Europa e a América do Norte jamais tinham visto. Mas estavam prestes a ver.

Os padres pediram fundos na Irlanda, e algumas maletas de medicamentos chegaram. Mas ninguém prestou atenção. A visita da mídia em fevereiro, da qual a BBC se recusara a participar, ocorrera antes de os sinais serem evidentes. Eu tinha voltado de Israel em algum momento de maio. Em junho, dois jornais britânicos enviaram um repórter e um fotógrafo cada: o *Daily Express* e o agora finado *Daily Sketch*.

Graças a Stewart Steven, o editor internacional, eu fora contratado pelo *Daily Express*, e minha tarefa era escoltar Walter Partington e David Cairns. A visita começou com as formalidades de sempre: uma breve instrução sobre a situação militar e uma visita a uma ou duas frentes onde houvesse combate ativo.

Walter, que chegara com meia caixa de uísque e inestimáveis maços de cigarros, recusou-se a sair da cabana que lhe fora designada, onde permaneceu consumindo seus suprimentos, sem partilhá-los com ninguém. Eu e David Cairns fomos até as frentes de batalha com escolta do exército de Biafra. Ao voltarmos, Walter havia exagerado no uísque e não estava em condições de escrever; assim, redigi e transmiti todos os despachos eu mesmo, em nome dele.

(Ironicamente, ao voltar para casa ele inscreveu o conjunto no prêmio de Repórter Internacional do Ano — e venceu.)

Então encontramos as crianças subnutridas em uma missão católica. David Cairns e seu colega do *Sketch* fizeram centenas de fotos, guardaram os rolos em cápsulas à prova de luz e os levaram para casa. Naquela época, podíamos transmitir palavras por telex, mas não fotografias.

Jamais pus as mãos as edições do *Express* e do *Sketch* da semana seguinte, mas seus efeitos foram dramáticos. Hoje em dia, todos já vimos fotos de crianças famintas na África e na Ásia, mas, em 1968, ninguém no Ocidente jamais tinha visto algo do tipo.

Foi o catalisador que a situação requeria. Tudo mudou, transformando uma guerra africana pouco intensa e que não despertava interesse na maior causa humanitária da década.

No Reino Unido, depois na Europa e nos Estados Unidos, cidadãos comuns expressaram seu horror, protestaram e fizeram doações. Isso resultou na maior missão de caridade que o mundo já tinha visto até então, uma ponte aérea noturna das ilhas da costa para a rústica pista de Uli, no coração da floresta tropical.

Na Dinamarca, o ministro protestante Vigo Mollerup recrutou pilotos de todas as companhias aéreas escandinavas para passarem as férias pilotando cargueiros cheios de leite em pó até Uli. A operação foi chamada de Nord Church Aid. O que eles carregavam era doado pelo Conselho Mundial de Igrejas (wcc, protestante) e pela Caritas (a organização católica internacional de caridade baseada em Roma). O papa ordenou que o monsenhor Carlo Bayer, um silesiano, usasse os fundos da Caritas para a contribuição católica.

Também no grupo estava o icrc (Comitê Internacional da Cruz Vermelha), liderado pelo suíço Karl Jaggi. O mais extraordinário era tudo isso ser ilegal. Pela lei, aqueles aviões salvadores de vidas estavam invadindo o espaço aéreo da Nigéria, contra os desejos da junta militar baseada em Lagos, que comprou caças mig e conseguiu pilotos do bloco comunista para tentar abatê-los. Por isso os aviões de ajuda humanitária tinham de voar à noite e pousar no escuro. Algo assim jamais acontecera antes e não aconteceu novamente desde então.

No fim do outono, a ponte aérea, chamada de Joint Church Aid ou, debochadamente, Companhia Aérea Jesus Cristo, estava em plena operação e continuou assim até o fim. As três agências principais, wcc,

Caritas e ICRC, afirmaram que houve um milhão de crianças mortas e uma cifra quase igual de crianças salvas.

No fim da guerra, a rede de centros de alimentação se espalhara por todo o ainda desafiador enclave, onde as crianças esperavam pela morte ou por uma tigela de leite rico em proteínas, e tinha uma população temporária estimada em meio milhão de pessoas. Os grupos de sepultamento com frequência colocavam cem crianças de um centro em uma cova coletiva em um único dia.

E a mídia chegou, às centenas, com seus repórteres e câmeras, juntamente com inúmeros voluntários que simplesmente queriam ajudar como pudessem. Muitos não puderam entrar — havia voluntários demais.

E o governo britânico de Harold Wilson e o Ministério das Relações Exteriores? Eles se ativeram teimosamente à velha e desacreditada política, duplicando suprimentos, conselhos e propaganda para a junta nigeriana. O gabinete de imprensa do FCO chegou a níveis bastante inacreditáveis de desonestidade para cumprir sua missão.

Um funcionário afirmou à mídia presente, com toda a seriedade, que não havia ninguém passando fome no "enclave rebelde", com exceção de um grupo de crianças deliberadamente mantidas como esqueletos vivos para serem exibidas. Sempre que uma missão de pessoas importantes circulava pelos vilarejos, esses farrapos subnutridos eram enviados com antecedência para que estivessem presentes e saudassem os visitantes. Foi o produto de uma escola particular com uma gravata antiquada e um diploma quem ofereceu essa pequena pérola à imprensa.

Em outra ocasião, o herói de guerra, o capitão Leonard Cheshire, condecorado com a Cruz Vitória, foi convidado a visitar a Nigéria e retornar para apoiar a linha oficial. Ele foi até a Nigéria, mas se recusou a não ir até Biafra. O que viu na segunda visita o deixou tão chocado que ele retornou e denunciou a política oficial. Foi imediatamente tratado como tolo ingênuo.

Era padrão afirmar que qualquer jornalista expressando desgosto pelo que acontecia era um mercenário, um negociante de armas ou um propagandista de Ojukwu, mesmo que fosse bem difícil discutir com um milhão de fotos.

Nenhuma tragédia humanitária de grande escala, com exceção daquelas infligidas pela própria natureza, é possível sem dois tipos de colaboradores. Hitler jamais teria levado a cabo o Holocausto se tivesse se apoiado apenas nos sádicos fardados da ss. Por trás deles, tinha de haver outro exército de organizadores, administradores e burocratas — os facilitadores.

Alguém precisava fornecer fardas, botas, armas, munições, salários, rações e arame farpado em um fluxo constante. Alguém precisava supervisionar o suprimento de instrumentos de tortura e cilindros de gás. Essas pessoas jamais apertaram um gatilho ou ligaram uma câmara de gás, mas permitiram que isso fosse feito. É a diferença entre o executor e o possibilitador.

Começando com uma análise tendenciosa e falha de Sir David Hunt, adotada pelo Ministério das Relações com a Commonwealth, assumida e intensificada pelo Ministério das Relações Exteriores, covardemente endossada por Harold Wilson e Michael Stewart, permaneço convencido até hoje de que nada teria acontecido sem a integral e secreta contribuição do governo Wilson.

Tampouco a guerra era necessária para proteger algum interesse britânico vital, e que interesse vale um milhão de crianças mortas? O Reino Unido poderia ter utilizado sua imensa influência em Lagos para lutar por um cessar-fogo, uma conferência de paz e uma solução política. Ele escolheu não fazer isso, a despeito de repetidas oportunidades, apoiando a crença de Hunt de que Biafra devia ser destruída a qualquer preço, mas sem jamais explicar por quê.

É por isso que acredito que essa panelinha de figurões vaidosos e políticos covardes manchou a honra do meu país para sempre. Eu jamais os perdoarei.

215

Um certificado útil

O PLANO ERA MARCHAR muitos quilômetros pelas linhas nigerianas para explodir uma ponte que fazia parte de uma importante
rota de suprimentos para um dos seus mais avançados postos no
interior do território ibo.

Para ser franco, não havia "linhas", no sentido de trincheiras forti-
ficadas. A mídia gostava de traçar linhas nos mapas unindo os pontos
avançados nigerianos, vilarejos a que tinham chegado e nos quais havia
presença do exército. Na selva, contudo, havia uma miríade de trilhas
estreitas, conhecidas apenas pelos guias dos vilarejos mais próximos,
por meio das quais era possível marchar pelas "linhas" até o interior.
Esse era o plano para chegar à ponte que era o nosso alvo.

A missão deveria incluir três mercenários e vinte dos melhores
"comandos" de Biafra, além de dois guias locais, que conheciam as
trilhas que cortavam a vegetação. Decidi ir junto, suspeitando que
ali haveria uma boa matéria.

Na primeira noite, percorremos metade do trajeto. Montamos
acampamento, porque nem mesmo os guias eram capazes de seguir
em frente. Não era apenas escuro na floresta: era preto como breu.
Assim, acampamos e fizemos uma pequena fogueira. Após um jantar
bastante modesto, o grupo se ajeitou para dormir, como sempre consumido por mosquitos e espantado com o barulho da floresta é à noite.

216

Havia Taffy, o sul-africano com nome galês; Johnny, o rodesiano com nome sul-africano; Armand, o parisiense com nome corso; e eu, o inglês com nome escocês. E havia os biafrenses, que eram todos ibos. Na escuridão, Taffy subitamente disse:

— Aposto que eu sou o único em torno dessa fogueira que pode provar que é são.

Ficamos todos deitados lá, lentamente chegando à conclusão de que a única maneira de provar a sanidade de alguém é ter um certificado que o diga. E a única maneira de receber um certificado desses é receber alta de uma instituição psiquiátrica.

Pensei: estou no meio de lugar nenhum. Se eu desaparecer esta noite, ninguém saberá o que aconteceu comigo ou fará perguntas a respeito. Eu poderia simplesmente sumir. Estou deitado ao lado de um sujeito enorme e armado até os dentes dizendo ser meio maluco de brincadeira. Permaneci acordado.

Há momentos em que a pergunta "O que diabos eu estou fazendo aqui?" simplesmente não vai embora. No dia seguinte, Johnny, o mago dos explosivos, explodiu a ponte e voltamos pelo mato até terras biafrenses. Fiz questão de caminhar atrás de Taffy para o caso de ele esquecer o certificado.

Sr. Sissons, eu presumo

O PLANO ERA IR de Land Rover até a última posição biafrense conhecida e, então, marchar pela rodovia de Aba até Owerri e montar uma emboscada. Concordei em ir junto, mesmo que se tratasse de uma missão puramente biafrense, sem o envolvimento de mercenários brancos.

Eu sempre ficava cauteloso ao sair com uma patrulha inteiramente ibo, porque, caso as coisas dessem muito errado, eles poderiam simplesmente desaparecer em sua mata nativa, enquanto eu estaria perdido poucos metros depois e muito provavelmente acabaria trombando com uma unidade do Exército nigeriano, confundindo-a com uma de Biafra. Os rostos eram os mesmos, as fardas eram similares e a floresta era confusa.

Mas tudo correu bem. Sabíamos que Aba tombara e agora era um ponto fortificado dos nigerianos. Owerri ainda estava sendo contestada. A rodovia poderia permitir a passagem de comboios nigerianos de tropas e suprimentos — daí a ideia de uma emboscada noturna. Jamais me ocorreu que algum tolo do lado nigeriano pudesse enviar um grupo de jornalistas visitantes.

Assim, o comando oficial escolheu um local na relva acima da rodovia e nos acomodamos para esperar. Depois de uma hora, ouvimos o rumor baixo de motores vindo do sul e, em seguida, as luzes fracas dos faróis.

Estávamos invisíveis na relva alta e debaixo das árvores, mas a rodovia, sem a cobertura da mata, estava perfeitamente visível. O Land Rover nigeriano na liderança recebeu uma saraivada de balas e foi direto para a vala, bloqueando a estrada para o comboio e evitando fugas. Os motoristas dos caminhões que vinham atrás entraram em pânico, pararam e deixaram sair as formas turvas dos homens que estavam em seu interior. Os biafrenses continuaram a atirar e os nigerianos começaram a gritar.

Então, acima do barulho, ouvi uma única voz gritando em inglês, com sotaque perfeitamente britânico:

— Fui atingido. Ai, meu Deus, fui atingido!

Foi a primeira indicação de que havia europeus na rodovia.

Estreitando os olhos na escuridão, discerni a figura, e seu sotaque deixou claro que se tratava de um compatriota. Ao meu lado, um soldado biafrense tinha visto o alvo e erguia seu rifle FAL para terminar o serviço. Uma rivalidade jornalística pode se tornar tensa ocasionalmente, mas nunca a esse ponto. Estendi o braço, empurrei o cano da arma para o alto e o tiro se perdeu entre as copas das árvores. Ele se virou e pude ver o branco de seus olhos quando me encarou com raiva. Então, o comandante da emboscada apitou — o sinal para recuar até a selva e correr como loucos.

O inglês na estrada tinha levado um tiro na coxa. Meses depois, soube que se tratava de Peter Sissons, astro da Independent Television. Ele foi retirado de avião e se recuperou completamente.

Anos depois, durante uma festa de caridade, entre todos os eventos, e tendo bebido um pouco além da conta, deixei a história escapar. Ele e a esposa estavam presentes. Peter recebeu a notícia com uma adequada dignidade, mas sua esposa me deu um enorme beijo.

Dose dupla

DOZE ANOS DEPOIS da guerra de Biafra, eu me vi em um bar de Londres com um veterano do regimento do Serviço Aéreo Especial (SAS). Do nada, ele me disse:

— Você me deve uma bebida.

Se alguém como ele disser que você lhe deve uma bebida, não discuta. Simplesmente vá até o balcão e peça uma dose dupla para o sujeito. Foi o que fiz. Depois que ele bebeu um generoso gole, perguntei por quê.

— Porque eu já tive a sua cabeça na mira e não puxei o gatilho.

Reconheci que aquilo merecia uma garrafa inteira. Também confirmava algo de que havia muito eu suspeitava. O SAS é especializado (entre muitas outras coisas) em penetrar profundamente no território alvo, coletar informações e recuar sem ser visto. Rumores recorrentes afirmavam que parte da ajuda extensiva de Londres a Lagos fora a presença das nossas Forças Especiais no território nigeriano. A negação política sempre fora um pouquinho estridente demais.

Certamente não houvera tal presença até 1968. Minha única incursão pelo território a oeste do Níger fora como correspondente da BBC, deslocando-me com a força de invasão biafrense através da ponte Onitsha, no ano anterior. Após meu retorno, em 1968, eu sempre estivera no interior do enclave biafrense. Meu amigo, que bebia satisfeito no bar, só teria tido a chance de me ver se estivesse enfiado no meio de árvores nas entranhas de Biafra.

Eis quanto valem as negativas oficiais.

Pedaços de metal

DE TODOS OS PEDAÇOS DE METAL que já foram lançados na minha direção, os piores são os morteiros. Porque são silenciosos. A única coisa que se ouve durante sua queda é um sussurro discreto antes do impacto. Geralmente, não há tempo para buscar abrigo.

Se o solo em que cai for macio ou pantanoso, como às vezes acontecia em Biafra, a bomba pode penetrar profundamente no momento do impacto, gastando muito da força explosiva e das nuvens de estilhaços na lama ao redor.

Mas, caso caia em solo duro, detona com um estalo ensurdecedor. Esse não é o problema: o problema é que o revestimento se transforma em uma chuva de centenas de fragmentos de metal afiadíssimos que se espalham da altura dos joelhos até bem acima da cabeça, em um círculo ao redor da explosão. Qualquer um pego nessa saraivada de estilhaços provavelmente será feito em pedaços ou, no mínimo, ficará aleijado.

Por isso eu odeio os morteiros — por causa do silêncio. Os nigerianos, ao contrário dos biafrenses, tinham artilharia com bombas, constantemente reabastecida por Londres, a despeito das mentiras. No entanto, era reconfortante quanto eram imprecisos como atiradores, e um projétil produz um sibilo audível, como o metrô chegando à estação. Há tempo suficiente para se jogar no chão com o rosto voltado para baixo e esperar que a explosão passe por cima da sua cabeça.

Metralhadoras não são nada divertidas, mas os nigerianos simplesmente as colocavam no automático, usando todo o pente em uma única rajada, em geral mirando alto e rasgando a copa de inúmeras árvores inocentes. Havia tempo o bastante para se abaixar ou se jogar em uma vala amiga e ficar abaixo do nível do solo.

Quanto aos fuzis, os nigerianos usavam o SLR padrão da OTAN ou fuzis de carregamento automático. Eles também os deixavam no "automático" e esvaziavam o pente em alguns segundos. Quando as copas das árvores começavam a ser rasgadas por disparos, se jogar no chão era uma boa garantia de sobrevivência. Fora isso, os recrutas compulsórios semitreinados (se tanto) não conseguiriam acertar a porta de um celeiro a dez passos. Literalmente centenas de milhões de balas atravessaram as copas das árvores.

Os biafrenses tinham suprimentos muito mais limitados, que chegavam de avião, não de navio, mas os mercenários que tentavam ensinar a economizar munição tinham uma missão impossível pela frente. Na África, "varrer o terreno" parece ser a única tática de infantaria.

Entre os biafrenses, as duas armas mais temidas eram os blindados Saladin e o carro blindado Ferret, ambos fornecidos por Londres. O Saladin tinha um canhão, que a tripulação não sabia usar, e uma metralhadora pesada e realmente mortal. Mas também era possível ouvi-los se aproximando — o rugido do Ferret e o gemido do Saladin normalmente permitiam que todos saíssem do caminho. Infelizmente, quando os biafrenses ouviam os Saladins chegando, eles simplesmente saíam correndo e outro vilarejo era perdido.

Em certo momento, a Nigéria adquiriu uma arma aérea: bombardeiros Ilyushin de dois motores e caças MiG-17, ambos pilotados por mercenários egípcios ou alemães orientais. Os biafrenses não tinham forças antiaéreas, embora isso não os impedisse de desperdiçar munição ao atirar para cima quando viam uma aeronave de ataque. Os nigerianos não contavam com pilotos, pois os únicos que já tiveram

eram todos ibos. Assim, os Ilyushin e os MIGs voavam baixo, escolhiam alvos e os bombardeavam. Mas jamais alteraram o curso da guerra. Só uma vez fui atacado por um MIG.

Eu estava em uma longa estrada de laterita ladeada apenas por relva, ou seja, sem cobertura de árvores. O MIG surgiu à minha direita, visível pelo vidro do motorista do meu Fusca. (Na época, dirigia-se pela esquerda da estrada na Nigéria.) Eu o vira, mas ele também me vira e voava no mesmo sentido do meu carro, a cerca de três mil pés.

Pelo para-brisa, acompanhei quando o piloto inclinou a asa de bombordo e virou o caça a cento e oitenta graus, mergulhando e nivelando novamente logo acima da estrada. Pisei no freio, saí do carro e me atirei na vala no momento em que ele abriu fogo.

Ele percorreu a estrada, com o canhão abrindo pequenas fontes de pedregulho da superfície de laterita, passou acima de mim com um estrondo e foi embora, fazendo apenas uma passagem. O piloto não devia ser muito bom. A despeito de ter destruído a estrada, não atingiu o Fusca uma vez sequer. Quando o caça se transformou em um ponto rumando em direção ao Níger, consegui ligar o carro, contornar os buracos e chegar a minha barraca na cidade de Umuahia.

Mas o que chegou mais perto de me mandar desta para outra, possivelmente para uma melhor, foi um operador de morteiro em Onitsha. Eu tinha ido visitar uma frente ao sul da cidade ribeirinha, perto da cabeça de ponte, o que significava uma longa jornada de volta, passando por uma encosta árida e exposta onde eu estacionara o carro no meio de um arvoredo. Eu já tinha percorrido um terço do caminho pela encosta quando alguém do outro lado do rio me viu, provavelmente com binóculos. A pele branca deve tê-lo irritado, pois ele realmente se deixou levar.

Ouvi o sussurro baixo e me joguei no chão. Havia sido um tiro longo e caiu a mais de noventa metros de onde eu estava. Não houve danos mas também não havia cobertura. Procurei alguma vala e encontrei uma a quase vinte metros. Consegui chegar a tempo, pouco antes de o segundo projétil ser lançado.

Valas para o escoamento da chuva forneciam uma boa cobertura, mas os moradores locais tendiam a usá-las como latrinas. Na temporada de chuvas, os detritos eram levados embora, mas estávamos em um mês seco e aquela vala não era um bom local para se passar as férias. Mesmo assim, era melhor que ser feito em pedaços. Fiquei deitado e contei os segundos. Sete. Então o terceiro projétil atingiu o chão. Mais perto, porém acima da minha cabeça.

Saí da vala com um pulo e comecei a correr, contando os segundos e esperando que meu novo amigo não tivesse muita imaginação.

Não tinha. No sexto segundo, voltei à vala, e, no sétimo, o projétil seguinte foi lançado. Não era um projétil de sessenta milímetros, mas de oitenta e um. Muito perigoso.

Eu torcia para que ele observasse o trajeto do projétil antes de colocar o seguinte no tubo. O tempo de viagem era de exatamente sete segundos. Eu jamais gostei de correr, e aquela corrida foi das piores. Levantar-correr-desviar-bum! Finalmente cheguei ao ponto em que a encosta se inclinava para longe do rio. Com duas outras corridas, eu estaria fora do campo de visão do sujeito.

Esperando que ele pudesse me ver, eu me virei e mostrei o dedo médio. Então saí de seu campo de visão. Houve três outros disparos, mas eles ficaram cada vez mais erráticos, até que consegui chegar ao carro e ir para casa. E é por isso que odeio morteiros.

Mais ratos... e mercenários

A EXPERIÊNCIA COM MERCENÁRIOS estrangeiros brancos foi extremamente irregular para os biafrenses. Ambos os lados faziam uso deles, mas a ideia de que eram invencíveis e podiam mudar o jogo, uma reputação derivada das guerras congolesas alguns anos antes, provou-se um mito.

Para os biafrenses, a primeira intervenção veio da França, então governada por Charles de Gaulle. Seu principal homem na África, Jacques Foccart, responsável por uma ampla variedade de trapaças no ex-império francês e em outros lugares, conseguiu que cerca de quarenta mercenários, quase todos franceses, fossem recrutados pelo antigo ícone da Legião Estrangeira, Roger Faulques, e enviados até lá para mostrar como um combate devia ser travado. Custaram a Biafra uma fortuna de suas reduzidas reservas.

Eles chegaram e foram designados para o setor Calabar, onde soldados nigerianos e biafrenses combatiam pela cidade ribeirinha. No caminho, dirigindo sem batedores, caíram em uma emboscada e perderam vários homens. Recuando desordenadamente, sua próxima parada foi o aeroporto, onde exigiram voltar para casa. Sentindo repulsa, o general Ojukwu permitiu que partissem.

Sete, porém, escolheram ficar, e a eles se uniram três não franceses. Formavam um grupo heterogêneo. Dois viviam fantasias e ilusões, dois gostavam de matar e um exibia requintes de crueldade. Alguns

225

dos franceses ficaram porque eram procurados em seu país de origem por crimes variados. Por fim, havia ex-soldados que simplesmente não conseguiram se adaptar à vida civil.

Também havia três pilotos mercenários que representaram a efêmera Força Aérea de Biafra até serem atingidos ou sofrerem acidentes com seus aviões e partirem. Três dos mercenários em solo morreram em combate. Um dos que lutavam como soldados, Giorgio Norbiato, que jamais cheguei a conhecer, era italiano e foi a primeira baixa. Morreu lutando na região do rio Imo, enquanto os nigerianos avançavam pelos riachos em torno de Aba.

Mark Goossens era um ex-paraquedista belga, um sujeito enorme. Morreu com uma bala no fígado durante uma fracassada tentativa de retomar Onitsha.

A terceira baixa foi um britânico, Steve Neeley, que eu achava realmente insuportável. Ele dirigia de um lado para o outro com um crânio no capô de seu Land Rover. Era a cabeça de um nigeriano morto que ele havia queimado até extinguir a carne e então prendera com arames na tampa do radiador.

Neeley desapareceu no setor Abakaliki; mais tarde, houve o rumor de que um dos seus próprios homens poderia ter feito o serviço. Eles atestaram que estava morto, mas o corpo jamais foi encontrado.

Os sobreviventes incluíam "Tiny" ou "Petit Bill" Billois, um gigante francês pesando uns cento e sessenta quilos. Anos após a guerra, ele morreu em um acidente de avião na França. Sempre ao seu lado estava seu primo Michel, tão discreto que quase não era notado, nem mesmo quando partiu. E Rolf Steiner, que fora nomeado comandante do grupo e referia-se a si mesmo como coronel. Ele pertencera à Deutsches Jungvolk (uma espécie de Juventude Hitlerista), entrara para a Legião Estrangeira, fora ferido em Dien Bien Phu, no Vietnã, e mandado para casa bem a tempo. Fora um dos integrantes do grupo de Faulques que decidira ficar. Ele se exibia em sua limusine americana confiscada, mas nunca o vi entrar em combate. Falava apenas francês e alemão e, por causa disso, precisei fazer as vezes de intérprete. Isso o tornava uma boa fonte de informações, mas jamais me dei bem com ele.

Também havia Taffy Williams, já mencionado.

Os únicos três de quem eu conseguia gostar eram Alec, um escocês que sobreviveu, voltou ao Reino Unido, casou-se e virou motorista de caminhão; o rodesiano Johnny Erasmus, o rei dos explosivos, ex-membro do Exército da Rodésia; e Armand, de Paris. Ele era magricela e moreno, com os olhos e cabelos negros de seus ancestrais corsos. Raramente falava, mas observava o mundo com um sorrisinho irônico.

Armand só tinha ido para Biafra porque o chefe da Brigade Criminelle da polícia parisiense o aconselhara, de maneira muito amigável, a sair de Paris por um tempo para evitar uma prisão constrangedora. Não havia ressentimento, o que deixava implícito que todo mundo precisava ganhar a vida de algum modo. Assim, ele se unira ao grupo organizado por Jacques Foccart, o Sr. Truques Desonestos do governo francês na África, para ser liderado por Roger Faulques, a lenda da Legião Estrangeira. Quando o contingente francês correu para casa após uma semana, Armand decidiu ficar, e de fato ficou até o fim.

Descobri que ele procurara os missionários irlandeses e, todos os meses, entregava seu soldo para comprar mais comida para as crianças. Ele também me disse, quando descobri a respeito, que ficaria imensamente irritado se mais alguém soubesse disso. Era muito desaconselhável irritar Armand, de modo que permaneci em silêncio.

Finalmente, havia o mítico major Atkinson, este que vos escreve, apelidado pelo próprio Ojukwu. Em certo dia do outono de 1968, cheguei a um posto avançado biafrense com a intenção de ir até a linha de frente e ver se encontrava alguma história digna de ser contada. Vendo-me em minha habitual jaqueta pálida de safári, o comandante da brigada protestou.

Sua objeção era perfeitamente razoável. Era de conhecimento geral que o Exército nigeriano era paranoico quanto a mercenários brancos e jamais ouvira falar de um correspondente de guerra. Aparecer no ambiente verdejante da floresta com uma jaqueta clara e um rosto branco era pedir para arrumar encrenca. Uma olhada de relance entre as árvores bastaria para que toda a área fosse coberta por disparos. Antes de qualquer outra coisa, isso seria injusto para com os soldados biafrenses que estivessem por perto.

Ele insistiu para que eu vestisse um casaco camuflado e ordenou que um dos oficiais me desse o sobressalente dele. O casaco tinha o sol em cada manga, que era o emblema de Biafra, e coroas de major em cada ombro. Para não perder o dia, vesti o casaco e fui até a frente.

Além disso, eu havia adquirido o hábito de carregar uma automática francesa em um coldre de cintura. Isso porque tinham me descrito em detalhes o que os soldados hauçás fariam com um mercenário branco capturado vivo. Minha pistola emprestada tinha apenas uma bala — para mim mesmo, se o pior acontecesse.

Ao voltar, encontrei um grupo da British Press, cujo acesso à linha de frente fora recusado e que não estava nem um pouco satisfeito com o fato. Um deles me reconheceu, e foi o bastante. Quando retornaram a Londres, o departamento de imprensa do Ministério das Relações Exteriores tratou o assunto com alacridade. Era tarde demais para protestar e dizer que eu sempre tirava o casaco camuflado quando não estava no front e que a pistola ficava trancada no porta-luvas do meu Fusca.

Quanto aos mercenários reais, acho que a maioria já morreu a essa altura, embora eu possa acabar me surpreendendo quando este livro for publicado.

Memórias

NÃO EXISTE NADA de nobre na guerra. O adjetivo pode se aplicar aos que precisam lutar em defesa de uma causa ou país. Mas a guerra em si é cruel e brutal. Dá origem a coisas que entorpecem os sentidos e marcam a memória. E o mais cruel de todos os conflitos é a guerra civil.

Das inúmeras memórias que trouxe dos dois anos que passei tentando levar a realidade de Biafra aos leitores da Inglaterra, da Europa e dos Estados Unidos, a mais duradoura é a das crianças morrendo.

Elas morriam nos vilarejos, nas estradas e, ao lado das que sobreviviam graças ao alimento enviado, nos centros de alimentação. Quase todos esses centros ficavam perto das missões — igrejas, escolas, dispensários ou áreas do tamanho de um campo de futebol, onde jaziam na relva, sobre tapetes de junco ou no colo das mães, que as abraçavam apertado, vendo-as definhar e partir, sem entender por quê.

Quando os efeitos do *kwashiorkor* se intensificavam, o cabelo crespo e escuro ficava avermelhado. Os olhos perdiam o foco, mas pareciam imensos no rosto encarquilhado. A fraqueza muscular as deixava letárgicas, até que, incapazes de se mover, elas morriam, e uma figura de batina vinha proferir uma prece e levá-las para a cova.

As barrigas inchavam, mas apenas com ar; os membros inferiores ficavam cobertos de fezes; as cabeças pendiam de músculos havia muito desaparecidos. E ouvia-se sempre aquele gemido baixinho, enquanto elas choravam de dor. Acima de tudo, lembro-me de uma imagem na relva do lado de fora da janela da minha barraca.

Eu estava escrevendo à máquina, com a janela bem aberta. Era o fim do verão de 1969 e a temperatura estava agradável. Quase não ouvi o som baixo acima do barulho das teclas. Quando ouvi, fui até a janela.

Ela estava de pé na relva, uma menina de uns 7 ou 8 anos, magra como um palito, usando um vestido fino de algodão manchado de sujeira. Na mão esquerda, segurava a mão do irmão menor, completamente nu, de olhos apáticos e barriga inchada. Ela olhou para mim, e eu olhei para ela.

A menina levou a mão direita à boca e fez o gesto universal que significa: estou com fome; por favor, me dê comida. Então ergueu a mão e a apontou para a janela, e seus lábios se moveram sem produzir nenhum som. Olhei para a minúscula palma rosada daquela mão estendida, mas eu não tinha comida.

Minhas refeições chegavam duas vezes por dia do complexo atrás dos abrigos Nissen onde viviam os poucos visitantes brancos. Naquela noite, porém, eu jantaria com Kurt Jaggi, da Cruz Vermelha, e faria uma refeição boa e nutritiva, importada da Suíça. Mas isso seria dali a três horas. As cozinhas estavam fechadas e trancadas, e não havia como nenhuma das crianças comer algo sólido naquele estado. Até o jantar, eu sobreviveria com cigarros. Mas não se pode comer cigarros, e não há nutrientes em um isqueiro Bic.

Estupidamente, tentei explicar. Eu sinto muito, eu sinto muito mesmo, mas não tenho comida. Eu não falava ibo e ela não falava inglês, mas não importava. Ela entendeu. Lentamente, o braço estendido voltou à lateral do corpo. Ela não discutiu e não gritou. Apenas assentiu com a cabeça, em silenciosa compreensão. O homem branco na janela não faria nada por ela ou por seu irmão.

Em minha longa vida, nunca vi tanta resignação e tanta dignidade quanto naquela figura devastada que me deu as costas, sua última esperança perdida. Juntas, as duas pequenas silhuetas caminharam pelo campo até as árvores. Na floresta, ela encontraria uma árvore frondosa, sentaria aos seus pés e esperaria pela morte. E seguraria a mão do irmãozinho, como uma boa irmã, até o fim.

Eu os acompanhei com os olhos até serem engolidos pelas árvores, sentei-me à mesa, apoiei a cabeça entre as mãos e chorei até meus papéis estarem molhados.

Foi a última vez que chorei pelas crianças de Biafra. Desde então, outros escreveram documentários sobre o que aconteceu nos últimos dezoito dos trinta meses da "guerra de dez dias" prevista em Lagos. Mas nenhum repórter investigativo jamais tentou explicar *por que* aquilo aconteceu e quem, exatamente, permitiu que acontecesse. Para o *establishment* de Whitehall, o assunto está encerrado. É tabu.

Voo de partida

FALTAVAM DUAS NOITES para o Natal de 1969 e, claramente, o último enclave da revolta de Biafra estava enfim ruindo. Os ibos estavam simplesmente exaustos, a ponto de não conseguirem ficar em pé. À maneira dos africanos quando toda esperança está perdida, eles apenas "foram para o mato". Isso significa que desapareceram na floresta e retornaram, sem armas ou uniformes, para seus vilarejos.

O Exército nigeriano poderia ter tomado o que restava do enclave naquela noite, mas continuou seu lento progresso por outros quinze dias, até a rendição formal em 15 de janeiro. Eu, que não tinha como saber que demoraria tanto, estava na pista de Uli quando Emeka Ojukwu partiu para anos de exílio.

Seu apoiador, o presidente da Costa do Marfim, Houphouët-Boigny, enviara seu jato particular, mas o voo estava completamente lotado e não havia espaço para caronas. Também na pista naquela noite estava outro avião, um completamente inesperado.

Era um modelo Douglas DC-4 velho e caindo aos pedaços, uma aeronave de quatro hélices que parecia ter percorrido uma quantidade inacreditável de milhas aéreas. O piloto e proprietário era um sul-africano que encontrei cercado por freiras irlandesas. Sua história era muito bizarra.

Seu nome era Jan van der Merwe e ele jamais havia se encontrado com Ojukwu. Mas o vira na televisão e ficara impressionado. Sem ser convidado e sob considerável risco, ele saíra de Libreville, no Gabão, para ver se o general precisava de uma rota de fuga do país.

Fiquei surpreso por um africâner, provavelmente apoiador do *apartheid*, decidir assumir tal risco para ajudar um sujeito negro fracassado que jamais vira pessoalmente. Mas notara que Ojukwu às vezes tinha esse efeito sobre as pessoas.

A oferta de van der Merwe foi educadamente recusada, pois o líder de Biafra já tinha um meio de transporte, mas as freiras tinham suas próprias ideias. Elas estavam encarregadas de dois ou três caminhões de crianças e bebês tão fragilizados que certamente morreriam se não obtivessem ajuda profissional o quanto antes. Assim, o sul-africano relutantemente concordou em levá-las a bordo. As freiras começaram a carregá-las, uma por uma, pela rampa de embarque até o interior escuro do cargueiro. Não havia camas ou assentos: elas deitavam as crianças no piso e voltavam para pegar outras.

Por fim, três aviões partiram do que já fora o mais movimentado aeroporto noturno da África: o Douglas e dois jatos oficiais, da Costa do Marfim e da Cruz Vermelha. Mais tarde descrevi tudo isso, exatamente como aconteceu, nas primeiras páginas do meu romance *Cães de guerra*.

Aceitei agradecido um cigarro oferecido por Jan e perguntei se ele tinha copiloto. Não tinha, viera sozinho. Na cabine, o assento da direita estava livre. Podia ser meu, se eu quisesse. Eu queria.

Os nigerianos tinham feito a gentileza de colocar um preço em minha cabeça, supostamente cinco mil nairas: não era uma fortuna, mas era mais que suficiente para que um pobre soldado hauçá se desse ao trabalho. E os termos eram vivo ou morto, de modo que minha sobrevivência parecia improvável. O antepenúltimo avião a sair do país era melhor que tentar me esconder entre os missionários. Meu conhecimento do Credo era meio capenga.

Quando o embarque terminou, Jan e eu subimos até a cabine e ele ligou os motores, um por um. Estava escuro como breu, e as luzes do aeroporto estavam desligadas quando taxiamos, demos a volta e ficamos de frente para a pista. Após uma pausa, esperando por luzes que nunca foram acesas, Jan simplesmente empurrou os quatro aceleradores e decolamos na escuridão, iluminados apenas pelo brilho pálido das estrelas. Havia jatos nigerianos lá em cima; se algum tivesse nos visto, seria o fim da linha para nós.

O primeiro problema começou sobre o delta do Níger. Jan queria se afastar do continente antes de dar a volta para o Gabão, por isso pegou a rota mais curta até o mar, na direção sul. O último mangue do delta estava ficando para trás quando o motor externo de bombordo falhou. Ele tossiu várias vezes e morreu. Jan fechou o abastecimento, e a lua saiu de trás das nuvens. Podíamos ver as lâminas da hélice rígidas e imóveis sob a luz do luar. Cuidadosamente, ele guinou para leste, na direção do Gabão. Estávamos extremamente sobrecarregados e voando com apenas três motores.

Eu me levantei, fui até o fundo da cabine e olhei em volta. Os bebês estavam deitados em cobertores, de parede a parede, com as freiras tentando cuidar deles à luz de lanternas, de algum modo sobrevivendo ao fedor de vômito e diarreia. Fechei a porta e retornei ao assento da direita. Sobre o golfo da Guiné, o motor externo de estibordo começou a tossir e engasgar. Se parasse, morreríamos todos. Jan tentou persuadi-lo a não ceder.

Começou a cantar hinos — em africâner, é claro. Eu fiquei sentado no meu assento, observando o reflexo da lua na água se aproximar cada vez mais, enquanto descíamos em direção a ela. Longe no horizonte, havia uma linha fraca de luzes. O aeroporto de Libreville.

Os colonizadores franceses haviam construído seu aeroporto sobre o mar. Os pneus do DC-4 passaram a apenas alguns metros das dunas de areia. Quando a pista surgiu, o motor engasgado tossiu pela última vez e parou. O velho avião bateu no chão com um estrondo e correu pela pista até parar.

Ambulâncias da Cruz Vermelha surgiram para buscar as crianças de Biafra, e a Igreja católica veio buscar as freiras. Jan van der

Merwe e eu ficamos sentados na cabine, tentando descobrir por que ainda estávamos vivos. Ele murmurava antigas preces holandesas de agradecimento, enquanto eu ouvia os blocos dos motores esfriarem na noite tropical.

Fomos até a sala da tripulação no aeroporto, onde conheci um oficial do alojamento da Legião Estrangeira. Eu me despedi de Jan com meus agradecimentos e segui com o oficial até o alojamento para comer e tomar um banho como convidado da Legião, pelo simples fato de eles estarem ávidos por notícias. Um pouquinho de influência foi exercido e consegui um voo grátis para Paris no avião matinal da Air Afrique. De lá, o restante do meu dinheiro me levou para casa, em Kent, via Beauvais e Lydd. Em seguida, consegui uma carona até o chalé dos meus pais em Willesborough, perto de Ashford. Eles ficaram bastante surpresos ao me ver, mas ao menos passamos o Natal juntos.

Como eles eram idosos, a virada do ano foi tranquila. Voltei a Londres no dia 1º de janeiro. Minha situação era bem precária.

Eu não tinha onde morar, mas uma colega me deixou usar seu sofá. Não tinha dinheiro e meu pai teve de me emprestar algumas centenas de libras. Certamente não tinha emprego nem perspectiva de conseguir um tão cedo.

Na minha ausência, eu compreensivelmente fora excluído dos círculos oficiais. Não fui o único. O falecido Winston Churchill, neto do líder de tempos de guerra, também visitara Biafra, representando o *The Times*, escrevera sobre os horrores que vira e fora denunciado como propagandista oficial dos "rebeldes". Também houvera outros. A arrogância dos órgãos de mídia pró-*establishment* não conhecia limites.

Minha situação era tão miserável que decidi fazer algo que, mesmo naquela época, era visto como loucura por todos que eu conhecia. Achei que poderia sair daquela escrevendo um romance.

Era uma ideia descabida como plano para se obter dinheiro. Eu não sabia como escrever um romance, muito menos como garantir sua publicação. Não sabia nada sobre publicar ou financiar um livro.

Eu achava que se levava o manuscrito até o editor e, se ele gostasse, o compraria por uma determinada quantia, como um quilo de manteiga. Eu não tinha um agente e nada sabia sobre direitos autorais nem sobre os anos que eles demoravam para entrar.

Mas tinha uma história — ou achava que tinha. Levei minha mente até os anos em que estive em Paris e me lembrei da minha convicção de que a OAS não conseguiria assassinar Charles de Gaulle com seus próprios voluntários sendo caçados em todos os escalões pelas forças profissionais de contrainteligência. A menos que trouxessem um profissional de fora.

Em 2 de janeiro de 1970, eu me sentei à mesa da cozinha daquele apartamento emprestado, com minha velha e confiável máquina de escrever portátil com uma marca de bala na tampa, introduzi a primeira folha de papel e comecei a datilografar.

Charles de Gaulle ainda estava vivo, aposentado em Colombey--les-deux-Églises. Ele morreu em 9 de novembro daquele ano. Mais tarde me disseram que ninguém jamais postulara o assassinato de um estadista vivo desde que Geoffrey Household escrevera *Rogue Male*, sobre uma tentativa de matar Adolf Hitler. Mas aquele assassino jamais levara o trabalho a cabo.

Também me disseram que ninguém escrevera um romance inteiro sobre um herói anônimo ou apresentando políticos e policiais reais em uma caçada fictícia. E ninguém fora tão obcecado pela precisão técnica. Em outras palavras, era tudo loucura. Mesmo assim, quando não há nada mais a fazer e nenhum lugar aonde ir, pode-se muito bem continuar em frente.

Escrevi por trinta e cinco dias, da hora em que minha amiga saía para trabalhar até a hora em que voltava para casa à noite, ou seja, durante todo o mês de janeiro e as primeiras duas semanas de fevereiro, sete dias por semana. Então datilografei a última linha da última página.

Coloquei a primeira página de volta na máquina e fiquei olhando para ela. Eu chamara o romance de O CHACAL. Parecia simples demais; poderia ser confundido com um documentário sobre a fauna africana. Assim, na frente do título datilografei O DIA DO. Permitam-me dizer que nem uma única palavra foi alterada desde então.

Eu ainda estava falido, mas tinha um manuscrito. O problema era que não tinha a menor ideia do que fazer com ele.

Um manuscrito indesejado

DURANTE TODA A PRIMAVERA e o verão de 1970, ofereci *O dia do Chacal* às editoras de Londres, escolhendo meus alvos no *Willings Press Guide*. Ele foi para quatro editoras: três o rejeitaram imediatamente, e voltei atrás no caso da quarta. Mas ao menos aprendi o que estava errado — com exceção do fato de que poderia ser um romance muito ruim.

O manuscrito não solicitado é a maldição da vida de um editor. Eles chegam às dezenas: datilografados (naquela época) ou escritos à mão, ilegíveis, repletos de erros gramaticais e pouco razoáveis. Costumava haver uma tradição de que, nas manhãs de segunda-feira, eles eram distribuídos como primeira tarefa dos leitores juniores.

O leitor júnior frequentemente era um estudante ou um funcionário recém-contratado em uma posição muito baixa da hierarquia. Seu trabalho era ler e fazer um breve resumo incluindo sua avaliação, que seriam encaminhados aos níveis superiores. Mas ninguém no alto da cadeia alimentar sonharia em ler alguém que não fosse um autor estabelecido ou talvez alguém muito famoso que tivesse se arriscado a escrever.

As histórias de terror são lendárias no mundo editorial. Muitos autores com enormes best-sellers tiveram seu primeiro manuscrito rejeitado várias vezes — e isso ainda acontece, porque ninguém faz a menor ideia de quem será o próximo Ken Follett, John Grisham ou J. K. Rowling.

Entre os autores, o pesadelo consiste na longa luta para encontrar alguém que publique sua obra-prima. Para os editores, os contos de terror são sobre os que recusaram *Harry Potter*, pois quem liga para um estudante bruxo com uma varinha? E, de qualquer modo, geralmente apenas o primeiro capítulo é lido.

O dia do Chacal tinha um grande problema nesse sentido, pois o primeiro capítulo era ridículo. Ele apresentava os planos para assassinar um ex-presidente francês que ainda estava vivo, como todos sabiam muito bem. Assim, a opinião dos leitores juniores provavelmente dizia: "Já sabemos qual será o desfecho — o plano falha." Manuscrito devolvido.

Duas das minhas rejeições foram simplesmente formulários impressos. Uma editora foi gentil o bastante para enviar uma carta. Gostaria de tê-la guardado e emoldurado, mas a joguei fora. Ela dizia que a ideia não tinha "interesse literário". Então me veio outro golpe de sorte.

Eu estava em uma festa e fui apresentado a alguém chamado Harold Harris. Não fazia ideia de quem ele era. Perto do fim da festa, alguém mencionou que era o diretor editorial da Hutchinson, uma grande editora.

Eu já decidira que a solução seria escrever um resumo de três páginas da trama, indicando que a história não era sobre a morte do ex-presidente de Gaulle, que obviamente não ocorreria, mas sobre a caçada ao assassino conforme ele chegava cada vez mais perto, esquivando-se da grande máquina colocada à caça dele.

No dia seguinte, uma sexta-feira de setembro, confesso que montei uma emboscada sem a menor sutileza para o Sr. Harris. Apareci em seu escritório da Hutchinson, na Great Portland Street, e encontrei a barreira de secretárias de sempre que mantém os aspirantes indesejados longe da Presença atrás da grande porta.

Expliquei, contudo, que éramos amigos e que minha visita era social. Deixaram-me entrar. Harold Harris ficou confuso até que comentei que havíamos nos conhecido na noite anterior. Sua extrema educação o impediu de chamar o corpulento comissário. Em vez disso, ele perguntou o que poderia fazer por mim. Respondi:

— Tenho o manuscrito de um romance.

Seus olhos se arregalaram de horror, mas, como eu já havia chegado até ali, resolvi seguir em frente.

— Eu sei que o senhor não tem tempo, então serei breve, Sr. Harris. Cinco minutos, no máximo.

Com isso, caminhei até sua mesa e coloquei o resumo sobre ela.

— Tudo o que peço é que o senhor dê uma olhada, e, se achar que não vale nada, me ponha para fora.

Parecendo alguém que preferiria arrancar um dente a estar ali, ele começou a ler. Terminou as três páginas e recomeçou. Fez isso três vezes.

— Onde está o manuscrito?

Eu lhe disse em que editora estivera nas últimas oito semanas. Ele encarou o teto por um tempo.

— Para um editor, está fora de cogitação ler um manuscrito enquanto houver uma cópia com outro — declarou.

Pedindo-lhe que não saísse dali — o que ele não tinha intenção de fazer —, corri escada abaixo. Eu não podia me dar ao luxo de pegar um táxi, mas peguei um mesmo assim e fui até a outra editora. Era hora do almoço. Pedi meu manuscrito ao porteiro, que encontrou uma secretária júnior comendo seu sanduíche. Ela retirou meu pacote da pilha de rejeições e o devolveu com um sorriso cheio de piedade. Voltei à Great Portland Street e o entreguei.

Ele leu tudo durante o fim de semana e me ligou na segunda-feira.

— Se você estiver aqui às quatro com seu agente vamos poder discutir um contrato.

Eu não tinha um agente, mas fui até lá. Com minha ignorância sobre edições, direitos autorais e contratos, ele poderia ter me esfolado vivo. Mas, sendo um cavalheiro à moda antiga, Harris me ofereceu um documento justo, com um adiantamento de quinhentas libras. Então disse:

— Estou pensando em lhe oferecer um contrato para três romances. Você tem outras ideias?

Uma das grandes características dos jornalistas é que eles sabem mentir. É uma questão de prática. Também é por isso que sentem grande empatia ou antagonismo por políticos e funcionários de altos cargos públicos. É uma disputa de território.

— Sr. Harris, eu estou cheio de ideias.

— Duas sinopses, uma página cada. Até sexta, meio-dia — sugeriu ele.

De volta à rua, eu tinha um grande problema. Eu pretendia que a história do Chacal fosse uma experiência única, apenas algo que me ajudasse a atravessar uma fase ruim. Não tinha a menor intenção de me tornar autor de romances. Assim, tentei analisar a história que fora aceita e lembrar o que eu tinha, em termos de experiência pessoal, que pudesse ser usado como cenário. Cheguei a duas conclusões.

O dia do Chacal era a história sobre uma caçada humana, e eu sabia muito sobre a Alemanha. Enquanto estivera em Berlim Oriental, ouvira falar de uma misteriosa organização de ex-nazistas que se ajudavam, protegiam e alertavam para que nunca tivessem de enfrentar os caçadores judiciários da Alemanha Ocidental e responder por seus crimes. A organização era chamada ODESSA, mas eu sempre achara que ela fazia parte da incessante propaganda da Alemanha Oriental contra o governo de Bonn.

Talvez não fizesse. Dez anos antes, a Mossad caçara Adolf Eichamnn, vivendo sob um pseudônimo em Buenos Aires. Talvez eu pudesse descrever a caçada a outro assassino em massa desaparecido.

Além disso, eu conhecia a África e os mercenários contratados para lutar na selva. Talvez pudesse escrever sobre seu retorno à selva, não para outra guerra civil, mas para um golpe de Estado conduzido por mercenários.

Rascunhei as duas ideias, como solicitado, como sinopses em uma única folha de papel A4 e as apresentei a Harold Harris naquela sexta--feira. Ele deu uma olhada nas duas e decidiu sem hesitar:

— Nazistas primeiro, mercenários depois. E quero o primeiro manuscrito em dezembro do ano que vem.

Eu não sabia, naquela época, que ele era judeu, não praticante, mas filho de pais ortodoxos. Nem que, em abril de 1945, era um jovem oficial que falava alemão no serviço de informações do Exército britânico. Nem que tinha sido convocado para Schleswig-Holstein para interrogar um prisioneiro misterioso e suspeito. Ele ainda não havia chegado em seu jipe quando o prisioneiro mordeu uma cápsula de cianureto e morreu. O homem era Heinrich Himmler.

Eu tinha um último problema antes de assinar o contrato para três romances. Com exceção das quinhentas libras que deveria receber, estava falido.

— Vou ter gastos com moradia, pesquisa, viagens e acomodações. Será que posso contar com alguma ajuda?

Harris rabiscou algo em um pedaço de papel e me entregou.

— Leve isso à contabilidade. Boa sorte e mantenha contato. Ah, e consiga um agente. Recomendo Diana Baring.

O pedaço de papel que eu segurava era um grande ato de fé. Ele me autorizava a receber um adiantamento de seis mil libras dos meus futuros direitos autorais. Em 1970, isso era muito dinheiro.

De volta à rua novamente, comecei a pensar. Quem poderia saber sobre os nazistas? Então me lembrei de um livro chamado *Regresso à suástica?*, que eu lera anos antes. Era de autoria de lorde Russell de Liverpool, que fora um importante promotor inglês durante os Julgamentos de Nuremberg, nos anos quarenta. Eu teria de encontrá-lo e ver se ele podia me ajudar.

Antes disso, tive outro golpe de sorte. Eu conhecera um homem chamado John Mallinson, que se orgulhava de ser agente, embora não tivesse clientes. Não procurei por ele, mas, coincidentemente, nos reencontramos no apartamento de um amigo. Eu lhe contei o que acontecera na Great Portland Street e ele ficou muito animado.

— E quanto aos direitos para o cinema? — perguntou. Eu não fazia a menor ideia. Ele esquadrinhou o contrato da Hutchinson. — Ainda são seus. Me contrate como agente cinematográfico e vou encontrar um comprador.

Em novembro, ele fez exatamente isso. O acordo para o filme foi fechado com a Romulus Films, em Park Lane, liderada por John Woolf. Mas seu braço direito em todas as coisas era John Rosenberg, e foi com ele que negociamos. A oferta foi de dezessete mil e quinhentas libras mais uma pequena porcentagem dos lucros ou vinte mil libras pela cessão total dos direitos.

A maioria das pessoas é boa em algumas coisas e inútil em outras. Eu sou patético quando se trata de dinheiro. Nunca tinha visto vinte mil libras antes e, assim, aceitei a oferta. Não faço ideia de quantos milhões o filme faturou ao longo dos anos. Minha única desculpa é que eu não sabia se o livro venderia mais que uma centena de exemplares ou se o filme de fato seria produzido. Até mesmo a maneira como chegou às telas foi fortuita.

Naquele inverno, o gigante de Hollywood, Fred Zinnemann, chegou para discutir um projeto com John Woolf. Era para filmar uma peça de sucesso chamada *Abelardo e Heloísa*. Sempre houvera um problema. O filme não podia ser produzido enquanto a peça estivesse em cartaz. Naquele mês de dezembro, a temporada foi encerrada na Inglaterra, e não havia encenações em nenhum teatro.

Um dia antes de Zinnemann chegar, decidiu-se que a peça entraria em cartaz mais uma vez, em uma cidadezinha britânica. A viagem do diretor hollywoodiano seria inútil, afinal. Desesperadamente constrangido, John Woolf tentou se desculpar, sabendo que seu convidado teria de enfrentar um fim de semana chuvoso em Londres sem nada para ler. Em um frenesi, pegou algo que John Rosenberg deixara em sua mesa.

— Acabamos de comprar isso — avisou ele.

O Sr. Zinnemann pegou o texto e partiu. Voltou na segunda-feira.

— Esse será meu próximo filme — disse ele a uma deliciada Romulus Films.

Só fiquei sabendo disso depois. Em retrospecto, na verdade não foi *O dia do Chacal*, aquele ponto fora da curva que arrisquei para quitar minhas dívidas, que mudou minha vida. Foi Harold Harris e seu contrato para três romances. Ocorreu-me que, se eu pudesse ganhar um bom dinheiro com aquele disparate, por que arriscar perder minha cabeça em uma vala africana?

No entanto, meu problema mais imediato naquele momento era tentar encontrar lorde Russell de Liverpool e perguntar sobre os nazistas clandestinos. E eu tinha de decidir como chamá-los. Precisava de dois títulos. Em alemão, ODESSA significa Organização de Ex-Membros da SS. Para o resto do mundo, Odessa era uma cidade na Ucrânia ou no Texas. Bem, ali estava um título. *O dossiê Odessa*.

Para o dos mercenários, eu me lembrei de uma citação de Shakespeare. "Gritem 'sem quartel' e soltem os cães de guerra". Eu ouvira dizer que alguém já usara *Sem quartel*, mas não *Cães de guerra*. Assim, roubei o título do bardo.

A ODESSA

DEPOIS DE SE APOSENTAR, lorde Russell de Liverpool passara a viver em um pequeno chalé em Dinard, uma cidade na costa francesa, de frente para o oceano Atlântico, e foi lá que o encontrei. Eu não tinha ninguém para me apresentar, de modo que só apareci um dia e bati à porta. Quando expliquei o que precisava, ele foi extremamente solícito.

Embora fosse uma mina de informações sobre a guerra e os Julgamentos de Nuremberg, tudo isso ocorrera vinte anos antes. Eu buscava detalhes sobre elementos pró-nazistas secretos ainda em atividade em 1971. Ele me encaminhou ao homem que era a própria fonte das caçadas aos nazistas, o pesquisador Simon Wiesenthal, baseado em Viena. Com sua carta de apresentação, fui para o sul da Áustria.

Como David Ben-Gurion, Simon Wiesenthal disse inicialmente que poderia me conceder uns vinte minutos, mas, quando expliquei o que procurava, ficou tão entusiasmado que passamos dias analisando seus registros. A semente da minha ideia não era um nazista que fugira para a América do Sul, mas um que mudara de nome e desaparecera no interior da própria Alemanha, com ajuda de amigos igualmente clandestinos. A resposta de Herr Wiesenthal foi que a escolha seria difícil, não porque houvesse poucos deles, mas porque havia milhares.

Aparentemente, existiam duas irmandades de ajuda mútua ainda bastante ativas na Alemanha em 1971: a *Kameradschaft*, ou Camaradagem, e a ODESSA, que de modo algum era fictícia.

— O que estou tentando fazer — expliquei — é inventar um assassino em massa da era nazista que, como tantos outros, despiu a farda no fim de tudo, adotou outra persona e desapareceu na sociedade alemã do pós-guerra, retomando cargo, influência e respeitabilidade sob outro nome. Alguém como o comandante de um campo de concentração.

Herr Wiesenthal abriu um sorriso largo e gesticulou em direção à estante de arquivos atrás de sua mesa.

— Por que inventar um? Tenho pelo menos uma dúzia de exemplos reais.

Vasculhamos seus arquivos e decidimos por Eduard Roschmann, ex-comandante de campo em Riga, na Letônia, e conhecido como o Açougueiro de Riga. Ele fora um verdadeiro monstro, e apenas um entre muitos.

Aprendi sobre aquele dia inacreditável na primavera de 1945, quando um único jipe do Exército americano, dirigindo para o norte pela Baviera com apenas quatro soldados a bordo, vira espirais de fumaça se erguendo do pátio de um castelo medieval.

Atravessando sem problemas a ponte levadiça do castelo, eles encontraram uma dúzia de homens da ss, vestindo macacões, em torno de uma grande fogueira. Prenderam todos e apagaram o fogo. Especialistas vieram do quartel-general de Patton e descobriram que o material que estava sendo queimado eram os arquivos pessoais da ss. Apenas dois ou três por cento dos arquivos haviam sido consumidos pelas chamas. O restante foi encaminhado aos cuidados americanos em Berlim Ocidental. Isso incluía o arquivo integral do capitão (Hauptsturmführer) Eduard Roschmann de Riga, um fanático nascido na Áustria que estava bem no topo da lista de procurados. Minha história ia tomando forma aos poucos, mas havia cada vez menos o que inventar; era mais fantástica que a ficção, mas absolutamente verdadeira.

A verdadeira ironia era que eu poderia dizer o que quisesse sobre o monstro. Quem quer que fosse, ele dificilmente se revelaria para me processar.

Finalmente, Simon Wiesenthal me encaminhou de volta para o norte, para a Alemanha, com um grande volume de informações e muitos pedidos de precaução. Eu achava que sua convicção de que a burocracia da Alemanha Ocidental havia sido amplamente penetrada por uma geração que participara ou simpatizara com o que ocorrera entre 1933 e 1945 fosse apenas paranoia, mas não era. Tudo se resumia à questão de qual geração.

Um fanático nazista que tivesse 25 anos no fim da guerra teria nascido por volta de 1920. Ele teria sido criado na educação nazista desde os 13 anos e quase certamente teria sido membro da Juventude Hitlerista. Poderia muito bem ser um assassino em massa aos 25 anos.

Na época da minha pesquisa, ele teria 51 ou 52 anos, ou seja, estaria no auge da vida, em uma posição elevada em alguma das centenas de hierarquias oficiais. Tampouco meu trabalho seria obstruído apenas por criminosos procurados. Por trás deles, houvera um exército ainda mais amplo de facilitadores, os burocratas sem cujo talento organizacional o Holocausto jamais poderia ter ocorrido.

Essa era a geração que comandava a Alemanha então, florescendo em seu milagre econômico. Desde 1949, ano da fundação, sob égide aliada, da nova República Federal da Alemanha (Ocidental), o chanceler fora o inegavelmente antinazista Konrad Adenauer. Mas ele havia enfrentado um dilema terrível.

Eram tantos os membros do Partido Nazista que, se Adenauer os tivesse banido, o país teria se tornado ingovernável. Assim, fez um pacto faustiano. Remexer o passado ao considerar nomeações ou promoções não era prático nem desejável. De acordo com Simon Wiesenthal, cada ramo do serviço público estava impregnado de burocratas que jamais haviam apertado um gatilho, mas que ajudaram aqueles que o fizeram. A pesquisa, disse ele, seria uma questão não de franca hostilidade, mas de portas fechadas. Os oficiais da polícia que se voluntariavam para as comissões que caçavam nazistas estavam simplesmente acabando com as próprias carreiras. Tornavam-se párias. Como descobri mais tarde, Wiesenthal estava certo.

Ele também me pôs na direção de grupos clandestinos que ainda acreditavam na vinda do Quarto Reich e a cujas reuniões eu poderia comparecer por causa do meu alemão fluente. Foi o que fiz. Quanto mais me embrenhava nas trevas do nazismo pré-1945 e seus admiradores pós-1945, mais me convencia de que, em toda a história da humanidade, jamais houvera crença tão fétida. Ela não tinha uma única característica redentora, apelando apenas para os cantos mais sombrios da alma humana.

Mas, naquela época, tudo isso estava oculto. A geração participante jamais falava sobre o assunto, e a geração mais jovem era profundamente ignorante a respeito; na verdade, ficava muito confusa ao encontrar hostilidade estrangeira.

A despeito do professado desprezo pelo fascismo e pelo nazismo, os comunistas do Leste, por trás da Cortina de Ferro, não ofereciam nenhum tipo de ajuda ou cooperação.

Assim, qualquer investigação de crimes cometidos a leste da Cortina de Ferro durante a época nazista era alocada para diferentes procuradores, espalhados por toda a Alemanha Ocidental. Riga estava a cargo da procuradoria de Hamburgo. Comecei por lá e encontrei um muro de portas fechadas. Fiquei surpreso. Afinal, eram advogados! Liguei para Simon Wiesenthal. Ele explodiu em gargalhadas.

— Sim, é claro que são advogados. Mas advogados de quem?

Percebi que muitos deviam ter participado ou ainda participavam da Camaradagem. Mas, aos poucos, fiz contato com homens jovens, não contaminados justamente por causa da idade, ou antinazistas que viveram naquela época e permaneceram limpos. Quando se convenceram de que eu era apenas um repórter investigativo britânico, eles falaram — mas discretamente, furtivamente, em bares escuros. E, aos poucos, construiu-se a história que, em 1972, foi publicada com o título de *O dossiê Odessa*.

Começando em Hamburgo, rumei para o sul outra vez e retornei à Áustria, de onde meu vilão Roschmann viera. Em uma loja de antiguidades, encontrei um velho judeu que estivera em Riga e que sobrevivera até mesmo à Marcha da Morte para o oeste, fugindo do avanço russo. Sua esposa me assegurou que o marido não falava do assunto e jamais o faria. Mas ela estava errada.

O homem idoso era a cortesia em pessoa e me ofereceu chá. Nós nos sentamos e eu expliquei a trama que tinha em mente. Não sei por que, mas ele começou a me corrigir. Não foi assim, dizia ele, foi desse jeito. Anoiteceu. Enquanto a esposa de olhos arregalados nos trazia bandeja após bandeja de chá, ele falou durante vinte horas. No livro, relato o depoimento de Salomon Tauber palavra por palavra, à luz de velas em uma loja de antiguidades vienense. Tudo o que fiz foi mover Herr Tauber para Hamburgo.

Como herói, eu precisava de um jovem investigador da nova geração que herda o diário do falecido Tauber e faz algo a respeito. Assim, inventei Peter Miller, e sua investigação segue quase exatamente a minha própria naquele verão de 1971.

Voltei ao Reino Unido em junho, para o lançamento de *O dia do Chacal*. Foi um evento discreto. Ninguém jamais ouvira falar do título ou do autor. O livro não havia recebido críticas na imprensa. A Hutchinson começara com audaciosos cinco mil exemplares, elevados para oito mil quando os compradores das grandes lojas passaram a aumentar pouco a pouco os pedidos. A dama responsável pelas relações públicas do lançamento foi Cindy Winkleman, agora madrasta da estrela da TV britânica Claudia.

Então voltei para a Alemanha para cuidar dos últimos detalhes. Escrevi *O dossiê Odessa* naquele outono e o apresentei a Harold Harris antes do Natal, como prometido. Lentamente, o *Chacal* vinha subindo nas listas, e o segundo romance teve uma recepção melhor na mídia. Hollywood sucumbiu aos encantos da minha nova agente, Diana Baring, e comprou os direitos para o cinema.

O filme, ao ser lançado em 1974 com Jon Voight como Peter Miller e Maximilian Schell como o vilão Roschmann, acabou levando a uma virada quixotesca da história.

Em 1975, em um velho cinema na costa sul de Buenos Aires, um argentino assistia à versão dublada em espanhol quando lhe ocorreu que Eduard Roschmann, sentindo-se tão seguro que voltara a usar o nome real, vivia naquela mesma rua. Assim, ele o denunciou.

A Argentina vivia um de seus breves momentos democráticos, governada pela presidente Isabel Perón, viúva do velho tirano Juan Perón, e, tentando fazer a coisa certa, prendeu Roschmann. Imediatamente, a Alemanha Ocidental pediu sua extradição.

Antes que as formalidades legais estivessem finalizadas entre a embaixada da Alemanha Ocidental e o Ministério da Justiça, Roschmann, sob fiança graças a um magistrado local, perdeu a coragem. Ele correu para o norte, pedindo abrigo ao ditador pró-nazista Stroessner, do Paraguai. Chegou à fronteira e esperou pela balsa que o levaria, cruzando o rio Paraguai, até a segurança.

Bem no meio do rio, teve um ataque cardíaco fulminante. As testemunhas disseram que morreu antes de tocar o chão; ou, nesse caso, o deque. O que se seguiu poderia ter saído de uma comédia ruim.

No Paraguai, o mestre da estação se recusou a aceitar o corpo, afirmando que pertencia à Argentina. O capitão insistiu que o homem morto havia pago a passagem integral pela viagem e seu cadáver pertencia ao Paraguai. O cronograma exigia que a balsa partisse novamente e, assim, o corpo voltou para a Argentina, ainda estirado no convés da proa.

Ele foi e voltou quatro vezes, fedendo cada vez mais sob o sol tropical. Então chegaram dois detetives de Viena para identificá-lo. Graças ao jipe americano na Baviera em 1945, eles tinham impressões digitais e registros dentários de Roschmann dos arquivos pessoais da ss. Por fim, pediram que o corpo fosse desembarcado, e o Paraguai concordou.

A identificação foi positiva, graças a dois dedos do pé faltantes, amputados quando Roschmann fugira dos britânicos pelas fronteiras nevadas em 1947. Com a balsa se recusando a aceitar o corpo novamente, os paraguaios o enterraram no cascalho, logo acima da linha d'água.

Atualmente, os ossos do Açougueiro de Riga jazem em uma cova sem identificação na margem pedregosa do rio Paraguai. Levou algum tempo, mas, finalmente e graças ao filme, esse assunto foi encerrado.

Cães de guerra

ASSIM COMO MEUS ANOS na França tinham me convencido de que a OAS não conseguiria derrubar Charles de Gaulle, meus anos na África também me ensinaram algo.

O que aprendi foi que, logo após a era colonial, haviam surgido várias repúblicas independentes no continente, tão pequenas, caóticas, mal governadas e mal defendidas que poderiam ser conquistadas por um pequeno grupo de soldados profissionais, com as armas certas e alguns poucos nativos leais. Pensando em escrever meu terceiro romance e situá-lo na África, selecionei três delas.

No topo da lista estava a Guiné Equatorial, uma república insular na costa da Nigéria. Ela já fora a única colônia africana da Espanha, ligada a um enclave no continente chamado Río Muni. Durante algum tempo, sob o governo espanhol, fora uma escala para os voos da Cruz Vermelha Internacional destinados à Biafra. A independência chegara em 1968 e mergulhara a ilha no caos e no terror.

O governante era Francisco Macías Nguema, um fang de Río Muni. Era provável que ele fosse insano, mas sem dúvida era bastante cruel. Nguema transferiu seu governo para a ilha, na época chamada ilha de Fernão do Pó, agora Bioco. Tinha um pequeno exército de fangs que aterrorizava os bubis nativos. Sua crueldade logo se tornou lendária. Mas, por trás da imagem de terror, ele era imensamente fraco.

Os membros de seu exército pessoal e guarda-costas tinham muitas armas, mas ele era tão paranoico que não permitia que tivessem balas, pois não confiava neles. Se caísse, ninguém viria em seu auxílio. Seus camaradas fangs estavam a centenas de quilômetros de distância, os bubis o odiavam e os pouquíssimos diplomatas e agentes de causas humanitárias restantes o desprezavam.

Nguema vivia no quartel da antiga polícia espanhola, convertido em fortaleza, em cima do arsenal e do tesouro nacionais, que confiscara. Se aquela construção fosse tomada, a república cairia com ela.

Pesquisar tudo isso não foi problema. Não havia necessidade de me arriscar indo até lá e não o fiz. Mas consegui conversar com alguns ex-moradores, na maioria espanhóis, que alegremente me explicaram como ele poderia ser derrubado por uma pequena força de ataque. Um deles apontou:

— Roubar um banco é apenas grosseiro. Mas roubar uma república inteira tem certo estilo.

Com o controle da república viriam a afiliação às Nações Unidas, empréstimos internacionais, passaportes diplomáticos com direito a imunidade e vários outros presentes de Natal. Havia até mesmo um rival exilado em Madri que poderia ser instalado no trono presidencial como sucessor-marionete.

Havia apenas cinco requisitos. Um ataque pesado, rápido e à noite e uma chegada inesperada e pelo mar. Aqui cabe um parêntese: o livro que surgiria dessa reflexão foi imitado duas vezes. Em 1975, o mercenário francês Bob Denard atacou e tomou as ilhas Comores, no alto do canal de Moçambique.

Ele agiu com o conhecimento e a assistência do governo francês, fazendo aquilo em nome da França. Diverte-me saber que, quando seus mercenários franceses chegaram à praia na escuridão antes do alvorecer, todos carregavam um exemplar de *Les Chiens de guerre* (*Cães de guerra*, em francês) para saberem o que fazer em seguida. Denard teve sucesso porque chegou pelo mar.

Em 1981, o mercenário sul-africano Mike Hoare tentou o mesmo truque em Seicheles, mas falhou, porque chegou pelo ar.

Para minha própria história, eu logo tinha tudo no lugar — os homens, o navio, o alvo —, mas ignorava uma informação vital. As armas. Onde na Europa uma operação mercenária clandestina poderia conseguir armas? O disfarce seria uma operação plausível e autorizada do setor privado envolvendo mergulho de profundidade para a exploração de petróleo.

Mas os soldados africanos que seriam recrutados no caminho, uma das tramas secundárias, precisariam de submetralhadoras e de muita munição. A meia dúzia de mercenários precisaria de uma metralhadora pesada, RPGs (na época chamadas de bazucas), granadas, morteiros de sessenta milímetros e cargas explosivas. Tudo isso também exigiria prática e ensaios, e daí vinha a necessidade de uma longa e lenta viagem a bordo de um pequeno navio mercante.

Mas onde conseguir tudo isso? Naquela época, eu não podia pedir informações às autoridades. Para descobrir, teria de penetrar o mundo dos negociantes de armas do mercado negro e conhecê-lo por dentro, e não estava preparado para escrever um thriller deixando áreas tão vitais sem explicação.

Meus contatos afirmaram que o coração do mercado negro de armas ficava em Hamburgo, e seu líder era um tal de Otto X, que se passava por um respeitável negociante — mas todos fazem isso. Assim, fui para Hamburgo com outro adiantamento da Hutchinson, que estava muito contente com a venda dos dois primeiros livros.

Achei que seria imprudente usar meu próprio nome, então assumi o do piloto que havia me tirado de Biafra e declarei ser Frederik van der Merwe, sul-africano. Até mesmo tinha documentos para provar, preparados pelo falsificador que me ensinara a respeito de passaportes falsos durante a pesquisa para *O dia do Chacal*. O Sr. van der Merwe era o jovem assistente de um multimilionário sul-africano que desejava apoiar Jonas Savimbi na guerra civil angolana. Foi assim que consegui entrar nos círculos internos de Herr Otto X.

Foi lá que aprendi sobre os Certificados de Usuário Final, os documentos provenientes de um governo soberano respeitável autorizado a comprar equipamento de defesa para objetivos legítimos. Por uma taxa, Otto X poderia obter certificados falsos, no papel timbrado correto e com a assinatura de um diplomata subornado em alguma embaixada na Europa. Tudo corria muito bem, até que um imprevisto aconteceu.

Certa manhã, Herr Otto X estava em sua limusine quando ela parou em um farol vermelho perto de uma livraria que, naquele dia, lançava a edição alemã de *Der Schakal* (*O dia do Chacal*). Havia exemplares na vitrine, mas um deles tinha caído, e, na quarta capa, havia uma foto do autor.

Herr Otto X se viu encarando o Sr. van der Merwe e teve uma crise de total falta de senso de humor. Felizmente, eu tinha um amigo desconhecido e incógnito na corte. Eu estava no meu quarto de hotel, em frente à estação principal, quando o telefone tocou. Ninguém se identificou. Alguém falou, em uma voz claramente britânica e com o tom contido de quem teve uma educação elevada.

— Freddie, saia de Hamburgo agora. E eu quero dizer *agora mesmo*. Estão indo pegar você.

Como meu pai em 1938, saí correndo. Agarrei meu passaporte e um punhado de dinheiro, deixei a bagagem para trás e desci as escadas, passando pela recepção e entrando na praça da estação. Não me preocupei com a passagem; fui diretamente para os trens. Um deles estava começando a deixar a estação, com as portas fechadas, mas uma janela totalmente escancarada.

Entrei por ela com um pulo e caí no colo de um executivo alemão rechonchudo, também desprovido de senso de humor. Ainda estava me desculpando quando o condutor apareceu para conferir as passagens. Eu não tinha passagem.

Expliquei que mal tivera tempo de embarcar no trem, que já ganhava velocidade através dos subúrbios, e pedi para pagar em dinheiro.

— Para onde o senhor está indo? — perguntou ele.

— Bem, para onde *vocês* estão indo?

— Amsterdã.

— Que coincidência. Eu quero uma passagem só de ida para Amsterdã, na classe econômica.

— Você está na primeira classe — retrucou ele. — Terá de sair daqui.

Assim, comprei minha passagem, desculpei-me mais uma vez e fui procurar um banco mais duro.

O irmão mais novo do meu pai trabalhava para uma companhia britânica em Scheveningen naquela época. Ele conseguiu uma passagem para mim em um navio mercante de Flessingue para a Inglaterra.

De volta ao meu apartamento em Londres, reuni os textos da pesquisa e escrevi *Cães de guerra*, apresentando o manuscrito a Harold Harris pouco antes do prazo final.

Fiquei pensando sobre a voz ao telefone que salvara minha pele em Hamburgo. A única explicação que fazia sentido era que havia outro infiltrado no círculo de Herr Otto X, alguém da organização que eu conhecia como a Firma, averiguando, em nome do meu governo, uma possível venda de armas para o IRA. Mas jamais soube quem era e, até onde sei, nunca o encontrei.

A primavera de 1973 foi tranquila. Eu cumprira minha parte do contrato de três romances, não tinha nenhuma ideia para um quarto e estava começando a receber um pouco de dinheiro. Então parei no apartamento de John Mallinson para tomar uma bebida e uma pessoa, a caminho de um trabalho como modelo, parou também. Era uma garota de cabelo ruivo e longas pernas. Carrie e eu nos casamos em Gibraltar em agosto.

Foi quando chegou uma carta de David Deutsch, o produtor indicado por John Woolf para levar o *Chacal* para as telas do cinema. Ele já filmara em Londres e estava terminando as cenas francesas em

Paris. Será que eu gostaria de fazer uma visita e conhecer o astro do filme, Edward Fox? É claro que sim.

Eu conhecia seu rosto porque, meses antes, durante a pré-produção, Fred Zinnemann pedira que eu fosse ao seu escritório para uma reunião. Com sua cortesia vienense à moda antiga, ele me explicou que havia um problema com o elenco.

O estúdio de Hollywood que distribuiria o filme queria um astro famoso. Michael Caine tinha ficado interessado, assim como Roger Moore. Charlton Heston implorara pelo papel. Mas Zinnemann queria um homem que, embora excelente ator, fosse pouco conhecido o bastante para passar despercebido na multidão, como o Chacal supostamente era capaz de fazer.

Em seu escritório na Mount Street, o diretor solenemente colocou seis fotos diante de mim, todas do tamanho de um cartão postal. Seis jovens loiros e atraentes olhavam para a câmera.

— Para você, qual deles é o Chacal? — perguntou.

Analisei todas as fotos e coloquei o dedo sobre a da ponta direita.

— Esse aqui.

— Ótimo! Acabei de assinar um contrato com ele. Seu nome é Edward Fox.

Os outros cinco eram modelos. Edward já se provara como lorde Trimingham em *O mensageiro*, de Joseph Losey. Mas, em âmbito internacional, ainda era relativamente desconhecido. *O dia do Chacal* estava prestes a mudar isso.

Um jantar incomum

FRED ZINNEMANN ERA um diretor brilhante, mas era como se fosse dois homens. Fora do set era a cortesia em pessoa, mas no set era um ditador em miniatura. Talvez tivesse de ser para que os filmes fossem feitos: há alguns egos muito grandes no mundo do cinema.

Ele estava hospedado no Hotel Westminster, na rue de Berri, perto da Champs-Elysées, com Edward Fox sob sua proteção e controle. Fred não queria que seu jovem astro ficasse passeando pela cidade à noite e chegasse ao estúdio atrasado na manhã seguinte para começar o processo de caracterização e figurino.

Cheguei ao hotel na hora combinada, e ele me apresentou a Edward. O jantar foi amigável, mas um tanto formal, e terminou bem cedo para os padrões da cidade luz. Suspeitei que Edward teria gostado de uma noite mais agitada.

Enquanto atravessávamos o lobby em direção à porta, fora do alcance do Sr. Zinnemann, perguntei ao ator se ele já conhecera algum assassino profissional. A resposta foi não.

— E gostaria de conhecer? — perguntei.

— Bem, como vou interpretar um, seria interessante.

Eu lhe disse que, às oito da noite do dia seguinte, haveria um táxi estacionado do outro lado da rua, comigo dentro. Edward deveria atravessar a rua e entrar nele.

Foi uma aposta arriscada, mas eu estava com sorte. Esperava que Armand estivesse na cidade, e, quando entrei em contato com sua adorada irmã, ela confirmou e disse que lhe pediria que me contatasse no hotel. Armand ligou pouco antes da meia-noite, quando contei o que tinha em mente. Ele pareceu achar divertido, mas se recusou a ir até o 8° *arrondissement*, marcando o "encontro" no coração da zona de meretrício, em um café do qual eu jamais ouvira falar.

Dos seis mercenários que haviam permanecido em Biafra depois que o contingente francês caíra em uma emboscada e correra para o aeroporto para evacuar o local, como contei, eu só gostava mesmo de três: Alec, o escocês; Johnny, o rodesiano; e Armand, o parisiense.

Armand nunca fora de fato um gângster, pois não fazia parte de nenhuma gangue. Só, de vez em quando, acertava as contas entre as gangues do submundo parisiense. A polícia da cidade não tinha nenhuma objeção a uma limpeza ocasional e, na maior parte do tempo, fazia vista grossa.

Em certa ocasião, madame Claude, proprietária da melhor corporação de acompanhantes da Europa, achou que estava sendo seguida, possivelmente por alguém que queria sequestrá-la. Ela consultou o chefe dos detetives, que recomendou a contratação de Armand.

Uma semana depois, seu motorista viu novamente pelo retrovisor os faróis de um carro que os seguia. Armand, sentado ao lado dele, pediu que parasse. O carro que os seguia fez o mesmo. Armand saiu e foi até o outro veículo. Houve uma breve conversa pela janela. O carro deu meia-volta em pleno bulevar e foi embora. Nunca mais voltou.

Embora Armand fosse muito mais novo que ela, madame Claude desenvolveu uma intensa paixonite por ele, estimulada por sua educada recusa em tirar vantagem da situação. Assim, ela lhe ofereceu livre escolha em sua escola de damas extremamente dispendiosas — por conta da casa, por assim dizer. Mas ele preferia, em suas próprias palavras, se virar sozinho, encerrando o contrato.

O bistrô que ele escolhera ficava em uma rua secundária, e, quando o táxi entrou nela, notamos que ambas as calçadas estavam repletas de pedestres. Saímos do carro e, enquanto eu pagava ao motorista, fomos recebidos por um coro das saudações de sempre.

— *Alors, Blondie, je t'emmène? Tu veux monter, non?*

Claro que Edward, que havia estudado em Harrow, não entendeu uma palavra, mas o sentido era bastante claro. Era uma noite cálida, os vestidos que elas usavam eram minúsculos, e os seios apertados nos decotes pareciam balões de gás. Paguei ao motorista e empurrei Edward para dentro do bistrô.

Havia um balcão, uma cortina de contas e, por trás dela, o salão. Passamos pela cortina e nos juntamos a Armand no canto mais afastado, onde ele bebia um *citron pressé* sem ânimo. (Ele não tomava bebidas alcoólicas.)

Feitas as apresentações, tivemos um jantar muito civilizado. Armand não falava inglês, e Edward só estudara francês no colégio, o que significa que sabia muito pouco. Servi como intérprete. Com sua cortesia inata, Edward não fez nenhuma pergunta de fato embaraçosa e não houve momentos de tensão, ao menos não até o final.

E o que aconteceu não foi culpa de nenhum de nós. Espalhara-se pelo balcão — e, consequentemente, pela rua — a notícia de que havia um ator jantando no bistrô. Os franceses são loucos por cinema, e, para aquelas mulheres, a ideia de um astro de verdade a alguns metros de distância era como uma lâmpada para mariposas. Elas invadiram o salão, oferecendo-se para nós até perceberem que apenas Edward era do ramo. Então começaram a lhe fazer algumas sugestões bem libidinosas.

O futuro Chacal estava vermelho como um pimentão, o assassino do submundo chorava de tanto rir e eu tentava fazer com que o *maître* trouxesse nossa conta, para que pudéssemos fugir dali. Armand desapareceu pela cozinha, nos fundos, e não o vejo desde então. O dono do bistrô chamou um táxi, e consegui devolver Edward a Fred Zinnemann no Westminster praticamente intacto.

Quarenta anos depois, em um almoço na minha casa, contei essa história a uma plateia jovial para explicar como havíamos nos conhecido. Edward estava presente com a esposa, Joanna David, que jamais ouvira essa história. Terminei dizendo que, naqueles quarenta anos, eu jamais lhe contara o que as garotas haviam proposto. Ele se inclinou sobre a mesa.

— Não — disse ele —, você jamais contou. O que era?

— Elas estavam se oferecendo de graça. O que você quisesse, por conta da casa. No mundo delas, isso é um grande elogio.

Ele refletiu por um momento.

— Imagino que não faça sentido voltar lá, não é?

Como nós dois já estamos na casa dos 70 anos, acho que não.

Pura alegria

S E PERGUNTAR A DEZ PESSOAS a definição de pura alegra, você receberá dez respostas diferentes, ou quase isso. No topo da lista, estaria o momento em que um pai olha para o filho recém-nascido, aquele rosto minúsculo contraído de ultraje pelo fato de ser expulso de um útero quentinho e seguro para um mundo cheio de problemas. Ele não sabe nada desses problemas e precisa ser protegido deles, e esse é o papel do tal pai apaixonado.

Haverá outras escolhas, incluindo lagoas cercadas por palmeiras ou um lance perfeito ao vencer o US Open de tênis. Rejeite todas elas: eu sei o que é pura alegria, pois a experimentei.

A ligação veio no verão de 1973 e, como sempre, foi terrivelmente reservada. Poderíamos conversar? Claro que sim. Eles não queriam que eu fosse até a Century House, porque alguém poderia me ver. E a mesa de um restaurante, por mais discreto e dispendioso que fosse, sempre pode ser grampeada por um garçom trabalhando para o outro lado.

Assim, o encontro foi em uma *safe house*, um apartamento, na verdade, revistado diariamente e com certeza antes de qualquer reunião. Era tão discreto que até esqueci onde ficava. Lembro apenas que era em Mayfair, Londres. Havia três homens, nenhum pertencente ao departamento da África, mas todos envolvidos com operações na Alemanha Oriental e, por isso, eu não os conhecia. Mas eles me conheciam; ou, pelo menos, conheciam o conteúdo do meu arquivo.

— Como está fora de cogitação você tentar se passar por alemão, descartamos um curso de atualização. Você será apenas um turista britânico entrando no país e tirando algo de lá.

Eu ainda achava que a voz ao telefone que me tirara de Hamburgo em tempo fora a de um Amigo, alguém da Firma, e sabia que uma boa ação merece outra. Além disso, parecia tudo muito simples.

Havia um agente, um coronel russo, trabalhando para nós na Alemanha Oriental, e ele tinha um pacote que precisava ser extraído. Não, não em Berlim Oriental, mas perto de Dresden. Ele podia ir no máximo a Dresden. As coisas começaram a não parecer tão simples. Dresden ficava bem longe.

O plano proposto havia sido minuciosamente estudado muito antes da reunião no esconderijo e parecia não ter o menor ponto fraco. Eu teria de ir de carro, pois o pacote — que, em deferência a Alfred Hitchcock, sempre chamei de McGuffin — teria de ser escondido de mãos e olhos curiosos enquanto saísse. Além disso, havia um pacote para o agente, que tinha de ser levado até ele. Logo, seria uma troca. Um pacote entrando, outro saindo.

Eles sabiam que eu tinha um carro, naquela época um Triumph Vitesse conversível. Será que poderiam pegá-lo emprestado por um ou dois dias? É claro.

Eu tinha de deixar o Triumph em frente ao meu prédio, com a chave sob o tapete. Não vi quem o pegou nem quem o devolveu. Não foi preciso. Ele simplesmente desapareceu e, em seguida, reapareceu, ligeiramente diferente.

No Vitesse, a bateria ficava no compartimento do motor, em uma bandeja do lado esquerdo. Dois clipes de metal impediam que se movimentasse e um isolante de borracha espesso evitava vibrações. O isolante fora removido e recortado para deixar uma cavidade.

Para se chegar à cavidade, era preciso usar uma chave inglesa para desconectar os terminais positivo e negativo e soltar os dois clipes. Em seguida, devia-se erguer a bateria e colocá-la de lado. Depois de abrir o isolante de borracha, lá estava a pilha grossa de papéis destinada ao agente e a cavidade em que seus relatórios (jamais soube o que eram) sairiam do paraíso dos trabalhadores.

Passei um dia inteiro na calçada, sob o calor do sol de verão, praticando até ser capaz de fazer tudo isso em menos de trinta segundos. E havia mais.

O "disfarce" seria uma visita ao Museu Albertinum, a joia cultural da Alemanha Oriental, surpreendentemente intocado pelo bombardeio anglo-americano em fevereiro de 1945, que destruíra a maior parte da cidade. Tesouros greco-romanos seriam minha nova paixão; houve muitos livros para estudar, como se fosse para uma prova. Enfim, parecia que eu estava pronto.

Foi uma longa viagem cruzando a França até a Alemanha Ocidental e, de lá, até a fronteira, mas, pelo Acordo dos Quatro Poderes, meu passaporte britânico me dava o direito de usar a *autobahn* para cruzar a Alemanha Oriental até o enclave de Berlim Ocidental. Quando cheguei, evitei todos os contatos feitos durante minha estadia anterior, dez anos antes.

Mas havia uma agência de viagens autorizada pelas autoridades da Alemanha Oriental que fornecia os vistos para turistas ocidentais legítimos, que o Politburo estava ávido para receber por causa da moeda estrangeira que traziam.

Meu controlador, Philip (um pseudônimo, é claro), sem dúvida não desejava ser fotografado no banco do passageiro quando o Triumph entrasse na Alemanha Oriental e, assim, voara até Tempelhof, o aeroporto que atendia apenas Berlim Ocidental. Ele esperou em um hotel diferente até a chegada do meu visto. A agência cobrou sua taxa e devolveu meu passaporte. Philip recebeu a autorização final de Londres, o que significava que o agente estava pronto, e fui liberado para atravessar Checkpoint Charlie na manhã seguinte.

Houve várias condições para o visto. Uma quantia mínima de marcos alemães tinha de ser convertida para os desvalorizados marcos orientais, o que foi feito. Na *autobahn* sul, havia postos específicos nos quais eu tinha permissão para reabastecer. Eu não tinha dúvidas de que, se a Stasi não me seguisse por todo o trajeto, haveria postos ao longo da rodovia nos quais o Triumph azul-escuro com placas britânicas seria observado e registrado.

E havia apenas um hotel em Dresden no qual eu era esperado e uma reserva fora feita.

Eu não via Checkpoint Charlie já fazia dez anos, mas tudo estava igual. Estrangeiros em fila, como sempre, ao lado das cabines de conferência, enquanto espelhos sobre rodas eram deslizados para baixo do chassi, em busca de contrabando.

A ordem de sempre para abrir a tampa do motor e a do porta-malas, a apreensão de sempre ao lhe obedecer, a tentativa de sempre dos turistas de manter alguma leveza, a resposta soturna de sempre. O guarda de fronteira que me foi designado examinou o compartimento do motor, mas não tocou em nada. O isolante da bateria passara por seu primeiro teste.

Minha pequena valise fora esvaziada e examinada no interior da cabine, mas, com exceção disso, o porta-malas estava vazio. A valise foi devolvida e guardada. Então recebi o aceno brusco em direção a Berlim Oriental, a barreira foi erguida e entrei na Terra Vermelha.

Eu havia memorizado a rota pelos subúrbios do sul de Berlim Oriental, em direção à rodovia para Dresden. É claro que haveria um segundo posto de fronteira — saindo de Berlim e entrando na área rural da Alemanha Oriental. Eu o reconheci: era o posto ao qual a Stasi de Magdeburg me conduzira após o incidente com o RB66 na floresta de pinheiros, dez anos antes. Eu esperava que a perna do capitão Holland tivesse cicatrizado bem.

Então era só dirigir pela estrada, entrando na província da Saxônia e seguindo até a cidade de Dresden, que eu não conhecia. O hotel estava marcado no mapa, e, no meio da tarde, eu já estava instalado.

O estacionamento era subterrâneo, e tudo isso aconteceu antes de existirem câmeras de circuito fechado. Parecia não haver ninguém observando, embora eu não tivesse dúvidas de que meu quarto estava grampeado, assim como o telefone, e de que seria vasculhado enquanto eu jantava. Assim, deixei o McGuffin sob o isolante da bateria até a manhã seguinte.

Não havia razão para vagar pelas ruas. Meu blazer com botões de latão gritava "inglês" para qualquer maltrapilho alemão-oriental. Assim, fiquei no quarto e estudei os dois livros que trouxera comigo sobre o Museu Albertinum e seus muitos tesouros antigos. Eu esperava que fossem notados pela equipe do hotel e que, ao fazer seu relatório, o que quase certamente fariam, os funcionários dissessem que o britânico era simplesmente obcecado por antiguidades romanas.

De modo não totalmente artificial, dormi pouco e acordei cedo. O encontro seria às duas da tarde, em uma ala entre os gabinetes de exposição no museu. Tomei o café da manhã às oito e fiz checkout às nove, pagando em dinheiro (não havia cartões de crédito na época). Mas deixei a valise com o recepcionista, que assegurou que meu carro poderia permanecer no estacionamento até que eu precisasse dele. Ele não disse a outra coisa que aconteceria: que minha valise seria examinada outra vez. Tudo bem, não havia nada nela.

Às nove e meia, fui até o estacionamento, esperei até que outro hóspede saísse, abri a tampa do motor, removi o McGuffin, guardei-o no bolso do blazer, devolvi a bateria ao lugar, reconectei os cabos e fechei a tampa. Então fiz uma caminhada relaxada, com os livros debaixo do braço, até o museu. Às cinco para as duas, estava na ala entre os gabinetes, observando restos de cerâmica.

Havia outros lá. Casais, grupos de três pessoas, os inevitáveis grupos guiados de estudantes. Com meu livro aberto, eu comparava as fotos com os artefatos reais atrás do vidro, ocasionalmente procurando um homem sozinho com uma gravata vermelho-escuro e listras pretas. Alguns segundos depois, ele surgiu na ala.

Alemães normalmente não têm feições eslavas, mas aquele tinha. E a gravata. Vi seu olhar de esguelha para a minha: azul-escuro com bolinhas brancas. Ninguém mais se parecia remotamente conosco. Então vi um curador do museu de uniforme. Às vezes, a maneira mais simples é a melhor:

— *Entschuldigung* [com licença], onde fica o banheiro masculino?

Muito educadamente, ele apontou para a placa que dizia *Herren* sobre uma porta no fim da galeria. Não fiz contato visual com meu "amigo" a três metros dali. Ele sabia que nossa "reunião" seria no banheiro. Fui até lá, entrei, me aliviei e estava lavando as mãos quando ele entrou. O banheiro estava vazio, e todas as portas estavam abertas. Ele também começou a lavar as mãos. Dois jatos de água barulhentos. Então ele disse sua senha. Em alemão.

— Com licença, não nos conhecemos na Polônia?

Minha vez:

— Sim, estive lá em abril.

Era o suficiente. Ninguém mais diria essas besteiras naquela manhã em Dresden. Acenei para duas cabines adjacentes. Ele entrou em uma, eu entrei na seguinte. Por baixo da divisória entre as duas, passou um grande pacote de papel. Peguei o meu e deslizei-o para o outro lado.

Desafio qualquer um a resistir ao pequeno verme de ansiedade na boca do estômago em um momento como aquele. Meu amigo era real ou o agente fora pego uma semana antes e torturado em uma cela até revelar os locais e as senhas de identificação do encontro?

O lugar estava prestes a ser invadido por hordas de capangas gritando, com pistolas e algemas nas mãos, prontos para me acertar na cabeça? Mesmo o silêncio parecia ameaçador. Mas o maior medo nunca é de que lhe tenha faltado habilidade ou sorte, mas de que, em seu país de origem, algum bastardo o tenha traído. "Eles" sabiam de tudo o tempo todo, esperando por você e zombando das suas precauções. É por isso que Dante colocou o traidor no último círculo do inferno.

Não aconteceu nada. Meu "amigo" deixou a cabine e ouvi a porta do banheiro sendo fechada. Jamais voltei a vê-lo. Espero que ele esteja bem. Ainda havia dezoito anos de União Soviética pela frente, e a KGB tratava traidores com brutalidade.

Também saí da cabine, mas lavei as mãos outra vez para ganhar tempo. No momento de deixar o banheiro, esbarrei em um homem que entrava, mas era apenas um visitante. Trocamos um aceno e fui embora do museu, ainda agarrando meus livros. Tinha de fazer hora até o crepúsculo, porque queria viajar no escuro.

O visto expirava à meia-noite e a entrada para o Ocidente não era via Berlim Oriental, mas pelo sul, cruzando o posto de fronteira do rio Saale, uma das poucas passagens permitidas para turistas. Ao sul do rio, na cidade de Bayreuth, Philip estaria esperando por mim.

De volta ao hotel, peguei minha valise, assegurei que havia passado horas maravilhosas em Dresden e fiz copiosos elogios ao Museu Albertinum. Então fui até o estacionamento. No entanto, havia um grande grupo chegando para uma conferência. Gente demais. Se eu fosse visto debruçado sobre meu próprio motor, poderia haver ofertas de ajuda, o que era a última coisa de que eu precisava. Mantive o McGuffin no bolso, entrei no Triumph, que já atraía olhares curiosos, e parti. Começava a anoitecer. Segui as placas até Gera Kreuz, a grande junção rodoviária onde a *autobahn* se voltava para o sul, na direção da fronteira com a Baviera.

Estava escuro como breu quando vi a área de descanso à luz dos faróis e, como eu havia esperado, a rodovia estava quase vazia àquela hora da noite. Peguei a direita, desci a pequena rampa até que os pinheiros me cercaram e parei. Apaguei os faróis. Espere, acenda um cigarro. Relaxe. Estamos quase lá.

Havia uma pequena chave inglesa no porta-luvas. Não chamativa o bastante para causar suspeitas, mas vital para as porcas nos terminais da bateria. Desci do carro, abri a tampa do motor e usei a chave para soltar a primeira porca, no terminal negativo. Não havia necessidade de lanterna: a lua crescente bastava. Naquele momento, a área de descanso foi varrida por uma luz branca ofuscante.

Outro carro descera a rampa atrás de mim, com os faróis altos. Deslizei a chave para o bolso da calça e me endireitei. O carro era um sedã Wartburg, e, sob suas próprias luzes, consegui ver as cores: verde e creme, a marca da Volkspolizei, a Polícia do Povo, os VoPos. Havia quatro deles descendo do carro.

A essa altura, claramente haviam reconhecido o Triumph e as placas como britânicas. A razão pela qual saíram da *autobahn* ficou nítida quando um deles se virou para as árvores e abriu o zíper. Um chamado da natureza, mas aquela bexiga cheia poderia se revelar um golpe de sorte para aqueles homens.

A patente mais alta entre eles era a de um suboficial, que supus ser Unteroffizier. Os outros dois examinaram o Triumph com curiosidade enquanto seu colega urinava. O suboficial estendeu a mão:

— *Ausweis, bitte.*

O "por favor" era um bom sinal, ainda educado. Entrei no modo Bertie Wooster: o desafortunado, desamparado e inofensivo turista inglês, completamente perdido e muito estúpido. Falei em um alemão precário e com um sotaque terrível.

O suboficial examinou o passaporte página por página à luz da lanterna que retirou do bolso. Viu o visto para a Alemanha Oriental.

— Por que você parou aqui?

— O motor simplesmente parou de funcionar, oficial. Não sei por quê. Eu estava dirigindo e ele começou a engasgar e então morreu. Consegui chegar até aqui antes de parar completamente.

Os alemães provavelmente são os melhores engenheiros do mundo — eles sabem disso e adoram que o digam em voz alta. Mesmo a engenharia da Alemanha Oriental era boa o bastante para ser reconhecida no Ocidente. Assim, esbanjei na lisonja.

269

— Não entendo nada de motores, oficial. Não sei o que procurar. E não tenho lanterna. Vocês, alemães, são tão bons nisso... Será que não poderiam dar uma olhada?

O suboficial pensou a respeito. Então gritou uma ordem para o homem que acabara de se aliviar e estava fechando a braguilha. Naquela equipe, ele parecia ser o mecânico.

— *Guck mal* [Dê uma olhada] — disse ele, gesticulando em direção ao compartimento do motor.

O homem pegou a lanterna e olhou o compartimento. Dentro do meu bolso, o pacote grosso de papéis tinha começado a pesar feito uma lápide, o que se tornaria, se eu recebesse ordens para esvaziar os bolsos.

Então ouvi um grito de triunfo e o engenheiro se endireitou. Segurava na mão direita o terminal desconectado da bateria, iluminado pela lanterna.

— *Hat sich gelöst* [Simplesmente se soltou] — gritou ele.

Todos abriram sorrisos satisfeitos. Argumento comprovado: os alemães são os melhores. Distribuí cigarros Rothmans, muito apreciados, para todos. O terminal desconectado foi colocado no lugar e pediram a mim que tentasse dar a partida. O motor pegou na mesma hora. Bertie Wooster ficou quase fora de si de gratidão e assombro. A tampa do motor foi fechada e trancada. Todos se cumprimentaram. Por favor, *Mein Herr*, continue seu caminho.

Uma hora depois, parei de novo e, dessa vez, não fui interrompido. Às onze e meia, cheguei às luzes e cabines do posto de fronteira do rio Saale.

E lá a busca foi cuidadosa: porta-malas e compartimento do motor, com lanternas fortes examinando cada reentrância. O estofamento foi apalpado em busca de saliências, e o chassi, revistado com luzes e espelhos.

No interior da cabine fronteiriça, foi feita revista corporal e dos bolsos. Eu era o único tentando atravessar e suponho que os guardas estivessem entediados. O excesso de dinheiro foi confiscado, meu passaporte foi levado para uma sala e ouvi o som abafado de uma ligação. Finalmente, com expressões de decepção no rosto, eles me deram um breve aceno. Prossiga. A valise voltou para o porta-malas, eu entrei no carro e dei a partida. Segui adiante.

Naquela época, os alemães-orientais tinham um truque. Seu posto de fronteira ficava a pouco menos de meio quilômetro no interior da Alemanha Oriental. Depois que a última barreira era erguida, havia uma longa e lenta trajetória, a apenas dez quilômetros por hora, pelo último trecho. Ele tinha arame farpado dos dois lados. Impossível de escalar. E havia torres de vigia com metralhadoras. Era fácil imaginar a ordem sendo gritada pelo megafone: *Halt. Stehenbleiben.* Alto. Fique onde está.

Por fim, outra barreira. Atrás dela, os alemães-ocidentais observavam, escondidos atrás de suas próprias luzes, com os binóculos voltados para o carro que se aproximava e para a barreira oriental, lá atrás. Não houve nenhum grito e o para-choque dianteiro se aproximou da barreira, que finalmente se ergueu.

Pura alegria? Ah, sim. Pura alegria é o sinal de uma barreira vermelha e branca se erguendo na noite da Baviera, enquanto o retrovisor se enche com a luz de faróis.

Cheguei muito atrasado a Bayreuth e encontrei Philip no único lugar da cidade ainda aberto, o café da estação. Ele parecia consternado. Achava que eu havia me perdido. Fiquei comovido. Assim, entreguei-lhe o McGuffin, fui para o hotel e dormi feito uma pedra.

No dia seguinte, enchi o tanque e cruzei a Baviera, atravessando o Reno e seguindo pela França até o porto de Calais. A primeira balsa do dia me levou pelo canal até Dover e, de pé na proa, pude ver mais uma vez os grandes penhascos brancos se aproximando em meio à névoa da manhã.

Aliados e oponentes

H Á POUCAS EXPERIÊNCIAS que parecem tão inofensivas e que na verdade são tão exaustivas quanto uma turnê promocional pelo mundo.

A princípio, parece algo variado e interessante. Apenas doze cidades em vinte e quatro dias, com dois fins de semana de "descanso" e primeira classe em todo o trajeto. Por que não? Porque, depois de seis ou sete dias, o efeito das mudanças rápidas entre fusos horários, as camas estranhas, os aeroportos e a exaustão das entrevistas de manhã à noite começam a acabar com os nervos de qualquer um, exacerbando o inevitável jet lag.

Só fiz uma dessas, em 1978, para promover meu quarto romance, *A alternativa do diabo*. Apenas Toronto, Vancouver, Hong Kong, Brisbane, Sydney, Auckland, Perth, Joanesburgo, Cidade do Cabo, Frankfurt e de volta a Londres. Para mim, tudo era novo e exótico. Anos depois, apenas duas paradas se destacam: Hong Kong e Maurício, que foi o fim de semana de intervalo entre Perth e Joanesburgo.

Quando a aeronave tocou a pista do pequeno e lotado aeroporto Kai Tak, em Hong Kong, eu ainda estava na terceira cidade da minha jornada e bastante disposto. O Hotel Peninsula enviou um carro para me buscar, e tive de admitir que era a primeira vez que alguém cuidava de mim assim.

Acabara de ser conduzido, com muitas mesuras, até minha suíte no décimo andar do Peninsula, quando o telefone tocou. Era "Johnny", o chefe de estação da Firma na colônia e em vários outros locais.

— Está a fim de jantar hoje?

— Hum, sim.

— Esplêndido. Vou buscá-lo. Nos fundos do estacionamento da frente, às oito, carro vermelho.

E desligou.

Naquela época, o Peninsula tinha não apenas um, mas uma frota de Rolls-Royces cor de chocolate para seus hóspedes. Às oito da noite, eu estava nos degraus da frente, observando o regimento de Rolls-Royces, quando avistei um carro vermelho lá no fundo. Era o Jowett Javelin mais acabado que eu já tinha visto, com Johnny sorrindo calorosamente ao volante. A companhia Jowett há muito virou história, e ainda bem.

Johnny claramente conhecia bem Hong Kong, mas eu me perdi em questão de segundos depois de entrarmos nas vielas estreitas da Cidade Murada. Finalmente, nem mesmo o Javelin conseguia seguir em frente, de modo que Johnny estacionou e prosseguimos a pé.

Ocorreu-me que, se o contribuinte britânico, acostumado com James Bond em seu Aston Martin, pudesse ver aquele ferro-velho ambulante, perceberia que não estava sendo sobretaxado em função do serviço internacional de inteligência de Sua Majestade.

Johnny caminhou com confiança por viela após viela, até chegarmos a uma porta rebitada com grossos pregos negros. Ele bateu. Um pequeno painel deslizou para o lado. Houve uma rápida conversa em chinês, embora eu não soubesse dizer se era mandarim, hacá ou cantonês. Então a porta se abriu com um estalo e nós entramos. Foi quando percebi que meu anfitrião era um convidado de honra.

O restaurante não era grande, com cerca de quinze mesas, e todos os clientes eram chineses. Não havia um único "olho redondo" à vista. Não fiquei surpreso: eles não teriam encontrado o lugar.

Todos eram servidos por dois jovens, parecidos o bastante para serem irmãos (o que eram), ambos com mais de um metro e oitenta e cabelo preto cortado bem rente. Da cozinha veio o proprietário e chef, evidentemente o pai, com mais ou menos a mesma altura e cabelo de um cinza metálico. Ele saudou Johnny como quem cumprimenta um amigo.

Não havia cardápio. Johnny pediu por nós dois e o que ele pediu foi recebido com aprovação e sorrisos. Quando ficamos sozinhos, comentei:

— Eles são bem grandes para chineses.

— São manchu — explicou Johnny. — Eles crescem bastante.

— E a língua?

— Mandarim.

A refeição estava excelente, provavelmente a melhor que já comi. Comentei a cordialidade com que ele fora recebido.

— Bem, eles são meus colegas, de certo modo.

— Trabalhando para Londres?

— Deus do céu, não. Eles são da inteligência de Beijing.

Eu estava ficando meio confuso.

— Achei que eles eram nossos inimigos.

— Nossa, não, os russos são nossos inimigos, a KGB. O pessoal de Beijing não os suporta e nos mantém informados sobre tudo o que os soviéticos fazem. E eles sempre ficam sabendo antes.

Meus velhos conceitos estavam sendo seriamente abalados.

— Então nós nos damos bem com os chineses, embora supostamente estejamos em lados opostos?

— É isso aí. Com exceção dos nacionalistas, os resíduos do velho Kuomintang. Eles são um pé no saco.

— Eu achava que os nacionalistas eram anti-Beijing.

— E são. É por isso que são um pé no saco. Eles têm uma colônia espalhada por várias baías ao longo da costa. Economizam até terem dinheiro suficiente para comprar algumas armas ilegais. Então entram em um ou dois juncos e tentam invadir o continente.

274

— O que acontece com eles?

— Ah, eu dou a dica para meus amigos aqui — disse ele, indicando a cozinha com a cabeça — e os idiotas são interceptados ao desembarcar.

— Eles não são executados?

— Não, não, nós temos um acordo. Eles apenas os desarmam e os mandam de volta. Aí precisam economizar por mais um ano para poder comprar novas armas e tudo se repete. Olha, o Exército de Libertação Popular poderia tomar esse lugar antes do café da manhã, se quisesse. Na verdade, somos convidados aqui. Uma Hong Kong pacífica serve aos dois lados. Para Beijing, é uma valiosa fonte de renda e um ponto de encontro onde podemos conversar sem sermos observados. O novo mandachuva deles, Deng Xiaoping, é mais pragmático que dogmático. Para nós, é um centro de comércio e posto de escuta. Qualquer coisa que perturbe esse agradável relacionamento é uma ameaça. Isso inclui o Kuomintang para nós e a KGB para eles. Tudo o que precisamos fazer é manter Beijing satisfeita e os russos trancados em sua caixa.

Depois que ele pagou e fomos conduzidos, entre muitas mesuras, até a porta, percebi que acabara de descobrir, enquanto comia um *chow mein* magnífico, que aquilo que o público ocidental lia havia anos nos jornais era pura besteira.

O carro permanecera intocado, embora em muitas vielas do mundo ele pudesse ter sido roubado. Ninguém encostara um dedo nele. Ninguém ousaria.

No dia seguinte, a unidade da RAF escondida no aeroporto Kai Tak me ofereceu um passeio pela colônia em um dos seus helicópteros. Acho que era um Skeeter, mas, de qualquer modo, era muito pequeno, só uma bolha de acrílico embaixo de uma hélice barulhenta. A cabine não tinha portas e, nas inclinações acentuadas, apenas os cintos de segurança impediam qualquer passageiro de mergulhar dois mil pés até o solo.

Desse ponto de observação elevado, pude ver os gurkhas patrulhando os campos de urzes dos Novos Territórios, procurando refugiados que chegavam em um fluxo constante, em busca de uma nova vida longe do comunismo. Mas a colônia era pequena demais para isso. Assim, eles eram recolhidos, escoltados até um campo na ilha Lantau (onde agora fica o novo aeroporto) e enviados de volta.

Havia outro acordo em vigor, segundo o qual esses refugiados não eram punidos — apenas avisados para não fazerem isso novamente e realocados para um lugar mais distante. Naquela noite, fui convidado a falar no Clube de Correspondentes Internacionais de Hong Kong. E o fiz completamente sóbrio, fato pelo qual fui elogiado, uma vez que o convidado anterior, o comediante Dave Allen, desmaiara sobre o prato de sopa.

No último dia, Jardine Matheson me pediu para disparar a cerimonial Noonday Gun. Em seguida, fui até Kai Tak para pegar meu voo até Brisbane.

Depois da Austrália e da Nova Zelândia e de responder às mesmas perguntas uma centena de vezes, meu voo saindo de Perth passou justamente sobre a ilha Maurício. A Hutchinson, minha editora, que pagava pela turnê, sugeriu que, como eu só tinha compromissos em Joanesburgo na segunda-feira, passasse o fim de semana no adorável resort da ilha. Fiquei hospedado no Hotel Saint Geran, que até hoje — trinta e cinco anos depois — é um de meus favoritos.

Embora só tenha permanecido na ilha por sessenta horas, eu me apaixonei — duas vezes. Havia uma loja e um curso de mergulho. Algumas horas de instrução na piscina davam direito a dois mergulhos nos corais. Fui conquistado pelo silêncio e pela beleza desse mundo submarino. Mergulho desde então.

E havia o barco de pesca, o *Chico*, que já estava lotado. No entanto, um dos turistas que o reservara cancelou, e o gerente, Paul Jones, meu amigo até hoje, procurava alguém para substitui-lo. Crescendo em Kent, eu pescara bremas e carpas no canal Hythe, mas aquilo era diferente. Oito horas no vasto e agitado oceano Índico, com linhas esticadas à espera de marlins, agulhões, cavalas-verdadeiras-da-índia, cavalas, atuns e bonitos.

Não me lembro do que pescamos, mas foi mais de uma dúzia, sem contar o marlim e o agulhão, e, quando apoitamos no deque no fim da tarde, eu estava mais uma vez apaixonado. Mais tarde, baseei um conto, "O imperador", nesse dia no mar. Então tive de pegar o carro até o aeroporto e de lá um voo para Joanesburgo. Dez dias depois, fui deixado em Heathrow, sentindo-me um trapo.

Porém, desde então, mergulhei nos corais partindo da ilha Lizard, em Queensland, até a península da Baixa Califórnia, no mar de Cortez; nadei com tubarões e arraias-manta entre os atóis das Maldivas e das ilhas Amirante; e pesquei marlins, peixes-vela e *amberjacks* (sempre devolvidos ao oceano) e cavalas-da-índia e cavalas-verdadeiras (para o jantar).

Minhas únicas drogas são o silêncio e a solidão, e, em um mundo cada vez mais barulhento, frenético e superlotado, é no mar que as encontro.

Cinco anos na Irlanda

NÃO HAVIA A MENOR RAZÃO para o político irlandês Charles Haughey e eu gostarmos um do outro, mas gostamos. Com seus inimigos políticos, ele era incansável em sua busca por vingança pelo menor desrespeito ou prejuízo. Quando relaxado à mesa de jantar, eu o achava um patife divertido. E certamente era um patife.

Como republicano passional, ele tinha pouco tempo para os ingleses ou qualquer coisa britânica, mas parecia fazer uma exceção no meu caso, talvez por ter percebido que eu conseguia vê-lo como ele era.

Minha esposa e eu havíamos trocado o Reino Unido pela Espanha em janeiro de 1974 para fugir da vitória eleitoral de Harold Wilson pelo Partido Trabalhista e da política fiscal de Denis Healey, que elevara o imposto de renda para dolorosos oitenta e três por cento ao assumir como chanceler da Fazenda em abril. O ano na Espanha era para evitar a possibilidade de que a maior parte da renda dos três primeiros romances desaparecesse, o que talvez nunca mais se repetisse. Mas nunca tivemos intenção de nos estabelecer definitivamente na Espanha. Tratava-se apenas da regulamentar "licença não remunerada".

No Natal de 1974, estávamos em Dublin (fora do corpo principal do Reino Unido e, consequentemente, fora da rede fiscal), à procura de uma casa para comprar no vilarejo de Enniskerry, condado de Wicklow, logo ao sul da cidade. Anos antes, quando seu partido, o Fianna Fáil, estivera no poder e ele fora ministro das Finanças, Charles Haughey introduzira uma lei financeira com um pequeno parágrafo final que quase ninguém notara. Ele tornava todos os artistas, incluindo escritores, isentos do imposto de renda.

Eu devo ter sido o único imigrante que não sabia disso. (Como já devo ter mencionado, não sou muito bom com dinheiro.) Quando revelei minha ignorância da lei, ela foi recebida pelos locais com surpresa, seguida de aprovação. Ao menos eu tinha ido para lá por gostar do lugar.

Fazer amigos na Irlanda é a coisa mais fácil do mundo, principalmente porque eles são muito amigáveis. Acrescente a isso seu incrível senso de humor. No norte, a campanha de guerrilha do IRA contra o governo de Belfast e as Forças Armadas inglesas lá postadas estava no auge, mas, no sul, na República da Irlanda, a atmosfera era calma e extremamente sociável. Havia histórias sobre britânicos que tinham de ir embora por não suportar a vida boêmia; assim, levavam seus fígados danificados de volta para casa.

Logo depois de nos instalarmos, minha esposa e eu conhecemos Charlie Haughey socialmente, por meio de sua namorada de muitos anos. Era um relacionamento sobre o qual todo mundo sabia, mas ninguém comentava e toda a mídia praticava autocensura. Aqueles dias passaram há muito.

A dama oferecia jantares modestos e reservados em torno da mesa de pinus da cozinha do seu apartamento e era lá que se podia encontrar o outro Charlie Haughey — em mangas de camisa, afável e bem-humorado. Como Harold King no escritório parisiense da Reuters, ele primeiro tentava intimidar e, se isso falhasse, relaxava e deixava transparecer seu charme irlandês.

Apreciei imensamente meus cinco anos na Irlanda e me lembro com afeto dos inúmeros e hilários jantares. Antes de ir para a Espanha, em um ato de pura insanidade, eu comprara um Rolls-Royce. Estava longe de ser novo e longe de ser dos mais caros. Era um clássico, que eu restaurara com um especialista em Londres. Uma vez restaurado, eu o mandara pintar novamente, de preto para branco. Tinha a tradicional grade do radiador em estilo de templo grego, com a dama alada voando sobre o capô. Esse monstro foi conduzido por todo o caminho até Costa Blanca e, um ano depois, transportado para a Irlanda. Tanto no vilarejo espanhol quanto em Enniskerry, ele — como posso dizer? — chamava bastante atenção. Mas eu gostava do carro e o teria mantido por mais tempo, não fosse pela minha viagem até o condado de Antrim, no norte, para visitar meus sogros.

Dirigimos lentamente por Dublin, passando pelo aeroporto em Swords e chegando ao enclave do IRA, Dundalk. Para o norte, a estrada permaneceu praticamente vazia até chegarmos ao posto de fronteira e ao início do condado de Armagh, o primeiro dos seis condados que formam a Irlanda do Norte, de propriedade britânica.

O posto de fronteira irlandês não tinha quase ninguém. A barreira estava erguida, e alguém por trás do vidro da cabine acenou para que passássemos. No posto britânico, a barreira estava baixada e paramos. Da vegetação rasteira saiu uma estranha figura à la Caliban.

Ele usava uma farda camuflada e uma boina escocesa com um pompom vermelho no topo e segurava uma submetralhadora. Aparentemente, era um dos soldados de Sua Majestade, mas não de um tipo que eu já tivesse encontrado antes. Ele se apoiou no lado do motorista, olhou para dentro e gesticulou para que eu baixasse o vidro.

O mecanismo era elétrico, e, quando zuniu para baixo, o sujeito pulou de surpresa e falou comigo. Eu não conseguia entender uma palavra do que ele dizia, mas, pelo sotaque, que eu já ouvira em Tânger, sabia que ele devia ser de Glasgow. Quando não consegui responder a suas perguntas, ele ficou agitado, e o cano da submetralhadora logo surgiu diante do meu nariz.

A essa altura, uma figura bastante diferente saiu do mato: muito alta, desengonçada e claramente um oficial. Ele também se aproximou e se dirigiu a mim, mas com uma fala arrastada.

— Sinto muito, companheiro, ele está pedindo para ver seus documentos.

O capitão assumiu e analisou meu passaporte. Por suas insígnias, percebi que eles eram Cameronians, o regimento de fuzileiros escoceses que havia estabelecido uma bela reputação na Alemanha como Poison Dwarfs.

A dupla me fez lembrar do oficial da Rússia branca comandando as tropas orientais em Magdeburg, quinze anos antes. O capitão dispensou o soldado com uma rajada do mesmo dialeto incompreensível.

— Você é o tal escritor? — perguntou ele.

— Sim.

— Belo show. Belo carro.

— Obrigado.

— Acha que é prudente dirigi-lo pelo País dos Bandidos?

(Reconheci o termo que a mídia empregava para se referir ao condado de Armagh, que eu ainda tinha de cruzar.)

— Talvez você devesse pensar a respeito — continuou ele. — De qualquer modo, pode passar. E tome cuidado.

Com essa encorajadora despedida, soltei a embreagem e a besta branca entrou no condado de Armagh com suas sebes silenciosas e hostis. Uma semana depois, passamos pela mesma situação ao voltar para o sul: uma viagem muito silenciosa, tanto dentro quanto fora do carro. Depois disso, vendi o Rolls e comprei um simpático e discreto Austin Montego.

Mais ou menos nessa época, o governo Cosgrave caiu e o Fianna Fáil voltou ao poder. Com isso, Charlie Haughey foi nomeado ministro da Saúde sob o governo do primeiro-ministro Jack Lynch, com quem ele digladiou até finalmente derrubá-lo e assumir como novo premiê, em 1979.

Ele havia acabado de tomar posse quando a Irlanda recebeu o papa João Paulo II para uma visita de Estado. Em torno da mesa de pinus da cozinha, Charlie me fez um pedido bastante estranho. Ele precisava de um estudo sobre segurança para apresentar ao gabinete — estava aterrorizado com a perspectiva de que houvesse uma tentativa de assassinato do pontífice em Dublin.

Respondi que Sua Santidade jamais estaria em perigo mortal justo em Dublin, entre todos os lugares, e que o governo britânico tinha dezenas de especialistas em segurança, com anos de experiência. Ele rebateu dizendo que não pediria ajuda a Londres, mas que a Gardaí irlandesa não tinha experiência com esse tipo de coisa. Precisava das técnicas que haviam mantido de Gaulle vivo. Minha única opção era ceder ao seu pedido.

Pensei em tudo o que os guarda-costas do presidente de Gaulle haviam deixado escapar ao conversar com a mídia francesa em 1962 e montei um documento enfatizando a diferença entre proteção próxima contra malucos e o perigo dos franco-atiradores de longa distância.

Jamais soube se ele apresentou o documento ao Gabinete como obra dele, minha ou de algum especialista anônimo que apenas ele conhecia. Provavelmente a última opção. De qualquer modo, a visita de três dias do papa ocorreu sem incidentes, embora eu tenha notado alguns atiradores do Exército irlandês deitados nos telhados, espreitando todas as janelas em frente.

Meus dois filhos nasceram em Dublin: Stuart em 1977 e Shane em 1979. Mas, no outono de 1979, minha esposa desenvolveu um medo avassalador de que algo acontecesse a eles.

No caso da Irlanda em 1979, tal medo estava longe de ser disparatado. Renegados do IRA já haviam sequestrado o executivo holandês Tiede Herrema, que fora resgatado sem ferimentos após uma caçada nacional; outros haviam visitado recentemente a casa do magnata canadense Galen Weston, meu amigo, em Outwood. Nem ele nem a esposa, Hilary, estavam em casa, mas os invasores aterrorizaram sua secretária.

No início da primavera, a situação era séria. Um amigo em Dublin comentou:

— Você não é o homem mais famoso da Irlanda, não é o homem mais rico da Irlanda e não é o único britânico na Irlanda. Mas provavelmente é o britânico mais rico e famoso por aqui.

Assim, uma tentativa de sequestrar um dos bebês não era, de modo algum, fantasiosa. Era hora de partir, e minha esposa, ela própria irlandesa, se mostrou inflexível a respeito de seu desejo de voltarmos para a Inglaterra. Parecia cortês informar nosso amigo, o primeiro-ministro. Sem explicar por quê, pedi uma audiência em seu gabinete na Kildare Street.

Ele me saudou calorosamente, mas pareceu meio confuso. Quando a porta se fechou, contei que estávamos partindo e expliquei o motivo. Ele ficou horrorizado e me pediu para ficar. Deixei claro que a decisão já estava tomada.

Ele não podia me oferecer cidadania irlandesa, pois, como primeiro filho do primeiro filho de um homem de Youghal, no condado de Cork, eu já tinha esse direito, de qualquer modo. Assim, Kildare ofereceu o cargo de senador da Irlanda. Aparentemente, o Senado era parcialmente eleito, mas algumas cadeiras podiam ser preenchidas por nomeação. Eu agradeci, mas recusei.

Aceitando a realidade, ele me conduziu para fora do gabinete e então pelo longo hall até a porta da frente, com o braço envolvendo meus ombros. As portas se abriram enquanto servidores civis boquiabertos observavam o primeiro-ministro abraçado a um britânico, algo que jamais tinham visto antes e nunca viram desde então.

Alguns dias depois, recebi uma última ligação. Era para me dar sua palavra de que nenhum homem do IRA no país ousaria erguer a mão contra mim ou minha família. A única maneira de ele saber disso era ter dado uma ordem direta ao conselho militar do IRA. Não há muitos homens em posição de fazer isso.

Em 7 de abril de 1980, lotado e com malas no bagageiro do teto, o Montego entrou na balsa de Dun Laoghaire para Fishguard.

Margaret Thatcher vencera a eleição de 1979, e a taxação máxima do imposto de renda caíra de oitenta e três para sessenta por cento, o que, embora ainda fosse alto, era aceitável. Chegamos a Londres em tempo de ver, na televisão, a interrupção da fase final do Campeonato Mundial de Sinuca para mostrar imagens do SAS invadindo a embaixada iraniana ocupada por terroristas.

Desde então, morei em Surrey, St. John's Wood, Hertfordshire e Buckinghamshire. Mas nunca emigrei e jamais o farei.

Truque desonesto

NO VERÃO DE 1982, minha situação material era extremamente confortável — a ponto de se tornar tediosa. Eu estava chegando aos 44 anos, casado havia oito e pai de dois meninos de 3 e 5, vivendo em uma grande casa branca em Tilford, um vilarejo do condado de Surrey, e percebera que, aparentemente, podia viver confortavelmente escrevendo romances. Não era à toa que estava entediado.

Há uma passagem no romance *John McNab*, de John Buchan, na qual o herói está em estado similar e vai ao médico. Após um exame completo, o astuto homem aconselha seu paciente:

— Como médico, não há nada que eu possa fazer por você, mas, como amigo, deixe-me dar uma sugestão: roube um cavalo em um país onde o roubo de cavalos seja punido com a forca.

Não senti necessidade de ir tão longe, mas tinha de fazer algo mais interessante que ler os jornais no terraço e beber café.

Embora não sofra de acrofobia — medo de altura —, não gosto de fato de lugares altos. Em um apartamento no trigésimo andar de um arranha-céu, eu preferiria não ir até a varanda e me debruçar sobre o parapeito. Na verdade, preferiria ficar do lado de dentro, atrás das portas de vidro.

Eu havia decolado e pousado muitas vezes, mas nunca pulara do avião no meio do caminho. Talvez fosse essa a resposta. Comecei a pedir indicações de bons clubes de paraquedismo. Um amigo nas

Forças Armadas afirmou que o melhor (o que, para mim, queria dizer o mais seguro) era a Escola de Forças Combinadas em Netheravon, Wiltshire. Como era paga por aquele filantropo ultrageneroso, o contribuinte, tinha equipamentos de ponta e jamais perdera um aluno para a força da gravidade.

Eu era civil, é claro, mas a RAF deu uma forçada nas regras e deixou que eu entrasse. Na data marcada, fui de carro até lá. Tudo era menos formal que agora, mesmo nesse passado mais recente. Não houve exame médico, apenas a assinatura daquele amigável documento chamado *blood chit*. Ele dizia simplesmente que, se eu me tornasse um corpo retorcido nos prados de Wiltshire, isso seria de minha inteira responsabilidade e meus herdeiros não poderiam processar ninguém.

A classe em que entrei tinha entre trinta e quarenta voluntários dos vários ramos do Exército e da Força Aérea, todos entre 18 e 25 anos. Em outras palavras, todos jovens o bastante para serem meus filhos. Pareciam ter um apetite insaciável e eram capazes de consumir seis grandes refeições por dia. Também tinham níveis aterrorizantes de energia.

Talvez em função da minha idade, um lugar foi gentilmente arranjado para mim no alojamento dos oficiais, que me era bastante familiar porque Netheravon é uma base da RAF. Na primeira manhã, iniciei o curso de três dias no hangar principal.

O oficial comandante era o major Gerry O'Hara, do Regimento de Paraquedistas, mas os instrutores eram o sargento Chris Lamb, da RAF, e o soldado Paul Austin, dos Fuzileiros Reais, ambos mais jovens que eu e ligeiramente surpresos com minha inclusão.

Começamos com explicações sobre a força da gravidade, a direção do vento e as velocidades de descida. Então vieram aulas sobre o equipamento. Usaríamos paraquedas cônicos: nada de paraquedas retangulares ou tipo asa, que eram apenas para os verdadeiros especialistas. O paraquedas cônico era simplesmente um domo de tecido colorido, e nem mesmo teríamos de abri-lo. Haveria uma corda de comando automático ligada ao interior da aeronave, que abriria o paraquedas automaticamente quando pulássemos. Os instrutores, que estariam no avião, prenderiam as linhas para nós. Bem simples.

Pularíamos sobre o campo, da porta lateral de um Dragon Rapide a cerca de três mil pés, e a velocidade de descida seria de cerca de seis metros por segundo. O restante do "tempo no solo" foi dedicado a aprender como se chocar contra a Mãe Terra àquela velocidade e sair ileso. Isso envolvia pousar e rolar ao mesmo tempo.

O restante do primeiro dia e a manhã do segundo foram passados no hangar, pulando de plataformas, pousando e rolando, até que pudéssemos fazê-lo sentindo o menor impacto possível. Tudo isso aconteceu entre as pausas para o inevitável chá, sem o qual toda a estrutura de defesa britânica entraria em colapso. Os intervalos para o almoço envolviam minha volta ao alojamento para a comida servida por intendentes, enquanto os jovens iam para seu refeitório consumir grandes quantidades de fritura. Eu não conseguia entender onde eles guardavam tudo aquilo. O truque foi realizado no fim da segunda manhã.

Os dois instrutores nos disseram que, na manhã seguinte, faríamos nosso primeiro salto. Era mentira, para evitar fugas no meio da noite. O primeiro dos dois Dragon Rapide pousou após o almoço, quando nos disseram para pegar nossos paraquedas. Também haveria um sorteio para as dúbias posições de "primeiro e último a saltar".

Os biplanos antigos, porém ainda funcionais, estavam parados, com as hélices girando e as portas laterais abertas, quando o sorteio foi feito. Dadas as condições no interior do avião, o "último a saltar" estaria sentado na ponta do banco e se levantaria para prender sua corda de comando automático apenas no último minuto, depois de receber a ordem. Mas o primeiro teria de se sentar no vão da porta o tempo todo, levantando-se apenas quando o mestre de salto lhe desse um tapinha no ombro. Um chapéu foi passado.

Estava cheio de tiras de papel, cada uma com o nome de um aluno Com os olhos fechados, Chris Lamb esticou a mão e retirou um nome. Quando ele foi revelado, fiquei surpreso — uma vez que as chances eram de trinta para um — em saber que era o meu.

Somente mais tarde, de volta ao solo e com a chance de examinar o chapéu, soube que todas as tiras tinham meu nome. Os dois trapaceiros haviam decidido que, se o velho excêntrico não congelasse na porta, nenhum dos jovens ousaria fazer o mesmo. Congelar e se recusar a saltar significaria retorno imediato à unidade de origem.

Em ordem inversa de salto, entramos no Rapide, com o grupo que seria o último a saltar desaparecendo em direção à cauda. Descobri que não havia assento para mim. Tive de ficar no vão da porta, com pernas e pés expostos ao turbilhão da hélice. Decolamos e subimos lentamente até um ponto três mil pés acima da base. Comecei a sofrer da "síndrome do arranha-céu". Os campos se tornaram selos postais, e os grandes hangares se transformaram em dedais. Pensei com saudades em minha casa em Tilford.

Paul Austin disse algo pela porta da cabine, e o barulho do motor diminuiu. As hélices ainda pareciam estar a apenas trinta centímetros do meu rosto e me perguntei se não acabaria saltando diretamente contra as lâminas. Era fácil esquecer que, mesmo com os motores em potência mínima, ainda havia um fluxo de ar de vinte e dois metros por segundo lá fora e a gravidade faria o restante.

Alguém tocou no meu ombro e eu me levantei. Um punho com o polegar erguido surgiu, o que significava "corda de comando automático presa". Então o último tapinha no ombro. Respirei fundo, inclinei-me para a frente e saltei. Em um segundo, tudo havia sumido — o ruído dos motores, o fluxo de ar, o avião. Restava somente o silêncio e o murmúrio suave da brisa, o céu acima, os arreios presos no corpo, os pés pendurados e os selos postais se aproximando lentamente.

Então tudo ficou bastante relaxante. Houve tempo para uma boa olhada ao redor. Vistas espetaculares por muitos quilômetros da linda paisagem do interior e a sensação de não estar caindo, de modo algum. Mas, a mais de seis metros por segundo, a base se aproximou rapidamente, e senti um grande impacto quando as botas tocaram a relva. Dobrei os joelhos, rolando para absorver o choque, com a relva nas costas, então nos ombros, rolei novamente e me levantei, recolhendo o tecido do paraquedas antes que ele despencasse todo e formasse uma pilha bagunçada. Recolhi tudo e comecei a longa caminhada até os hangares.

Lá, os empacotadores ficaram com tudo: paraquedas aberto, suspensores de náilon e arreios de lona. Houve tempo para um cigarro relaxante antes que visse o Rapide pousando para o segundo salto.

Caminhei até o chapéu descartado e descobri que o meu era o único nome nas tiras de papel. Disse algumas palavras bem-escolhidas a Chris e Paul. Três alunos, contudo, haviam se recusado a saltar e eram conduzidos ao alojamento para que retirassem os macacões e vestissem as fardas. Não haveria uma segunda chance.

No segundo salto, tive um pequeno problema. O pouso foi pesado demais. Uma rajada de ar ergueu o paraquedas e me derrubou de uma altura maior do que a indicada. Caí de mal jeito com o tornozelo direito. Na caminhada de volta aos hangares, ele começou a doer. De jeito nenhum eu planejava deixar de receber meu certificado de três saltos e, assim, escondi o coxear até estarmos novamente a bordo do Rapide. Ao menos daquela vez eu teria um banco para sentar.

O terceiro pouso foi feito sobre apenas um pé; de repente, havia um Tilly (um Land Rover azul da RAF) vindo na minha direção. Alguém nos hangares, observando os saltos com um binóculo, percebera que eu estava mancando. Na ala de emergência, um médico da RAF cortou a bota com um bisturi. A carne estava muito inchada e ninguém ousava tentar retirar a bota, por medo de ter de lidar com um escritor muito barulhento.

O exercício me custou um novo par das melhores botas de paraquedismo para substituir as que eu tinha pego emprestado e destruído.

Por sorte, foi apenas uma torção; devidamente enfaixado, fui capaz de ir mancando até o porre de celebração.

Meu Jaguar tinha câmbio automático e, na manhã seguinte, consegui dirigir para casa com um pé só, usando apenas o direito para todos os pedais.

Recebi meu certificado, assinado por Gerry O'Hara, e a oferta de um curso de *skydiving*: saltar a dez mil pés, com um paraquedas acionado por mim mesmo e muito tempo para mergulhar em direção à Mãe Terra a cento e sessenta quilômetros por hora. Mas, pensando no assunto, preferi me ater aos arranha-céus e aos velozes elevadores fabricados pelo Sr. Otis.

Mas ainda tenho o certificado do major O'Hara na parede do escritório, além de boas memórias de Netheravon e seus instrutores de voo descarados.

O maravilhoso Sr. Moon

DEVE HAVER UMA razão PARA ISSO, mas nunca conheci um homem que tivesse enfrentado a poderosa fúria dos oceanos em um barco pequeno e não acreditasse em Deus.

Os homens passam a maior parte do tempo em cidades lotadas, convencendo-se de como são importantes no contexto geral do universo. Mas há cinco lugares onde pode confrontar a realidade de sua completa insignificância.

Dois desses são os grandes desertos, de areia e pedras ou de gelo e neve. Perdido neles, o homem é apenas um grão de poeira em um grande lençol de pura aridez. Então há as montanhas, também cobertas de gelo e neve, picos entre os quais ele se torna invisível.

O céu é um lugar grande e solitário, mas ali, ao menos, a falta de importância é breve, pois, quando o combustível acaba, a gravidade se encarrega de pôr fim à solidão. E o mais temível deles é o imenso e impiedoso poder de um oceano revolto. Porque ele se move.

Quando, em 1513, Vasco Núñez de Balboa, olhando para oeste a partir da selva de Darién, na América espanhola, viu uma grande extensão de água azul, ela era calma, cintilante e aparentemente amigável. Assim, ele a chamou de *el mar pacifico*, o mar tranquilo, o mar de paz, o Pacífico. Ele não tinha ideia do que esse oceano podia fazer quando tomado pela raiva. O mesmo vale para o Índico.

Como todos os oceanos, o Pacífico pode ser plácido feito um lago ou se mover apenas com um meneio suave, azul sob o sol, receptivo, convidando o marinheiro a partilhar de sua calma e esplendor. Ou pode se erguer em montanhas aterradoras, varridas por ventos ensandecidos, preparadas para agarrar o mesmo marinheiro, esmagar seu navio presunçoso, afundá-lo, consumi-lo e destiná-lo perpetuamente a uma cova escura e fria, onde jamais será encontrado. É por isso que os homens que navegam os oceanos esperam que exista, por favor, Algo ainda mais poderoso que os protegerá e os levará para a segurança.

Em retrospecto, com aquela visão nítida que todos adquirimos tarde demais, foi imprudência da minha parte ignorar os mapas e ir pescar na costa de Maurício em 1985.

Toda a família viajou, dois pais e dois garotos pequenos, para o Hotel Saint Géran, na costa leste. Os programas meteorológicos mencionavam ciclones, mas cento e sessenta quilômetros ao norte da ilha e se movendo em linha reta de leste para oeste. Assim, decidi pescar.

O barco de pesca *Chico* trepidou ao sair da lagoa logo após o amanhecer, minha hora favorita, pela passagem usual na barreira de corais e entrou em mar aberto, rumando para leste. No leme, estava monsieur Moun, que todo mundo chamava de Sr. Moon. Ele era idoso, negro e encarquilhado, um crioulo que conhecia aquele mar e aquela ilha e nunca estivera ou quisera estar em outro lugar.

O barco fora fretado apenas para mim, e o instalador de linhas era seu filho, dividindo comigo o convés para cuidar das quatro grandes varas para marlim, linhas e iscas e ajudar a recolher os que fisgássemos. O movimento das ondas era gentil, a brisa estava leve, o céu azul e o sol bem quente: uma receita para o paraíso. Navegamos pacientemente por duas horas, sempre para leste, até Maurício se tornar um borrão pálido no horizonte. Por volta do meio-dia, o mar se acalmou ainda mais, tornando-se um lençol plácido. O Sr. Moon percebeu o sinal de alerta, mas eu não, pois estava ocupado examinando as iscas e esperando uma mordida.

Só notei algo quando seu filho começou a observar o pai, sentado de pernas cruzadas em seu banco giratório, adaptado para ser o assento do capitão por trás do leme. Então segui seu olhar. O Sr. Moon olhava para o norte. No horizonte, havia uma fina linha negra, como uma ferida entre o céu e a água. Percebi que devia ser sério quando ele gritou uma série de ordens em língua crioula para o filho, que começou a recolher as quatro linhas, e o *Chico* deu uma volta completa e começou a rumar para oeste. A mancha no horizonte, a ilha Maurício, quase desaparecera.

Eu não sabia o que tinha acontecido para mudar o humor tanto do mar abaixo de nós quanto do convés onde eu estava. O ciclone dera um giro de noventa graus. Estava vindo do norte, na nossa direção.

O *Chico* não era uma dessas maravilhas modernas, com dois grandes pedaços de tecnologia japonesa acoplados à popa, capazes de fazer um barco de pesca de fibra de vidro atravessar o mar a vinte nós em águas turbulentas ou trinta em águas plácidas. Era um velho barco de madeira com um motor interno que chacoalhava o tempo inteiro. Podia ser uma banheira, mas o Sr. Moon colocou o motor para trabalhar à toda, e nossa velocidade aumentou para dez nós.

A linha negra no horizonte aumentou até chegar a uns três centímetros, e o mar se transformou, passando de sua calmaria não para as pancadas cortantes que viriam depois, mas para ondas grandes que se avolumavam cada vez mais. No alto das ondas, era possível ver a mancha no horizonte, mas ela não parecia mais perto. Quando descíamos, o mar já não era azul, e sim vales semoventes de verde, cada vez mais profundos e escuros. Os ciclones do oceano Índico não poupam ninguém.

O Sr. Moon não dizia nada, assim como seu filho. Ele tirou as varas dos suportes onde normalmente viajam e as guardou na pequena cabine. O *Chico* avançava para oeste da melhor maneira que conseguia e, com uma lentidão agonizante, a mancha se tornou o pico da montanha principal da ilha. O céu ao norte escureceu e as nuvens apareceram, não brancas e fofas, altas no céu, mas negras e encurvadas como um dedo entrando em um anel.

Não havia nada a fazer além de observar. Tentei conversar com o Sr. Moon em sua outra língua nativa, o francês, mas ele estava absorto demais para responder. Seu olhar ia da ilha ao ciclone e vice-versa, calculando velocidades, ângulos e rotações do motor. Assim, caminhei de volta à proa e me juntei ao seu filho.

Pode-se imaginar que um descendente de africanos não consegue empalidecer. Não é verdade. O garoto tinha uma palidez doentia. Estava terrivelmente assustado, e ambos sabíamos por quê. A ilha se aproximava cada vez mais, enquanto o velho motor estalava e gemia em seu compartimento. Estava claro que nossas vidas dependiam do velho marinheiro. Ficou mais fácil distinguir a ilha, mas o mesmo se podia dizer da fúria negra atrás de nós. Qualquer que fosse a velocidade do ciclone, era bem acima de dez nós, e não conseguiríamos ir mais rápido do que já estávamos indo. Escalamos onda após onda, parecendo quase imóveis no topo e então mergulhando no vale outra vez.

Em algum lugar à frente estava a costa de Maurício e a lagoa de água salgada de onde saíramos. Entre nós, a barreira de corais e a passagem que tínhamos de atravessar para sobreviver. Enfim a vimos, mas então minhas esperanças foram destruídas. Ficou claro que eu provavelmente não voltaria a ver minha família.

O vento tinha ficado tão forte que transformara as ondas em um frenesi de espuma. Esse punho branco atingia os corais com força, explodindo em paredes de quase dez metros de altura. O vento lateral que soprava do norte empurrava as paredes como uma cortina sobre a entrada da barreira. A passagem havia desaparecido.

Se atingíssemos os corais, o *Chico* seria estraçalhado, levando seus três passageiros consigo. O coral pode ser feito apenas de trilhões de pólipos, mas é duro feito concreto e tem dentes que podem cortar aço. Poucos barcos atingem uma barreira de corais sem serem destruídos.

Caminhei pelo convés e me postei ao lado do Sr. Moon, curvado feito um corvo, pensativo sobre seu banquinho.

Seus olhos observavam as montanhas de sua terra natal, não a ameaça chegando pela popa.

Ele estava calculando os ângulos a partir dos picos das montanhas por trás do muro de espuma e do teto do hotel, quase impossível de ser visto. Tentava descobrir onde, na loucura líquida a sua frente, estaria o vão de menos de trinta metros pelo qual o coral concedia livre passagem para os barcos.

Olhei para trás e percebi que, se ele errasse, morreríamos. Não havia como dar a volta para encontrar refúgio em outro lugar da costa. Também não havia como voltar ao mar. O ciclone estava logo atrás de nós.

Veio uma onda enorme, um muro vertical de água verde e revolta, com oito ou nove metros de altura cheio de espuma no topo, enquanto a base respondia à praia cada vez mais rasa, prestes a se quebrar. Era como se o Empire State Building estivesse caindo a uma velocidade de quarenta nós.

Não vi o *Chico* atingir a parede de espuma. Em um segundo, ela estava à nossa frente, com a morte por trás, então a branquidão envolveu o barco, caindo no convés e espumando pelos embornais. Ela se dissipou, e vimos o céu azul acima de nós. Pedaços destruídos de coral passaram pelo barco, a menos de dois metros do casco.

O oceano cuspiu o *Chico* como a rolha de uma garrafa de champanhe, jogando-nos para o interior da lagoa, e o Empire State atingiu a barreira de corais com um estrondo que fez os trovões parecerem suaves. Mais tarde, os observadores na praia disseram que os borrifos chegaram a trinta metros de altura.

O *Chico* reduziu, voltando à velocidade de cruzeiro. Toda a clientela do hotel estava na praia. Consegui ver minha mulher, com as mãos no rosto, e dois garotinhos pulando nas ondas. Ancoramos e fomos recebidos por um pálido gerente de atividades.

O ciclone varreu a ilha Maurício por quarenta e oito horas e então seguiu em frente, como eles sempre fazem os ciclones. O resort naquela ilha tropical começou a se regenerar, como eles sempre fazem os resorts. Os voos foram liberados no aeroporto La Plaisance e retornamos a Londres.

Não há como recompensar um homem como o Sr. Moon, que, de qualquer modo, não queria nenhuma recompensa, mas fiz meu melhor. Também aprendi duas coisas naquele dia. A primeira foi: sempre confira a previsão do tempo antes de sair para o mar. A segunda: a razão pela qual os homens que desbravam os oceanos em barcos pequenos acreditam em Deus.

De volta à estaca zero — recomeçando

OI EM UMA MANHÃ CLARA e ensolarada da primavera de 1990 que descobri que estava total e completamente arruinado.

Em 1988, meu casamento terminara, de maneira triste, porém amigável. De comum acordo, minha esposa e eu havíamos dividido tudo o que tínhamos ao meio. Muito espertamente, ela ficara com o grande apartamento em Londres onde morávamos e algumas carteiras de investimentos, que ela transformou em dinheiro e investiu em propriedades mais tarde muito valorizadas.

Minha parte tinha sido totalmente constituída de fundos, todos investidos em uma série de carteiras cuidadosamente escolhidas. No mesmo ano, eu comprara uma pequena fazenda em Hertfordshire e me mudara para lá. Em 1989, conhecera a dama que se tornaria minha segunda esposa e com quem ainda estou casado, vinte e seis anos depois.

Naquela manhã de primavera, eu estava escrevendo o primeiro capítulo do que se tornaria *O manipulador*. Houve uma batida na porta do escritório. Fiquei irritado porque, quando escrevo, peço apenas para ser deixado absolutamente sozinho com minha máquina e bastante café. Interrupções devem se limitar a incêndios ou alguma grande crise. Mas respondi com um curto "O que foi?".

A resposta veio através da porta. Houve um incidente com Fulano. Ela deu o nome do diretor da companhia de investimentos por meio da qual, mas não na qual, eu investira minhas economias. Eu conhecia o sujeito havia treze anos e achava que podia confiar nele. Como descobri, estava errado. Seu nome era Roger Levitt.

Não entendi o que ela quis dizer e presumi que ele havia sofrido um infarto ou um derrame, o que era estranho, pois ele tinha pouco mais de 40 anos. Ela quisera dizer que sua companhia tinha quebrado e ele fora preso.

Mesmo quando entendi isso, não fiquei particularmente preocupado. Afinal, meus investimentos haviam sido apenas recomendados por ele e eu insistira em fundos bastante respeitáveis, sólidos e, acima de tudo, seguros. Nenhum retorno espetacular, obrigado, por mais tentadoras que fossem as propostas. Foi somente ao me reunir com os detetives do esquadrão de fraudes da Polícia Metropolitana que compreendi a real extensão da fraude.

Os fundos de investimento simplesmente não existiam. Os documentos eram todos falsos. O dinheiro havia sido reunido, apropriado e usado para tentar construir uma grande fachada à la Mágico de Oz. E eu não tinha sido o único. Havia, entre as outras vítimas, bancos, seguradoras e todos os clientes particulares.

Administradores foram nomeados, mas logo perceberam que os bens do esquema quebrado pagariam apenas suas próprias comissões. É claro. A soma total de todas as vítimas combinadas era de cerca de trinta e dois milhões de libras, vinte milhões desses pertencentes a instituições financeiras e o restante a clientes particulares.

Foi um ano estranho. Os detetives prepararam aos poucos seu caso para os procuradores da Rainha, e fiquei estarrecido com o número de vítimas que se recusou a depor. É o fator vaidade. Quem se orgulha de sua sagacidade não é capaz de admitir que foi tapeado.

Eu não tinha tais inibições, pois sempre tive total consciência da minha incapacidade para administrar dinheiro. Assim, tornei-me o convidado de honra dos detetives, que me explicaram como tudo fora feito.

Na verdade, eu não só estava falido como também devia um milhão de libras. Isso porque, ao tentar comprar minha fazenda, eu sugerira me desfazer de certa carteira de investimentos e comprar o lugar à vista. Havia sido persuadido a fazer uma hipoteca, pois o bom gerenciamento daquele milhão geraria mais que o custo mensal da hipoteca. Era tudo mentira, claro. As carteiras necessárias não podiam ser convertidas em dinheiro porque não existiam. Assim, logo ficou claro que eu estava falido e ainda devia um milhão de libras.

O caso se arrastou. Por fim, em 1993, chegou aos tribunais. Não precisei comparecer como testemunha. Graças a um brilhante advogado de defesa, um promotor incompetente e um juiz que nunca julgara um caso criminal na vida, as acusações foram reduzidas a dois pequenos crimes técnicos, e a sentença foi de cento e oitenta horas de trabalho comunitário.

O caso de Biafra fizera com que eu deixasse de ter qualquer fé ou confiança nos figurões do funcionalismo público. O julgamento de 1993 fez o mesmo com minha crença no sistema legal e judiciário.

De qualquer modo, decidi que só havia uma coisa a fazer. Aos 50 anos, teria de escrever uma nova série de romances e ganhar tudo de volta. Foi o que fiz.

A morte de Humpy

É RAMOS TRÊS, DE PÉ NA POPA da lancha pesqueira *Otter*, em Islamorada, nas Florida Keys, e estávamos atrás de *amberjacks*, gigantes da família da cavala que lutam feito demônios.

Meus dois filhos estavam comigo: Stuart, o pescador fanático que jamais tirava os olhos das varas, e o mais jovem, Shane, que podia ficar entediado se não pegássemos nada. O *Otter* estava ao través a vários quilômetros na corrente do Golfo, logo acima do pico submerso chamado de "409", pois chega a 409 pés abaixo da linha da água, ou simplesmente "Hump", que significa "corcunda". Eram as férias escolares de verão de 1991.

Foi Shane quem avistou primeiro o minúsculo objeto tremulante perto da popa, tentando chegar até nós com asas exaustas, vindo do leste. Bem acima do pequeno viajante havia uma gaivota, com o bico alaranjado ávido por uma presa. Outra se juntou a ela, e as duas grasnaram ao verem o pequeno pássaro abaixo. Um a um, deixamos de olhar para a ponta das varas em busca do revelador puxão de uma fisgada e passamos a observar os esforços do pássaro.

O pequeno viajante não era uma ave marítima — não há nenhuma tão pequena. Era evidente que estava exausto, no fim das suas forças. Cansado, ele mergulhou, bateu as asas freneticamente para tentar se reerguer e conseguiu ganhar alguns metros. Observamos em silêncio, torcendo por sua vitória. Mais um pouco e ele chegaria ao convés.

No entanto, o cansaço venceu. O pássaro finalmente mergulhou, e o mar se ergueu para tomá-lo.

Mas ele estava a apenas alguns metros do través. Talvez houvesse uma chance. Peguei a rede de mão do convés e, atrás de mim, observando do passadiço, o capitão Clyde Upchurch reverteu a marcha e nos aproximamos. Coloquei a rede sob o passarinho imóvel boiando nas ondas e o puxei para bordo.

Não sou ornitólogo, mas estou quase certo de que era um tentilhão africano. Devia estar emigrando para a Europa, mas claramente o vento o tirara de curso e o empurrara para o mar. Desorientado, devia ter se refugiado no cordame de um cargueiro e dessa maneira cruzado o Atlântico. Contudo, por causa da falta de comida e de água, parecia enfraquecido.

Havia terra atrás de nós, a cadeia de ilhas da Flórida a dez quilômetros de distância, e talvez o camaradinha tivesse sentido isso e tentado chegar até lá. Mas falhara. Sobre a popa, as gaivotas grasnaram de ultraje por sua refeição perdida e foram para longe.

Shane pegou o corpinho minúsculo nas mãos em concha e voltou para a cabine. Por causa do lugar onde estávamos, chamamos o pequeno passageiro clandestino de Humpy. E continuamos pescando.

Shane preparou uma cama de lenços de papel e estendeu o pequeno cadáver, como presumimos que fosse, em um feixe de sol em cima da mesa da cabine. Dez minutos depois, ele deu um grito. Os olhinhos que haviam estado fechados e presumivelmente mortos se abriram. Humpy ainda estava vivo. Shane se autoproclamou chefe da enfermaria.

Ele transformou a cama em um ninho de lenços de papel, pegou uma garrafa d'água e respingou algumas gotas sobre o bico. Ele se abriu e as gotas desapareceram. Humpy acordou e começou a alisar as penas. Mais gotas de água, mais lenços de papel e uma lenta limpeza para retirar o sal grudado na plumagem. Humpy pareceu revigorado e começou a se agitar.

Passarem-se outros trinta minutos antes que ele conseguisse voar. Shane tentava pegar as moscas presas na cabine. Sugeri que Humpy devia se alimentar de sementes, uma vez que recusou as moscas, e uma minúscula migalha de pão finalmente foi aceita. Então ele estendeu as asas e voou.

Não até muito longe, no início. Ele apenas saía da mesa, circulava pela cabine e voltava à mesa. No treinamento para pilotos, chamamos isso de circuitos e toques na pista. Ele fez uns doze circuitos pela cabine, descansou um pouco, bebeu mais algumas gotas d'água e encontrou uma janela aberta. Shane gritou, alarmado, e correu para fora.

Humpy estava se saindo bem em seus circuitos em torno do barco ancorado. A tarde chegou ao fim, e era hora de ir embora. O aluguel da lancha estava quase vencendo, e tínhamos de voltar a Islamorada. Foi então que tudo deu errado.

Com as linhas recolhidas e as varas guardadas, não havia razão para continuarmos ali. No alto do passadiço, Clyde acelerou. O *Otter* avançou ao seu comando, e Shane deu um grito. Humpy estava em algum lugar lá atrás e sua salvação seguia para oeste. Nós nos viramos e gritamos, mas Clyde não conseguiu nos ouvir acima do ronco do motor.

Stuart subiu correndo a escada e tocou em seu ombro. O *Otter* parou na água, mas já havia percorrido quase duzentos metros. Olhamos para trás e lá estava ele. Esvoaçando acima das ondas e tentando chegar ao único lugar seguro em quilômetros.

Começamos a dar gritos de encorajamento... e a gaivota voltou. Humpy quase conseguiu. Ele estava a menos de dez metros do convés quando o afiado bico laranja o fisgou. Notei uma caixa de pesos de chumbo aberta no deque, peguei o maior que encontrei e o joguei na gaivota acima de nós.

Teria sido impossível atingi-la, mas a gaivota deve ter visto um objeto escuro indo em sua direção e, grasnando de desagrado, largou o pequeno tentilhão que carregava no bico. A forma retorcida caiu novamente no oceano. Devagar, Clyde se aproximou de ré do montinho de penas na água. De novo, eu o pesquei.

Mas, dessa vez, não havia esperança. O bico da gaivota tomara a vida de Humpy, e gotas d'água não o trariam de volta. Shane tentou durante toda a viagem de retorno à marina, e o sal das asas do tentilhão foi removido novamente, agora pelas lágrimas de um garotinho.

Naquela noite, em uma caixa de charutos forrada com musgo, atrás das casuarinas do Hotel Cheeka Lodge, enterramos Humpy nas areias do Novo Mundo que ele tentara tão arduamente alcançar, como tantos antes dele, e quase conseguira.

Uma pergunta muito importante

ERA UMA PERGUNTA MUITO SIMPLES, feita pela Firma em 1992. A pergunta era: você conhece alguém nos altos escalões do governo sul-africano? A resposta era "sim".

Por causa dos anos patrulhando o sul da África, eu conhecia o ministro das Relações Exteriores de Pretória, Roelof "Pik" Botha, embora não o visse já fazia muitos anos.

Se a profissão de correspondente internacional era um excelente disfarce para fazer um pouco de "turismo avançado" em benefício da Firma, a de autor estabelecido realizando pesquisas para o próximo romance era ainda melhor. O ofício me permitia ir a toda parte, pedir para conhecer qualquer um e fazer praticamente qualquer pergunta. E tudo seria justificado como pesquisa para um romance que ainda seria escrito — ou não; ninguém teria como provar.

Nos anos setenta, o alvo fora a Rodésia de Ian Smith e exigira várias visitas a Salisbury, agora chamada de Harare. Mais uma vez, minha postura amigável, mas desajuizada, de "Bertie Wooster" rendeu dividendos. Os homens no topo eram supremacistas brancos, o que significa racistas.

Se existe uma isca a que um racista não consegue resistir é a de um pesquisador que, basicamente simpático e aparentemente de direita, pede que a complexidade da situação lhe seja explicada. Como apenas alguém em busca de conhecimento, fui favorecido com muitas horas de explicações — e informações secretas — dos pares do ministro das Relações Exteriores e da Defesa da Rodésia, Pieter van der Byl. Ele era um racista declarado que se referia a sua equipe doméstica — todos matabeles, pois ele odiava os shonas — como "meus selvagens".

Não acho que ninguém tenha suspeitado, enquanto eu ouvia, concordava com a cabeça e sorria, que minhas opiniões eram o oposto das deles. Mas o que revelaram se provou útil quando voltei para casa.

Nos anos oitenta, com a Rodésia já transformada em Zimbábue, o alvo foi a África do Sul do Partido Nacional, o originador e mantenedor do apartheid, que era tanto brutal quanto ligeiramente insano.

Certa vez, eu me vi em um aposento com o general van den Bergh, líder do Gabinete de Segurança Estatal, o temido BOSS, e ele insistiu em me contar uma história para provar não apenas sua legitimidade mas também sua santidade.

— Certa vez, Sr. Fosdick (ele sempre me chamava de Fosdick, balançando o indicador e com os olhos flamejantes), eu estava sozinho no High Veldt quando uma grande tempestade se aproximou. Eu sabia que aquela região tinha muitos depósitos de minério de ferro, e os relâmpagos seriam frequentes e perigosos. Assim, me abriguei sob uma grande árvore mwataba.

"Havia um velho cafre por perto, também procurando abrigo. E a tempestade chegou com intensidade bíblica. Raios caíam do céu e os trovões eram ensurdecedores. A árvore foi atingida e partida ao meio, e seu interior virou uma bagunça fumegante. O velho cafre foi atingido e eletrocutado. Mas a tempestade passou, Sr. Fosdick, e o céu ficou claro. Eu não fui tocado. Foi quando soube, Sr. Fosdick, que a mão de Deus estava sobre mim."

Lembro-me de ter pensado que estava sozinho com o mestre de uma das mais brutais polícias secretas do mundo e ele era inteiramente louco.

Em outra ocasião, fui convidado para jantar na casa do professor Carel Boshoff, líder da Broederbond, a Irmandade, origem e base intelectual e eclesiástica (Igreja Reformada Holandesa) de todo o conceito de apartheid.

O jantar correu com as cortesias de sempre quando, enquanto comíamos a sobremesa, ele me perguntou o que eu achava da política dos bantustões. Essa era uma ideia particularmente perniciosa segundo a qual os grupos étnicos aborígenes que constituíam a maioria negra receberiam porções de terras áridas e frequentemente improdutivas, sendo informados de que eram sua verdadeira "terra natal".

Assim, poderiam ter um "governo" simbólico e, consequentemente, perder a cidadania na República da África do Sul e quaisquer direitos que pudessem ter, que já eram pouquíssimos. Visitei uma dessas "terras natais", Bophuthatswana, chamada de lar do povo tsuana. Ela fazia as velhas reservas de índios americanos parecerem Shangri-la, embora Sol Kerzner tenha construído um resort chamado Sun City para conseguir um pouco de renda com turismo.

De qualquer maneira, eu estava exausto de expressar opiniões que eram o contrário do que pensava e disse exatamente o que achava. Minha sobremesa ainda pela metade foi retirada e fui conduzido para fora da casa.

Mas, durante tudo isso, conheci Pik Botha, o único deles de quem gostei. Era mais prático que teórico, viajara muito e conhecia o mundo. Eu suspeitava que, a despeito de sua posição, ele era uma influência moderadora nos sucessivos presidentes e provavelmente, em caráter privado, desprezava os extremistas a sua volta.

Em 1992, estava claro para todo mundo que o Partido Nacional e o apartheid estavam se aproximando do fim. Haveria eleições em breve, e elas seriam do tipo um homem, um voto, vencidas pelo Congresso Nacional Africano, sob seu recentemente libertado chefe Nelson Mandela. O último presidente branco seria F. W. de Klerk, e Pik Botha era seu fiel aliado e parceiro nas reformas.

Mesmo assim, havia algo que "nossos mestres políticos", nas palavras da Firma, queriam saber com urgência, e a "opinião dominante", também em suas palavras, era de que uma investigação por parte da nossa embaixada em Pretória não seria o canal correto para se obter tais informações. Formal demais, inegável demais. O que eles precisavam era de um trabalho discreto em uma situação muito particular.

Era verão na Europa e inverno na África do Sul, e ambos os parlamentos estavam em recesso. Os ministros tiravam suas férias. Sabia-se que Pik Botha tinha duas paixões: pesca esportiva e caçadas. No entanto, os mares de inverno no Cabo da Boa Esperança eram muito tempestuosos, de modo que o ministro das Relações Exteriores provavelmente escolheria uma estação de caça.

Então descobriu-se que ele de fato ficaria uma semana em uma estação na parte sul-africana do deserto Kalahari.

Essas estações ficam situadas nos cantos de reservas imensas onde a fauna natural — principalmente antílopes — é protegida dos seus predadores naturais, como leões, leopardos e crocodilos. Assim, ela se multiplica, e seu número precisa ser reduzido para preservar o sistema de manutenção da vida. Para bancar os custos, são emitidas licenças, e caçadores amadores, acompanhados por guias profissionais, podem rastrear e matar um número limitado, por uma taxa proporcional ao tamanho do animal que é abatido.

Pessoalmente, tiro de circulação animais que constituem uma peste e têm de ser abatidos pela preservação do restante do ecossistema ou algo que possa parar na mesa de jantar. Ou, como coelhos e pombos, ambos. Mas não por diversão e não para pendurar na parede como um troféu. No entanto, eu teria de abrir uma exceção. A pergunta era muito importante.

Claro, teria de haver uma fachada para minha viagem, e ela estava sentada em casa, fazendo os deveres da escola. Eu levaria meus dois filhos comigo.

Durante os anos, eu tentara apresentá-los a uma ampla variedade de férias tão cheias de aventura quanto possível, para que pudessem descobrir o que realmente os empolgava.

Por isso, havíamos mergulhado nos trópicos, esquiado nos Alpes e em Squaw Valley, voado, cavalgado e atirado. O mais velho, Stuart, já se decidira: era um pescador apaixonado e assim permaneceu. Shane não tinha preferências, mas demonstrara, nas propriedades de amigos, que era um grande atirador e tinha talento natural para caçadas.

A reserva de caça onde Pik Botha passaria parte das suas férias no Kalahari foi descoberta e foram feitas reservas para mim e para os garotos na mesma semana. Então voamos até Joanesburgo, de lá até Krugersdorp e, em seguida, em um pequeno avião, até uma pista empoeirada no terreno da estação de caça.

Foi uma semana de muito convívio entre nós, e Pik Botha foi afável quando nos reencontramos. Estava ávido por um elande e passou dias rastreando-os. Achei prudente conseguir algo para Stuart e Shane. No segundo dia, Stuart abateu seu impala e ficou deliciado quando a cabeça e a galhada, reduzidas a ossos brancos, lhe foram entregues para serem penduradas no quarto.

Shane recebeu uma longa aula de um guia, ouviu educadamente e, da traseira de um caminhão estacionado, colocou uma bala no coração de um bonteboque a cento e quinze metros com um único tiro certeiro. O antílope foi fotografado, mas interessante mesmo foi a cara do guia. Depois disso, Shane se tornou mascote do grupo.

Minha oportunidade só chegou no penúltimo dia. Um grupo muito pequeno passaria a noite na savana. Seria composto por Pik Botha e seu guarda-costas de Pretória, os dois filhos do dono do rancho, meus dois filhos e eu, além de dois guias e vários carregadores africanos.

Após um longo dia rastreando, os carregadores fizeram uma bela fogueira de gravetos, um churrasco ou *braai* forneceu o jantar carnívoro, os sacos de dormir foram desenrolados e nos preparamos para a noite. A atmosfera era bastante relaxada, e julguei que aquele fosse o momento certo. Estávamos todos em torno da fogueira quase apagada, com os quatro garotos dormindo entre nós. Perguntei em voz baixa:

— Pik, quando a revolução arco-íris chegar e o CNA assumir, o que vocês vão fazer com as seis bombas atômicas?

A África do Sul tinha bombas atômicas havia muito tempo, construídas com a ajuda de Israel. Todo mundo sabia, apesar do segredo completo sobre o assunto. Londres também sabia que havia seis e que elas poderiam ser carregadas por Buccaneers de fabricação inglesa.

Esse não era o problema. Nem o moderado Nelson Mandela. O problema era que o CNA tinha uma ala ultrarradical, incluindo vários devotados comunistas pró-Moscou, e, mesmo que a URSS tivesse sido desmantelada por Mikhail Gorbachev no ano anterior, nem Londres nem Washington queriam bombas nucleares controladas por extremistas contrários ao Ocidente. Nelson Mandela precisaria apenas ser derrubado por um golpe interno, como já havia ocorrido com tantos líderes africanos, e...

Minha pergunta pairou no ar por alguns segundos, então houve uma risadinha baixa do outro lado da fogueira e uma resposta com sotaque africâner:

— Freddie, você pode voltar para casa e dizer ao seu pessoal que vamos destruir todas elas.

E eu que me preocupara tanto em ter uma fachada convincente! Aquele velho sagaz sabia exatamente quem eu era, em nome de quem fazia a pergunta e o que eles queriam ouvir. Tentei partilhar a piada.

Mas, para ser justo, eles o fizeram. Antes que o governo de Klerk passasse o poder, eles destruíram as seis bombas. Três invólucros estão em exibição em algum lugar, e isso é tudo. E três dos Buccaneers ainda decolam do aeroporto de Cape Town, mas somente para voos turísticos.

Das maikos aos monges

EM MUITAS VIAGENS, tive a chance de frequentar uma variedade de cerimônias religiosas, em ritos muito diferentes do meu próprio histórico anglicano. Elas incluíram os ritos ortodoxos russos, os católicos romanos, os judaicos e os muçulmanos, em algumas das mais belas catedrais, sinagogas e mesquitas dessas fés. Já minha esposa Sandy sempre foi fascinada pelo Oriente e pelo budismo.

Em 1995, minha editora japonesa, a Kadokawa Shoten, me convidou novamente para ir a Tóquio para promover meu último romance. Sandy foi comigo. Viajando para tão longe, fazia sentido estender a visita após o trabalho publicitário para ver um pouco do Japão de verdade.

Assim, quando a rodada usual de entrevistas e autógrafos em Tóquio chegou ao fim, pegamos o trem-bala para oeste, até a antiga capital, Quioto. É uma bela cidadezinha, repleta de parques, jardins, templos e santuários, tanto budistas quanto xintoístas. Mas o budismo podia esperar: havia outro aspecto que eu queria explorar.

Com um guia, penetramos na pequena área conhecida como Guion, o lar da cultura gueixa. Ao contrário do senso comum, uma gueixa não é simplesmente uma prostituta, mas uma profissional do entretenimento altamente treinada, dedicada a recobrar as forças dos seus clientes exaustos com o que pode ser descrito como terapia de relaxamento. A atividade na cama pode se seguir a isso, mas não é de modo algum inevitável.

Há apenas cerca de cento e vinte gueixas de fato em atividade, principalmente porque elas levam anos para adquirir suas habilidades, o que custa cerca de meio milhão de libras. A madame que oferece o treinamento espera recuperar o investimento quando sua pupila começa a receber as comissões profissionais.

Uma gueixa pode cantar, dançar, recitar poesia, flertar e tocar *samisen*, uma espécie de alaúde medieval cujas cordas são puxadas apenas com as unhas. Para ouvir e compreender os possíveis infortúnios financeiros de seu cliente, ela lê todas as páginas comerciais dos jornais e se mantém a par dos assuntos correntes.

O uniforme é o quimono completo, com *obi*, cabelo preto bufante (peruca), lábios vermelhos e pele muito branca (coberta de maquiagem). Muitos clientes não desejam que nada disso seja removido. Em Guion, pode-se ver muitas praticantes dessa antiga arte, de uniforme completo, fazendo suas sandálias de madeira estalar e se dirigindo aos seus compromissos noturnos, com os olhos baixos para só estabelecer contato visual com o cliente.

Sandy e eu tivemos sorte e fomos convidados a visitar uma escola de treinamento para gueixas, algo que um *gaijin* (estrangeiro) raramente consegue fazer. Precisamos de uma senha para passar pela porta pesada de madeira.

Gueixas costumam vir das fileiras mais carentes da sociedade, de pais tão pobres que ficam felizes em vender a filha para um mundo do qual ela jamais sairá. Mas não é qualquer garota que serve. Uma madame habilidosa, comandando uma academia dessas, procura beleza e graça excepcionais, uma mente ativa e uma bela voz que, com treino, se tornará cristalina. Os pais são pagos e jamais voltam a ver a filha.

Uma vez absorvida pelo mundo das gueixas, é virtualmente impossível que a jovem o deixe, se case e se torne mãe, quanto mais dona de casa. Ela adquire um "quê" que é imediatamente reconhecido e jamais a deixará.

Um marido saberia e ficaria envergonhado. Seus colegas perceberiam e poderiam se sentir tentados a agir de maneira lasciva ou, no mínimo, zombeteira. Suas esposas imediatamente agiriam de maneira hostil. O subúrbio convencional não é para as gueixas. É um mundo fechado, com uma longa estrada para entrar e nenhum jeito de sair.

Algumas madames dirigem agências de gueixas já habilidosas; outras se encarregam de escolas de treinamento como a que visitamos. As alunas são chamadas de *maiko*, que significa "dançarina", e isso inclui conhecimento de cada detalhe do corpo e da psique masculinos, até mesmo zonas erógenas e pontos suscetíveis. Seu único objetivo é dar prazer ao homem. A *maiko* pinta apenas o lábio inferior, como sinal de virgindade. O cliente que um dia tirar essa virgindade pagará uma grande soma por isso.

Considerando-se que estávamos em uma espécie de bordel, o decoro foi escrupulosamente observado. Qualquer outra coisa teria sido grosseira, rude e ofensiva. Aliás, quando uma jovem japonesa ri, ela pode não estar se divertindo. Pode estar profundamente constrangida. O riso também é um escudo.

Assim, nos recostamos em almofadas no chão e conversamos, por meio de um intérprete, com a madame, enquanto suas alunas, em quimonos de treinamento, serviam pequenos cálices de saquê. Elas são ensinadas a seduzir apenas com os olhos, que se tornam grandes e dóceis sob a habilidosa maquiagem, e tenho de admitir que são extremamente desconcertantes. Sandy não parava de me lançar olhares de advertência.

Finalmente era hora de ir, com copiosas e mútuas reverências. Anos depois, sei que jamais encontraria o lugar outra vez.

Houve uma visita a uma fábrica de saquê, onde, escondido atrás da maquinaria moderna de tonéis de aço inoxidável e vapor sibilante, há um pequeno e separado enclave no qual o saquê ainda é produzido pelos velhos processos, envolvendo a transformação do arroz no saquê mais puro possível, tudo à mão e, consequentemente, de modo muito lento e cuidadoso. A produção é mínima e dedicada apenas ao uso do imperador e da corte. Mesmo assim, nos permitiram algumas doses em minúsculos cálices de cerâmica; de fato, a bebida é diferente de qualquer outro saquê que eu já tenha provado.

Mas o ápice (literalmente) da nossa visita foi seguir até Osaka e então, pouco antes de entrar na cidade fervilhante, desviar para o monastério de Koyasan, no topo da montanha. Esse pico é tão difícil de atingir que a ferrovia só vai até certo ponto; o restante do caminho é feito de funicular.

Na verdade, incapazes de ler as placas na estação de Osaka, perdemos a conexão mais rápida e nos vimos no lento trem, com mais de trinta paradas antes do nosso destino. Mas isso se provou uma vantagem: durante a jornada, o trem prosseguia de parada em parada, com os camponeses locais subindo e descendo, segurando cestas de ovos, gaiolas com galinhas e patos e toda a parafernália de um dia de mercado no Japão rural. Após se recuperar do choque de encontrar dois *gaijin* em seu trem, os locais conversavam e sorriam, embora não entendêssemos uma palavra do que diziam — uma experiência que poucos turistas podem obter nas ruas de Tóquio, especialmente porque apenas cerca de quinze por cento da população japonesa ainda é rural, com a grande maioria já urbanizada.

Koyasan é um monastério de imensa idade e sacralidade, contendo o cemitério onde repousam os fundadores do budismo Shingon. Ele aceita hóspedes pagantes na forma de peregrinos que desejam passar um longo fim de semana vivendo no estilo dos monges medievais.

A primeira parada foi para conhecer o abade, que nos saudou em inglês americano. Não foi necessário ter um intérprete. Ele lutara com a Marinha Imperial japonesa na Segunda Guerra Mundial e fora capturado e aprisionado na Califórnia, onde permanecera até os anos cinquenta.

Os alojamentos eram celas sem aquecimento, e a dieta consistia em vários alimentos frios, mas nenhum quente. A boa notícia era a possibilidade de encomendar saquê quente, o que fizemos, em quantidades que provocaram algumas sobrancelhas arqueadas.

Há um pequeno povoado em torno do monastério, o que nos permitiu passear para conhecer um lado do Japão que não pode ser observado nas cidades.

Em certo momento, perguntei ao abade se os monges se restringiam à comida vegetariana fria que nos era servida.

— Pelo bom Deus, não. Eu não teria uma congregação se exigisse isso. Não, eles servem vocês, peregrinos, e depois vão jantar no McDonald's.

Pode ter sido a altitude, o saquê ou ambos, mas dormimos um sono profundo em nossos futons e acordamos antes da alvorada, para a primeira cerimônia matinal no templo. Lá, receio que me coloquei em uma situação constrangedora.

Agachar-se sobre os calcanhares, com o traseiro quase tocando o solo e os joelhos sob o queixo era a postura exigida, que Sandy conseguia suportar com facilidade. Antes de nos conhecermos, ela passara vinte anos no mundo do cinema, terminando com mais de dois anos como assistente pessoal de Elizabeth Taylor. Para permanecer sã em um mundo absolutamente insano, Sandy fizera ioga *kundalini*. Isso incluía manter a calma britânica ao comparecer ao funeral do peixinho dourado de Taylor no jardim, um rito judaico completo presidido por um rabino. Quanto a mim, após alguns minutos, eu já estava com os velhos joelhos pegando fogo.

Não tive escolha senão deixar o traseiro encostar no chão e suportar o peso, esticando as pernas. Mas isso criava outro problema. Seria muito rude apontar a sola do pé para os outros presentes, de modo que tive de me contorcer até que as solas apontassem uma para a outra e eu estivesse agachado como um sapo sobre um nenúfar. No fim, foram necessários quatro peregrinos para me ajudar a levantar.

Com exceção disso, foi uma cerimônia muito bonita — toda em japonês, é claro —, com grandes quantidades de imagens, incensos, sinos e cânticos. Entre as centenas de presentes, éramos os únicos *gaijin* e, dessa maneira, objetos de certa curiosidade.

Mas, no topo da escala de comicidade, estava o banho comunal ritual. Era crucial para a cerimônia lavar todas as partes do corpo. As mulheres seguiam por um caminho e os homens por outro.

Os japoneses acham peculiar mergulhar um corpo sujo em água parada. Primeiro vem a lavagem, depois a imersão. Mostraram-me onde me despir, deram-me uma toalha para enrolar em torno da cintura e me indicaram uma pequena cabine com ducha, sabão e esponja. A cabine ficava voltada para a piscina de água quente.

Notei que havia meia dúzia de executivos de meia-idade na piscina, apenas cabeças na superfície da água, me encarando. Assim, eu me virei para a parede, larguei a toalha e me esfreguei da cabeça aos pés. Por fim, não tinha escolha a não ser me virar e ir até a piscina.

As seis cabeças ainda me encaravam, mas não meu rosto. Olhavam um pouco mais para baixo, com expressões de considerável preocupação. Quando me virei, as expressões mudaram, não para horror, mas para o mais profundo alívio. Claramente alguém dissera a eles algo irreal sobre a anatomia dos europeus nus.

Depois disso, despedimo-nos do abade, pegamos o trem (o rápido, dessa vez), descemos a montanha até a ferrovia e o trem-bala nos levou novamente até o aeroporto de Narita, onde embarcamos para casa.

Um golpe muito atrapalhado

E M RETROSPECTO, vejo que provavelmente foi um erro pesquisar sobre carregamentos de cocaína em Guiné-Bissau, e sem dúvida eu jamais pretendi aterrissar no meio de um golpe de Estado.

A razão para a visita àquele inferno da África Ocidental foi simples. Eu passara meses pesquisando para um romance que se tornou *O Cobra* e foi baseado no imenso mundo criminoso por trás do comércio de cocaína. Essa pesquisa me levara até Washington e a DEA, Londres, Viena, Hamburgo (de novo!), Roterdã e, finalmente, Bogotá e Cartagena, na Colômbia, fonte da maior parte do pó branco.

Mas algo ainda estava faltando. Na América do Sul, eu descobrira que grande parte da cocaína destinada à Europa não seguia uma rota direta. Navios com enormes carregamentos deixavam a costa da Colômbia e da Venezuela e seguiam para o leste, rumo à África Ocidental, deixando suas cargas em riachos e mangues de países onde toda a infraestrutura da lei e da ordem podia ser comprada com propinas.

Então os fardos de cocaína eram transformados em pacotes menores e rumavam para o norte, cruzando o Saara de trem, até entrar na Europa pelo sul. O principal desses pontos de carregamento dos trens era Guiné-Bissau.

Era a antiga colônia portuguesa onde eu tinha feito uma parada quarenta anos antes, empoleirado em um caixote de morteiros, quando uma bala passara pelo piso e saíra pelo teto. Desde então, o país tivera vinte anos de guerra pela independência e vinte outros de guerra civil, deixando a capital, Bissau, praticamente destruída. Havia (e, pelo que sei, ainda há) uma comunidade de gângsteres colombianos que construíram para si palácios à beira-mar e supervisionavam as operações de cocaína. Como o guia Michelin costumava dizer, era "mais prudente evitar" o local.

O Reino Unido não possui embaixada no país, nem mesmo um consulado. Guiné-Bissau tampouco tem representação em Londres. Mas localizei um consulado em Paris e recebi um visto de turismo. A única rota aérea é de Lisboa (a velha conexão colonial) até a ilha de São Tomé, que faz conexão em Bissau.

Por fim, o vice-cônsul honorário do Reino Unido em Bissau era um holandês agradável com uma franquia de suvs japoneses. Eu o contatara por e-mail de Londres e ele amavelmente concordara em me encontrar e mostrar o lugar.

Meu avião da TAP decolou de Lisboa às oito e meia da noite. O que eu não sabia era que ele mal tinha se voltado para o sul quando uma grande bomba explodiu na sede do Exército de Guiné-Bissau, espalhando pedaços do chefe do Estado-Maior por todo o gabinete. Foi o início do golpe.

Revelações posteriores mostraram que os responsáveis provavelmente eram os colombianos. O temporizador e o detonador eram sofisticados demais para os locais. Mas essa não era a opinião do Exército, que queria vingança e suspeitava do presidente Nino Vieira. Era tudo uma questão tribal: a maior parte do Exército era balanta, mas o presidente e seu *entourage* eram papéis. Eles não gostavam uns dos outros. A trinta e três mil pés, bebi meu champanhe e tentei cochilar antes do pouso às duas da manhã, horário local.

Ao pousarmos, a tripulação claramente não queria se demorar e os motores sequer foram desligados. Desembarcamos eu e mais três ou quatro locais. Entrei no controle de passaportes pronto para encarar a longa chateação da revista da bagagem e da contribuição monetária, algo que sempre acontece entre o desembarque e o estacionamento.

Então Jan chegou correndo, acenando com seu passaporte diplomático, e me tirou de lá em tempo recorde. Nos apresentamos, ele agarrou minha mala e correu até sua suv. Quando estávamos na rodovia a caminho da cidade, comentei que ele parecia apressado.

— Olhe pelo retrovisor — pediu ele.

O horizonte atrás de nós estava iluminado por holofotes.

— É o Exército — explicou, contando-me sobre o incidente com o chefe do Estado-Maior, seis horas antes. — Eles estão saindo das bases e vindo para a cidade.

— O que eles querem?

— Vingança — respondeu Jan, pisando no acelerador.

Chegamos ao centro da cidade devastada antes do Exército e ele me deixou no único hotel onde seria prudente que um europeu se hospedasse. Então partiu rapidamente para retornar à esposa e aos filhos e trancar as portas. Considerando-se que sabia sobre o assassinato, foi extremamente decente de sua parte me buscar no aeroporto.

Fiz o check-in, fui até meu quarto e tentei dormir, sem sucesso. Às quatro da manhã, liguei o abajur, sentei-me na cama e li o restante do livro que começara no avião. Às quatro e meia, a cerca de quinhentos metros do hotel, houve um estrondo imenso.

Há três razões para ruídos tão altos em uma cidade africana, na escuridão da madrugada. Uma é o primeiro trovão de uma tempestade tropical. Outra é uma batida de frente entre dois veículos a grande velocidade. E a terceira é uma bomba. Dessa vez, era uma bomba. Somente mais tarde fui capaz de compreender a sequência de acontecimentos daquela noite.

Todas as autoridades locais — Exército, Marinha, oficiais do porto, alfândega, polícia — estavam na folha de pagamento colombiana, mas ninguém recebia na desvalorizada moeda local, e sim com uma "fatia" dos carregamentos de cocaína. Aparentemente, o chefe do Estado-

-Maior estivera querendo uma fatia muito maior e pagara por isso. No entanto, para os balantas que constituíam o Exército, a culpa era do presidente papel. Assim, eles saíram dos quartéis e foram atrás dele.

O pobre e velho idiota estava dormindo. Como o outrora grandioso palácio, antigo lar do governador português, era uma ruína, sua residência era um complexo em estilo *hacienda* no interior de um jardim murado. Seu quarto ficava no térreo.

Os caminhões do Exército derrubaram o portão e alguém atirou com um lançador de foguete na janela do quarto. Fora esse o estrondo. O político de 71 anos devia ser durão. Enquanto o quarto desabava ao seu redor, ele tropeçou nos destroços e correu para o jardim. Os soldados deram três tiros nele.

Mesmo assim, ele não morreu. Então os soldados perceberam o erro. Ele claramente tinha um *juju* que o tornava imune aos tiros. Mas havia algo de que o *juju* não o protegeria. Eles foram até o galpão no jardim, pegaram um machete e o fizeram em pedaços. Aí ele morreu. Os soldados saíram para a noite, a fim de invadir um ou dois bares e celebrar. E Bissau ficou esperando pelo alvorecer.

Antes que chegasse, o restante do governo desapareceu, com os oficiais voltando para seus vilarejos, onde estariam em segurança. Fui até a sala de jantar e pedi meu café da manhã. Jan apareceu uma hora depois, dizendo que a cidade estava silenciosa, com exceção dos jipes do Exército procurando vítimas papéis, sem demonstrar interesse por homens brancos. Assim, entramos na suv e fomos até a casa dele.

Os negócios seriam muito ruins naquele dia, em sua opinião, então ele me levou até uma área de riachos e mangues para que eu tivesse uma ideia de por onde vinham os carregamentos de cocaína e pudesse ver as mansões colombianas na praia. Enquanto estávamos lá, outras coisas aconteceram. No nível subpolítico, vários funcionários públicos fecharam ambas as fronteiras, norte e sul, e o aeroporto. A minúscula república estava fechada.

Em Londres, minha esposa Sandy, sem saber de nada disso, enviou um e-mail para uma amiga convidando-a para almoçar. Parte do texto dizia: "Estou livre esta semana, porque Freddie está na Guiné-Bissau."

Alguém em Fort Meade, Maryland, ou talvez em Langley, Virgínia, interceptou o e-mail e a tela do seu computador enlouqueceu. A mensagem desapareceu. Alertas com o Grande Selo dos Estados Unidos piscaram na tela, dizendo-lhe que não usasse o laptop em nenhuma circunstância. Ela não tinha a menor ideia do que fizera. Mais tarde, disseram-me que as palavras "Guiné-Bissau" iniciaram tudo. A notícia vazara. É possível fechar as fronteiras, inutilizar as linhas telefônicas e fechar a central de telegramas, mas não é possível silenciar a internet.

Enquanto isso, eu estava nos riachos, espiando as mansões brancas dos colombianos. Sem jamais olhar os dentes dos cavalos que me eram dados, achei que o golpe era uma história boa demais para ignorar, de modo que algumas passagens de *O Cobra* são não apenas precisas como também autobiográficas.

De volta à casa de Jan, peguei emprestada sua tecnologia de comunicação para contatar o *Daily Express*, em Londres, e oferecer a história. Para profunda confusão do pessoal de lá, insisti que queria um copista do outro lado da linha, usando fones e um bloco ou máquina de escrever. É claro que eu estava falando com jovens que nunca tinham ouvido falar dessas coisas. Mas, enfim, a adorável Gladys assumiu a linha, e ditei um despacho de mil palavras, à moda antiga, como costumava ser.

O jantar naquela noite foi muito agradável. Ao meu lado estava um legista holandês. Parte da ajuda fornecida pela Holanda era um necrotério de primeira linha, adjacente ao hospital geral. Era bem localizado, pois os pacientes tendiam a entrar pela porta da frente, mas só saíam em uma caixa horizontal, indo direto para o necrotério.

O adorável patologista estava aposentado, mas cumpria um contrato de três anos em troca de uma generosa pensão quando voltasse para casa. Perguntei se seu dia tinha sido corrido.

— Extremamente corrido — concordou ele.

— O que o senhor fez?

— Remontei o presidente.

De acordo com o costume, o falecido líder de Estado tinha de ser apresentado em caixão aberto, o que não seria fácil, pois nenhum dos pedaços recolhidos no jardim se encaixava. Com esse problema resolvido, voltamos aos nossos escalopes de vitela.

Após dois dias, minha pesquisa estava pronta e, no dia seguinte, o aeroporto foi aberto. O voo da TAP vindo de São Tomé fez uma parada e recolheu os poucos de nós retornando a Lisboa. De lá, eu poderia pegar um voo da BA de volta a Londres.

O laptop da minha esposa permaneceu inutilizável por cinco dias, até que, subitamente, a tela clareou, quando a misteriosa proibição foi retirada. Mas ainda teço algumas fantasias sobre a conferência matinal em Langley, quando as notícias vazaram:

— Não, senhor diretor, não sabemos o que está acontecendo. As fronteiras foram fechadas e o aeroporto também. Há um inglês esquisitão por lá, que já viu alguns golpes na África Ocidental, e ele parece saber do que se trata. Sim, senhor, tentamos contatá-lo, mas sem sucesso. Ele não tem laptop e não usa celular.

— Bem, que seja, vamos só estragar os planos para o almoço da mulher dele.

O Hotel Peace e os traçantes

DAQUELA VEZ, a voz de Sandy estava muito séria e ela tinha razão.
— Você está velho demais para pensar em ir a um lugar desses — comentou ela.

— Calma, pense bem — aconselhei. — Você poderia ser uma viúva rica.

— Não quero ser uma viúva rica.

Achei isso muito comovente. Há um número considerável de mulheres no planeta Terra que gostaria dessa troca. Mas isso não resolvia meus problemas. Eu estava nos últimos estágios da pesquisa para o último romance que pretendia escrever. Ele já tinha título, *A lista*, por causa de um documento que realmente existe e que enumera os nomes, continuamente atualizados, de todos os terroristas que os Estados Unidos pretendem "exterminar" sem o benefício das formalidades habituais.

As viagens de sempre haviam me conduzido ao tour "oficial" por agências, ministérios, gabinetes técnicos, depósitos de armas e vários especialistas em seus vários campos. Tudo isso estava anotado. Mas ainda havia algo que eu precisava, algo que com muita frequência fica faltando.

Como leitor, sou desagradavelmente exigente. Quando leio sobre um lugar na obra de outra pessoa, não consigo evitar a irritante pergunta: ele de fato esteve lá? Há uma razão para isso.

Ler sobre um lugar é uma coisa; ir até lá é outra. Sempre achei que a visita pessoal traz toda uma variedade de revelações que não estão disponíveis na pesquisa em livros e com certeza é muita mais rica que o que se pode encontrar na internet. A segunda melhor coisa, se a visita pessoal não for possível, é conversar por horas com alguém que conheça intimamente o lugar.

Quando precisei descrever o Iraque sob o governo de Saddam Hussein para *O punho de Deus*, disseram-me que, se eu conseguisse entrar, a polícia secreta do ditador precisaria de apenas uma hora para descobrir quem eu era, o que fazia lá e que não seria elogioso ao ditador. Riscos ocasionais são toleráveis, mas suicídio é estupidez. Assim, para falar sobre o Iraque, apoiei-me em pessoas que viveram, trabalharam e viajaram para lá durante anos.

Mas aquilo seria diferente. Eu tentara as fontes acadêmicas, incluindo a internet, e passagens de outros autores de ficção, e estava claro que nenhuma delas estivera perto da cidade devastada que ocuparia um capítulo inteiro de *A lista*. Poucas pessoas haviam ido até Mogadíscio, capital teórica de uma Somália permanentemente em guerra.

O país parecia ser composto por piratas no norte, terroristas al Shabaab no sul e a capital cercada no meio. E minha esposa tinha razão: 74 anos é um pouco demais para alguém que quer se arriscar a desviar de balas. Ficamos mais lentos. Assim, cedemos um pouco cada um e fizemos um acordo. Ela não espalharia isso por toda a internet com seus e-mails sobre almoço e eu iria até lá com um guarda-costas, pela primeira vez na vida.

Por meio de alguns conhecidos, entrei em contato com uma agência especializada dirigida por Rob Andrew em Nairóbi. Ele concordou em me ceder Dom, que já escoltara homens brancos até lá e conseguira trazê-los de volta. Dom era britânico, ex-membro das Forças Especiais, conhecia o terreno e era firme como uma rocha quando as coisas davam errado.

Havia uma companhia aérea que atendia Mogadíscio, ou "Mog", como todo mundo a chamava. A Turkish Airlines fazia voos saindo de Istambul e parando em Djibuti (ex-Somalilândia francesa, ainda governada pela França, mas com uma grande base aérea americana) e Mog antes de chegar a Nairóbi. Então o avião dava meia-volta e fazia o caminho inverso. Passageiros podiam embarcar e desembarcar em Mog. Dom concordara em me encontrar na pista. Foi um voo noturno, chegando ao alvorecer. Já estava terrivelmente quente às sete e meia, e lá estava ele.

Dom me ajudou a passar pelas formalidades do controle de passaportes e pela alfândega, com as gorjetas de sempre para os oficiais não pagos, e, em uma sombra do lado de fora do aeroporto, explicou-me a geografia do local.

Mog tem duas zonas bem diferentes: a zona interna e a zona da cidade. A primeira é cercada por barreiras de sacos de areia, arame farpado, portões vigiados e toda uma guarnição de soldados da AMISOM — a Missão da União Africana para a Somália —, quase todos burundis e ugandenses. Estão armados até os dentes, mas sofreram perdas que causariam escândalos capazes de derrubar um governo na Europa, e são ignoradas na África.

Coloquialmente, a zona interna é conhecida como Campo Bancroft ou apenas "o Campo". Inclui todo o aeroporto, todas as (não muitas) embaixadas, a sede da missão militar africana e os alojamentos de todos que não são somalis. Isso inclui mercenários, guarda-costas, auxiliares técnicos e trabalhadores de causas humanitárias — em uma palavra, os brancos.

Separada em uma ponta da única rua está a também murada e altamente reservada embaixada americana, com sua grande missão da CIA, seus drones e uma escola de treinamento para jovens somalis que, assim esperam, se tornarão agentes americanos quando se formarem. A questão é que ninguém pode se passar por somali se não tiver nascido somali, de modo que ninguém consegue se infiltrar entre os "caras maus", com exceção dos próprios somalis.

Em algum lugar da vegetação rasteira fica uma embaixada britânica que finge não o ser. E, bem no coração do Campo, há um aglomerado de alojamentos, bares e cantinas onde os brancos não militares e não diplomatas se reúnem. As barracas são contêineres de aço convertidos, as cadeiras dos bares são de plástico, o fornecimento de cerveja é constante (haveria revolta sem ela) e a atmosfera é barulhenta. Dom e eu passamos algumas horas lá e, em seguida, entramos em nosso jipe alugado e nos dirigimos para o portão guardado que levava à cidade. Eu explicara a ele que precisava passar um tempo na cidade que meu agente da Mossad no romance visitaria em uma missão secreta.

Nosso motorista somali serpenteou entre os burros, os camelos e as onipresentes caminhonetes conhecidas como "técnicas", levando-nos para o coração da Mogadíscio somali. Por fim chegamos a uma rua lateral que tinha um portão fechado. Dom realizou sua mágica linguística, e, lentamente, o portão se abriu para revelar um pátio no qual entramos enquanto o portão se fechava depois da nossa passagem. Havíamos chegado ao Hotel Peace, cujo nome era muito charmoso, considerando-se que ele ficava em uma zona de guerra.

As tropas da AMISOM tentam manter o perímetro externo da capital, enquanto, além de suas fortificações, o país pertence à al Shabaab, que ataca com bastante regularidade. É onde ocorrem as mortes. Mas também há muitos fanáticos jihadistas no interior do território da AMISOM. Não há policiais — seu tempo de vida seria muito curto. Como explicou Dom quando nos registramos no hotel:

— Não é que eles queiram matá-lo, embora os fanáticos possam fazer isso. O perigo é o sequestro. A maioria dessas pessoas vive com um dólar por dia, se tanto. Com seu rosto, você vale uns dois milhões de dólares. Estou aqui para impedir isso.

Assim tranquilizado, deixei minha bagagem no quarto espartano e saímos para explorar a Mog de verdade. Eu tinha apenas dois dias antes que o avião da Turkish voltasse de Nairóbi na alvorada do terceiro dia e rumasse para o norte, com destino a Istambul — se tudo desse certo, comigo a bordo.

E esses dois dias foram fascinantes. Tínhamos nosso jipe, com um motorista somali, e, atrás de nós, outro jipe com quatro ugandenses. Eles estavam felizes por ganhar o bastante para voltar para casa ao fim do contrato e se tornarem homens ricos em seus vilarejos, com as esposas e o gado adequados ao seu novo status.

Eu havia notado que Dom carregava algo metálico sob o braço direito e confiava que ele sabia exatamente como usá-lo. Os ugandenses tinham rifles, embora eu não confiasse muito na habilidade deles.

Dom nos levou até a principal mesquita, intocada por balas ou bombas a despeito dos vinte anos de guerra civil que destruíram a maior parte da outrora bela cidade colonial de arquitetura italiana. Vimos apenas um dos dezesseis campos de refugiados onde os miseráveis e os necessitados viviam na imundície, cheirando a urina, embaixo de lonas e sacos, e continuamos para ir ao velho porto pesqueiro e ao bairro português.

Em certo momento, encontramos o cruzamento onde o helicóptero americano do filme *Falcão Negro em perigo* pousara e fora cercado pelos soldados do déspota Aidid. Dezoito Rangers haviam morrido lá, e me pareceu decente parar e rezar o pai-nosso por eles. Até que a multidão começou a ficar irrequieta e Dom achou mais prudente seguirmos nosso caminho.

Naquela primeira noite, estávamos sentados à janela no hotel aproveitando nosso ensopado de camelo quando algo vermelho passou voando. Comentei que parecia estranho que alguém estivesse comemorando com fogos de artifício. Dom me olhou com ar de pena e disse:

— Traçante.

Então lembrei que, no fogo com munição traçante, apenas uma bala em seis ou sete é iluminada. Não se consegue ver as demais. Felizmente, os tiros iam da esquerda para a direita, não diretamente sobre o vidro.

Mesmo assim, toquei minha bala da sorte, pendurada em uma corrente de ouro no pescoço. Ela passara pelo meu cabelo certo dia em Biafra e se alojara no batente atrás de mim. Após o tiroteio, eu a recuperara, a levara comigo para Londres e fizera com que fosse pendurada em uma corrente. Embora eu não seja particularmente supersticioso, adotei o hábito de usar a corrente no pescoço quando vou para qualquer ambiente mais "difícil".

Antes de dormir, tentei tomar banho, mas a ducha tinha a potência de um coelho urinando, então me contentei com uma bacia e uma toalha.

Fizemos checkout na manhã seguinte, passamos parte do dia terminando nosso tour por Mog e nos retiramos para as muralhas do Campo Bancroft. Lá, finalmente, pudemos nos alojar em um contêiner de aço, beber algumas cervejas e nos livrar do ensopado de camelo. Ou talvez fosse bode, mas era rico e nutritivo. Mesmo assim, escolhemos bifes importados.

Na manhã seguinte, Dom me ajudou a passar de volta pelas formalidades do aeroporto e chegar ao avião da Turkish. Mais tarde, voltou para sua família em Nairóbi em um pequeno avião fretado.

Quando voltei para casa, tive uma recepção calorosa.

— Para mim chega — disse ela. — Da próxima vez que você fizer algo assim, vou procurar a Fiona.

Ela se referia a nossa amiga comum, coincidentemente a melhor advogada de divórcios em Londres. Mas, claro, não falava sério. De qualquer modo, concordei que tinha chegado a hora de parar com aquilo. Um ano depois...

Sonho realizado

Foi uma notícia muito pequena e é provável que muitos não a tenham visto. No coração do condado de Kent, de onde eu saíra havia tanto tempo, existe um campo de aviação em meio à relva chamado Lashenden, pertinho da bela cidade de Headcorn. Lashenden é o lar de várias associações, incluindo uma filial do Tiger Club, um clube de biplanos Tiger Moth, um de paraquedismo e outro de aviação clássica, chamado Aero Legends. A notícia que chamou minha atenção revelou que Lashenden desejava reformar seus edifícios e instalações e procurava doações.

Tive uma ideia e fiz uma ligação; isso foi em agosto de 2014. Mencionei a notícia à voz que atendeu e disse que estava preparado para ser muito generoso, com uma condição. A voz respondeu que duvidava que fosse possível, mas iria verificar. Quatro semanas se passaram. Meu aniversário de 76 anos chegou e passou. Então o telefone tocou. Seu nome era Andrea.

— O senhor está livre amanhã? — perguntou ela. — Temos um voo saindo de Duxford.

Eu conhecia a base de Duxford: é a seção aeronáutica do Museu Imperial de Guerra, uma coleção de aviões de guerra clássicos e reverenciados, alguns ainda voando. Incluindo um Spitfire. É claro que eu estava livre. Eu estivera livre por setenta anos. Assim, dirigi até lá, estacionei, me registrei e esperei. Recebi um traje de voo e uma xícara de café. Tinha um problema. Havia névoa matinal sobre o Weald de Kent, mas o sol do nosso veranico a estava dissipando. Em Cambridgeshire, onde Duxford está situada, a neblina era pior. Será que a velha sorte de Fred ainda prevaleceria? Sim. A névoa se dissipou, a aeronave decolou e rumou para o sul, sobre o Tâmisa, entrando no condado de Kent. Pousou pouco antes do meio-dia. Um Spitfire Mark 9, com a camuflagem de combate verde e marrom da RAF. Era lindo: um ícone que certa vez mudara a história do Reino Unido, da Europa e do mundo. Uma segunda cabine fora adaptada para levar um único passageiro.

O avião taxiou na pista perto das barracas e parou. O piloto, Cliff Spink, profissional de aeronaves clássicas — ex-membro da RAF, é claro —, veio até nós e se apresentou.

— Quem vai ser o primeiro? — perguntou ele.

Havia dois doadores aguardando um voo. Eu estava pronto. Ele assentiu e caminhamos junto sob o sol.

Ele era exatamente como me lembrava quando, setenta anos antes, eu, um garoto de 5 anos, fora colocado na cabine na base de Hawkinge e ficara embasbacado com o poder e a beleza do Supermarine Spitfire. As linhas longas e esbeltas, apenas ligeiramente degradadas pela bolha de acrílico atrás da cabine do piloto, e as asas elípticas, reconhecíveis em qualquer lugar, que demonstravam a genialidade do designer R. J. Mitchell. As hélices de quatro lâminas, delineadas no céu do fim do verão de Kent com o mesmo azul-cerúleo do verão de 1944. O dia em que eu havia feito meu juramento: um dia eu também voaria em um Spitfire.

Depois de tanto tampo, eu estava mais velho e mais rígido. Foi necessário um empurrão com força para me colocar na asa, de onde pude entrar na minúscula cabine traseira. Mãos prestimosas prenderam o paraquedas e os cintos de segurança. Houve uma breve instrução de como sair, caso necessário. Solte os cintos, mas não as correias do paraquedas. Abra a tampa da cabine, fique em pé, volte-se para o lado, salte. É claro. Mas isso não aconteceria.

Cliff subiu para a cabine da frente e sua cabeça saiu do campo de visão. Usei o ajuste de altura do assento e saí da caverna, entrando na bolha propriamente dita. O motor Rolls-Royce Merlin de trinta e sete litros engasgou uma vez, emitiu um ruído alto e então se estabilizou com um ronco baixo. Um pouco mais de potência. O avião se afastou e taxiou para a decolagem. Cliff o virou na direção do vento e chamou a torre. Autorização para decolar.

O ronco do motor aumentou suavemente e virou um estrondo ensurdecedor, então o Spitfire se lançou pelo campo, sacudindo ao passar pelos sulcos. A vibração parou, a relva se afastou, os pneus foram recolhidos e o avião se lançou à frente quando esse impedimento desapareceu. Cliff o manteve baixo sobre o campo até ganhar velocidade, então subiu.

Foi uma escalada veloz por aquele céu azul. Kent se afastava como um mapa descartado em um vendaval. Aos três mil pés, ouvi a voz de Cliff no comunicador:

— Ele é seu.

Suas mãos se ergueram até a altura da cabeça, visíveis através de duas camadas de acrílico, para provar. Assim, segurei a coluna de controle e pilotei.

Foi exatamente como eu achava que seria. O avião era ultrassensível ao toque, ávido, ansioso, querendo obedecer antes mesmo que a ordem terminasse de ser dada. Fazia muito, muito tempo, mas voar é como andar de bicicleta: nunca se esquece. Fiquei tímido no começo e mais confiante a cada momento. Inclinar, virar, subir, girar, corrigir. Entrei em uma curva de seis graus por segundo e olhei para baixo.

Lá estava o Weald de Kent, como era desde a época das Cruzadas. Uma colcha de retalhos de florestas e campos, solares e prados, fazendas e rios, os fornos de lúpulo e os pomares, com os antigos vilarejos espalhados em torno dos campos de críquete, dos pubs de madeira e das igrejas normandas. O mesmo Weald pelo qual eu pedalara quando criança, exatamente como era em 1940, quando Spitfires e Hurricanes se lançavam contra a Luftwaffe, que se aproximava. Era o bastante para fazer mesmo o mais cínico e velho dos jornalistas engasgar de emoção. A Inglaterra, nossa Inglaterra.

Terminou muito rápido, mas foi feito. A promessa de setenta anos tinha sido cumprida, e o sonho do garotinho se realizara.

Créditos das fotografias

Todos os esforços foram feitos para localizar os detentores de direitos autorais, mas qualquer um que tenha sido omitido é convidado a entrar em contato com os editores.

FF: acervo do autor.

Os créditos devem ser lidos no sentido horário, a partir do canto superior esquerdo.

Spitfires do Esquadrão 91 alinhados em Hawkinge, Kent, 5 de maio de 1942: cortesia do Museu Imperial de Guerra / CH5429

Família Dewald: FF; Hanna Reitsch com Bozo Komac no campeonato alemão de planadores realizado em Oerlinghausen, Alemanha, 31 de julho de 1953: ©TopFoto.co.uk; todas as fotografias da RAF: FF; Tonbridge School vista do ar e Big School, Tonbridge School: ambas cortesia da Tonbridge School

Frank Keeler: © Archant Ltd; Doon Campbell na redação da Reuters, Fleet Street, Londres, anos 1950: Reuters; jornalista na cena da tentativa de assassinato do presidente Charles de Gaulle, Petit Clamart, 22 de agosto de 1962: Keystone-France / Gamma-Keystone via Getty Images; Kurt Blecha, secretário de Imprensa do Politburo em entrevista coletiva em Berlim, 1º de fevereiro de 1962: Koblenz, Bundesarchiv, Bild 183-90187-0008 / fotografia Heinz Junge; o carro cravado de balas do presidente de Gaulle, agosto de 1962: ©1962 Rex Features; guardas de fronteira alemães-orientais em Checkpoint Charlie, Berlim, abril de 1963: Ullstein via Getty Images; reconstrução da tentativa de assassinato, agosto de 1962: Patrice Habans / Paris Match via Getty Images

Tenente-coronel Yabuku Gowan durante entrevista coletiva, agosto de 1966: Priya Ramrakha / The LIFE Picture Collection / Getty Images; cartazes avisando sobre a ameaça de guerra, Enugu, 9 de junho de 1967: Associated Press; ponte em Onitsha, junho de 1969: ©RIA Novosti / TopFoto; FF e o coronel Emuka Ojukwu: David Cairns, London Daily Express; coronel Ojukwu em entrevista coletiva durante a guerra: AFP / Getty Images

David Ben-Gurion em Sde Boker, outubro de 1965: © David Rubinger / Corbis; Ezer Weizmann: UA / Israel Sun / REX Shutterstock; Hotel King David, 22 de julho de 1946: Fox Photos / Getty Images

Crianças em Biafra, junho de 1968: David Cairns, *Daily Express*

Viagem a Biafra com escolta do Exército, 1968; FF e Biafra, 1968; mãe e bebê de Biafra, 1968; bebê de Biafra desnutrido, 1968: todas de David Cairns, *London Daily Express*; manifestação de protesto, Speaker's Corner, Hyde Park, Londres, 1968: *Evening Standard* / Getty Images; bomba, Biafra, 1968: David Cairns, *London Daily Express*.

FF e os pais; FF e filhos caçando e mergulhando: todas de FF; FF e a esposa Sandy no Palácio de Buckingham, Londres, 4 de abril de 1997: Fiona Hanson / Press Association; FF, Carrie Forsyth e seu primeiro filho, Shane, 14 de junho de 1979: Philip Jackson / Associated Newspapers / Rex; FF, Carrie e seu segundo filho, Stuart, 1979: Mike Forster / Associated Newspapers / Rex

FF e sua máquina de escrever, *circa* 1970: Hulton Archive / Getty Images; FF e Michael Caine, 14 de fevereiro de 1986: Mirrorpix; FF em Guiné-Bissau, 4 de março de 2009: Associated Press; FF durante sessão de autógrafos, Londres, 25 de setembro de 1972: Wesley / Keystone / Getty Images; Edward Fox e Fred Zinnemann no set de *O dia do Chacal*, 1973: Snap / Rex

FF voando, agosto de 2014: todas de FF

Este livro foi composto na tipografia Palatino
LT Std, em corpo 11/16, e impresso em
papel off-white no Sistema Cameron da
Divisão Gráfica da Distribuidora Record.